DAVID JOYCE

GROSSE GÄRTEN DER WELT

EINE ILLUSTRIERTE GESCHICHTE DER GARTENARCHITEKTUR

GROSSE GÄRTEN DER WELT

EINE ILLUSTRIERTE GESCHICHTE DER GARTENARCHITEKTUR

HERAUSGEGEBEN VON DAVID JOYCE

STEDTFELD

Impressum

Aus dem Englischen übertragen
von Mag. Ulrike Mühlbacher und Dr. Renate Zeltner
unter Mitarbeit von Heidi Zeller
Redaktion: Henriette Zeltner
Typographie: Thomas Steinkämper

ISBN 3-927624-10-1
Die Abbildungen auf den vorhergehenden Seiten zeigen:
Garten aus Elisabethanischer Zeit (Seite 1);
Neptunbrunnen, Villa d'Este, Tivoli
(Seite 3; siehe auch Seite 25).

Inhalt

Vorwort

Zu den frühesten Bestrebungen der Menschen gehörte es, Gärten anzulegen, und schon in alten Zeiten handelte es sich dabei nicht allein um praktische Arbeit, sondern auch um ein Zusammenwirken von Naturwissenschaft und Kunst. Doch obwohl die Gartengestaltung einen wichtigen Beitrag zu den Schönen Künsten leistete, ist ihre Entwicklungsgeschichte noch nicht lange Gegenstand der Forschung.

Die Veröffentlichung von The Oxford Companion to Gardens im Jahre 1986 war ein wichtiger Schritt in diese Richtung, denn dieses Buch war das erste umfassende Nachschlagewerk zur Geschichte der Gartenkunst von den Anfängen bis zur Gegenwart. Die Tatsache, daß es nur wenige kompetente Werke zu diesem Thema gibt, ließ den Entschluß reifen, die gewonnenen Informationen in Form einer illustrierten Geschichte der Gartenkunst herauszubringen. Trotz aller Scheu vor der Größe der Aufgabe und dem Rang der Herausgeber und Autoren des Companion war ich hocherfreut, als man mich bat, den Text für ein Buch zur Entwicklung der Gartengestaltung in verschiedenen Ländern zu erarbeiten.

Meine Absicht und mein Ziel war es, mich so nah wie möglich an Gedanken und Inhalt des Companion zu halten, auch wenn ich die Fakten mit eigenen Worten darstelle. Alle, die das Werk kennen, werden bedauern, daß vieles ausgelassen werden mußte und daß einige bedeutende Gartenbeispiele, die den besprochenen Ländern nicht zuzuordnen waren, unerwähnt bleiben. Ich hoffe, daß die eingehende Behandlung der wichtigsten Entwicklungen den Mangel an detaillierten Fakten ausgleicht.

Von Anfang an war klar, daß das 20. Jahrhundert spezielle Probleme aufwirft und daß es beim gegenwärtigen Stand der Forschung kaum möglich wäre, diesen Zeitraum Land für Land abzuhandeln. Deshalb hat Michael Lancaster bei der Auswahl der Information und bei der Erstellung der Texte dieses Abschnitts eine Hauptrolle übernommen; sein Beitrag soll hier dankbar gewürdigt werden.

Das Erscheinen dieses Buches wäre kaum möglich gewesen ohne die bereitwillige Unterstützung all jener, die am Companion mitgearbeitet haben; ihnen sei auch im Namen des Verlages gedankt. Sir Geoffrey Jellicoe, die leitenden Redakteure Patrick Goode und Michael Lancaster sowie Pam Coote von Oxford University Press verdienen ganz besondere Erwähnung, ebenso wie Baron Gösta Adelswärd, Mavis Batey, Professor Magne Bruun, Ray Desmond, Ursula Gräfin zu Dohna, William Lake Douglas, Paul Edwards, Dr. Harry Günther, Dr. John H. Harvey, Peter Hayden, Sheila Haywood, Robert Holden, Keith A. Honess, Dr. Florence Hopper, David Jacques, Denis Lambin, Professor Jonas Lehrman, Barbara Levinge, Paul Miles, Sandra Raphael, John Sales, Michael Symes, Christopher Thacker, Peter Willis und Denis Wood.

Mein persönlicher Dank gilt Julia Pashley, Lisa Tai und vor allem Tessa Rose von Octopus Books, die alles getan haben, um mir die Arbeit zu erleichtern.

David Joyce
Herausgeber

Die Alte Welt

Das Fresko in der Casa di Livia aus dem 1. Jahrhundert gibt einen Eindruck von den wohlgeordneten und zugleich luxuriösen römischen Gärten.

Alle alten Kulturen der Welt, wie China, Ägypten, Mesopotamien, liefern den Nachweis, daß schon in frühester Zeit nicht nur praktische Erwägungen zur Anlage von Gärten geführt haben; dennoch ist natürlich kaum anzunehmen, daß diese Anlagen nach denselben Kriterien geplant und gestaltet waren wie unsere „Gebrauchsgärten" von heute. Ihre vornehmste Funktion bestand wahrscheinlich darin, heilige Stätten zu umgeben und Opfergaben darin heranzuziehen, die die Götter versöhnlich stimmen sollten; auch rahmten sie öffentliche oder höfische Räume ein, begleiteten Prozessionswege und sorgten für wohltuenden Schatten bei brennender Hitze, oder sie verschönerten Bewässerungsanlagen. Eines ist gewiß: Schon immer hat man Pflanzen nicht nur wegen ihrer Schönheit und Seltenheit herangezogen, sondern auch um sie praktisch zu nutzen; der Mensch nahm die Natur in seine Dienste und befriedigte damit zugleich ästhetische Bedürfnisse. Er schuf sich eine schöne Szenerie für privates und öffentliches Leben.

Ägypten

In Ägypten, aus dem die ältesten Darstellungen von Gärten überliefert sind, hat die Gartenkultur eine lange Tradition. In den fruchtbaren Überschwemmungsgebieten des Nil konnte, anders als auf den dürren Hochplateaus und in rauhen Berggegenden, das ganze Jahr hindurch auf bewässerten Feldern Gemüse angebaut werden. Dort gediehen Palmen und Obstbäume, die zugleich Nahrung und wohltuenden Schatten spendeten. Die Bedeutung des Gartenbaus wird aus den kurzen „Biographien" von hohen Beamten des Alten Reiches aus der Zeit von 2350 bis 2150 v. Chr. deutlich. Auch wenn diese idealisierten Lebensbeschreibungen Information nur in stereotyper Form liefern, wird doch klar, daß Mitglieder der Oberschicht großen Anteil am Gedeihen ihrer Güter nahmen, bei landwirtschaftlichen Arbeiten selbst die Aufsicht führten oder gar mitarbeiteten und daß für den wohlhabenden Ägypter die Anlage eines Gartens mit Haus, Bäumen und Wasserbecken zu einem erfüllten Leben gehörte. Vermutlich existierten kaum reine Ziergärten, da überall neben Blumen zum Schnitt zumindest Obst und Wein angebaut wurden. Einige Reliefs zeigen Gemüsebeete, Obstbäume und Teiche. Auf einem Wandbild ist ein sorgfältiger Plan mit Beetanlagen und Wasserbecken dargestellt. Daraus ist zu ersehen, daß die Gärten schon damals symmetrisch angelegt und auch fürs Auge erfreulich waren.

Aus der Zeit des Neuen Reiches (um 1500 bis etwa 1250 v. Chr.) gibt es Bilder von herrschaftlichen Gärten. Das großartigste davon gehörte dem „Aufseher über die Güter des Gottes Amun" (um 1400 v. Chr.), der dem König „alle Arten von Pflanzen" überreicht. Die Darstellung zeigt diese Pflanzung, der man sich von einem Landungssteg aus näherte; rechts und links davon Baumreihen, davor ein tempelartiges Portal in der Umfassungsmauer. Im Innern gibt es vier Becken, zahlreiche Bäume, mit Weinreben bewachsene Partien, weiter innen umfriedete Baumgruppen, zwei Pavillons mit Sumpfpflanzen daneben und ein Haus. Die um die Becken zentrierte Anlage ist streng symmetrisch; die Bassins dienen der Bewässerung. Da es sich um die Anlage für einen Gott handelte, fragt man sich, wer wohl die Pavillons betreten durfte.

Große Gärten dieser Art enthielten vermutlich auch Blumenbeete, aber sie sind nicht zu sehen, wahrscheinlich wegen der Größenverhältnisse. Viele Pflanzen wurden vor allem wegen ihrer Blütenpracht gezogen, darunter Lotusarten, Kornblumen, Mohn, *Chrysanthemum coronarium*, Alraune und Papyrus.

Erwiesenermaßen hat es in ägyptischen Tempelanlagen schon vor 2000 v. Chr. Landschaftsgestaltung gegeben. Baumgruppen in den der Öffentlichkeit zugänglichen Gartenräumen bildeten den Übergang zu den inneren Tempelbezirken, wo viele architektonische Elemente auf Pflanzenformen zurückgingen. Im 14. vorchristlichen Jahrhundert wurde Theben als religiöses Zentrum und zeitweiliger Regierungssitz großzügig angelegt; die von Sphinxen und wahrscheinlich auch von Bäumen gesäumten Alleen waren 3 km lang und verbanden mehrere Heiligtümer. Ein gewaltiger Tempel befand sich am gegenüberliegenden Westufer des Nils ganz in der Nähe eines riesigen Palastes; zwischen beiden Bauwerken schuf man einen künstlichen Hafen. Die äußeren Tempelbezirke wie auch der Palast waren üppig bepflanzt. Für das gesamte Projekt gab es einen Landschaftsplan, der wohl die kolossalste Verbindung von Architektur und Gartenbau im Alten Ägypten darstellte.

Um 1350 v. Chr. wurde in der Wüste, 300 km südlich von Kairo, die Stadt El Amarna als neue Residenz angelegt. Die größeren Häuser dort waren von ausgedehnten, ummauerten Grundstücken umgeben. Die Gärten anzulegen und zu pflegen war ein gewaltiger Aufwand, denn Boden und Wasser mußten von weit her transportiert werden. Erhaltene Reste und Malereien zeigen bemerkenswerte Erfindungen, darunter den *shaduf*, ein Gerät zum Hochpumpen des Wassers, das im Gartenbau unentbehrlich war. Manche Gärten haben keine streng formale Anlage, sondern sind locker gestaltet. Die Dekoration der Innenräume mit Pflanzen, Vögeln und Sumpfvegetation brachte den Garten gleichsam ins Haus, und der Unterschied zwischen drinnen und draußen wurde noch kleiner in den Gemächern, die an Innenhöfen lagen.

Besonders zur Zeit der 19. und 20. Dynastie, also von etwa 1300 bis 1070 v. Chr., hatte der Garten Symbolcharakter, vor allem beschäftigte die Künstler das Leben nach dem Tod. Grabmalereien von Wasserbassins und reicher Vegetation zeigen Bilder, die in krassem Gegensatz zur fast pflanzenlosen Wüste rund um die Grabmäler stehen. Auch in der Liebeslyrik spielt der Garten als Treffpunkt der Liebenden eine Rolle. Manchmal wird der Mann mit einem Baum verglichen, oder ein Baum spricht anstelle der Liebenden – die in seinem Schatten oder in einer schilfgedeckten Hütte weilen –, und er verspricht, ihr Geheimnis zu wahren, wenn er von ihnen gewässert wird.

In der griechisch-römischen Periode Ägyptens von 332 v. Chr. bis 641 n. Chr. blieb das Gartenschema zwar in der Substanz unverändert, doch gab es in ptolemäischer Zeit zahlreiche Neuerungen. Bis dahin unbekannte Feldfrüchte und neue Sorten einheimischer Pflanzen kamen ins Land, die Anbauflächen wurden vergrößert, neue Siedlungen entstanden durch Landgewinnung im Gebiet von Faiyum. In Alexandria selbst gehörten Gärten zu den großen Komplexen öffentlicher Gebäude und königlicher Paläste. Auch die großen Privatvillen hatten zu allen Zeiten Gartenanlagen. Dem byzantinischen Schriftsteller Moschus, der die Stadt vor der Eroberung durch die Araber beschrieben hat, berichtet von „Parks", die die Häuser der Reichen umgaben. Jahrhunderte vorher hatte Strabo „die zahlreichen Gärten und Grabstätten" der westlichen Vorstädte gesehen, darunter dürften aber auch Nutzgärten gewesen sein. Im ganzen Land ging das Bestreben nämlich dahin, aus den Gärten praktischen Nutzen zu ziehen. Ausnahmen waren die heiligen Tempelwäldchen, wie der Akazienhain in Abydos oder der Hain des Osiris auf der Insel Biga, ebenso einige große Landsitze mit viel Platz für Ziergärten.

Die meisten Siedlungen waren dicht bebaut; an die Häuser grenzte Gartenland. Nur gelegentlich markierten Bäume oder andere Vegetation den Lauf von Flüssen oder Kanälen. Die Häuser selbst waren auf das Grün in Töpfen und Schalen neben der Tür und auf dem Dach angewiesen. Zu allen Zeiten und bei jeder Form der Kultivierung – ob Gemüse in der Stadt oder Getreideanbau im fruchtbaren Delta und im Faiyum, ob industrialisierte Papyrus-Erzeugung oder Anlage von Ziergärten – stand und fiel letztlich alles mit dem Bewässerungssystem. Die Technik des *shaduf* war durch zwei weitere Erfindungen verbessert worden: die Archimedische Schraube und ein von Ochsen getriebenes Wasserrad, das zur Römerzeit in Gebrauch kam.

Die besten Bildquellen zur Gestaltung spätägyptischer Gärten sind römische Mosaiken und Malereien, die aufgrund der großen Nachfrage nach Bildern aus dem

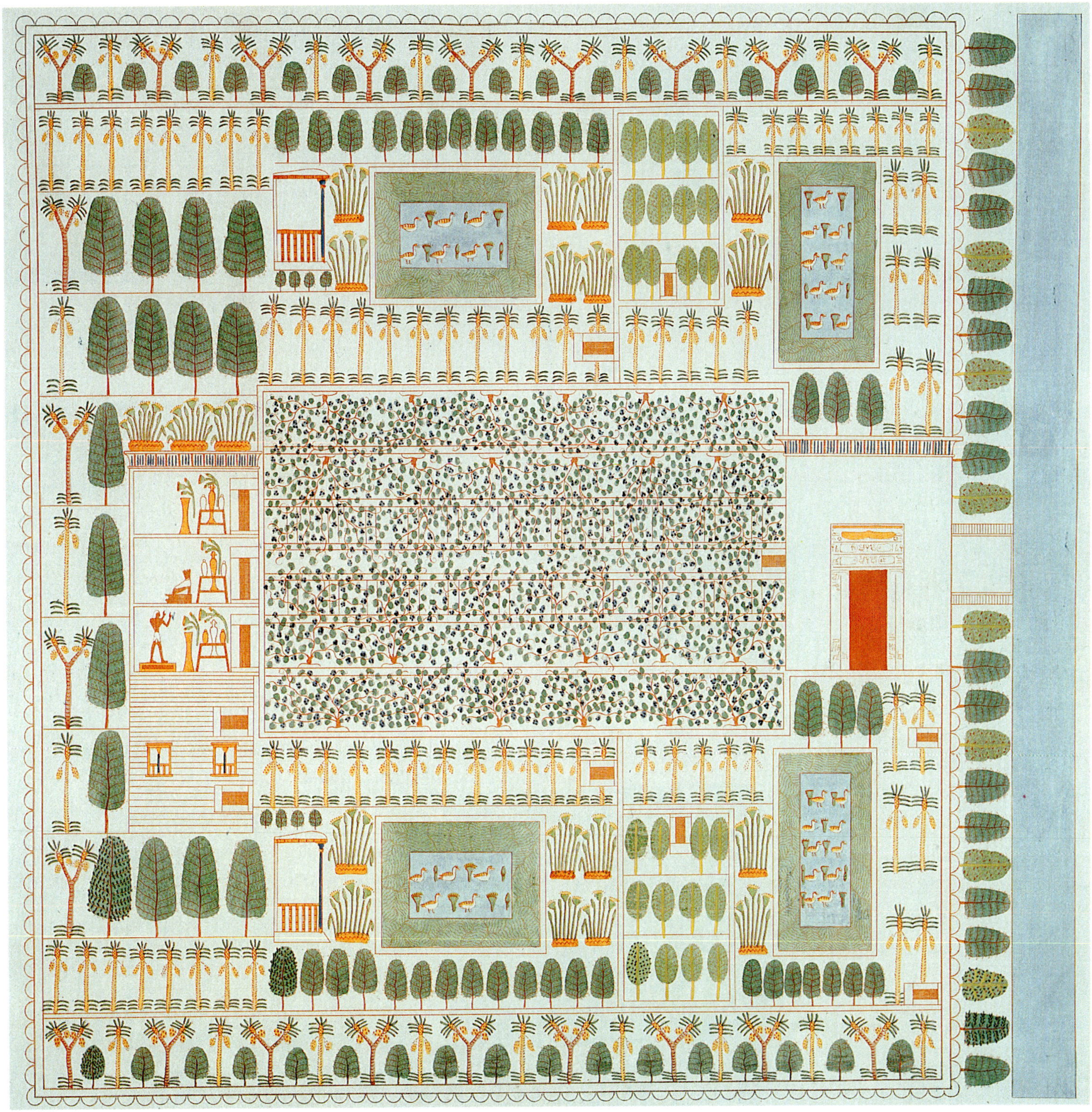

Wasserreservoirs und Nutzpflanzen wie Datteln und Wein sind wiederkehrende Elemente in den überlieferten Beispielen von ägyptischen Gärten.

Geheimnisumwobene Gehölze und Haine gehören zu den ältesten Gartenelementen und waren häufig an heiligen Stätten wie hier in Delphi anzutreffen.

„Wunderland am Nil" geschaffen wurden. Ägyptisierende Gartenanlagen in Rom, wie der Ägyptische Garten der Hadriansvilla in Tivoli, setzen die Existenz eines Prototyps in Ägypten voraus, weisen aber auch auf die idealisierte Vorstellung der Römer von Ägypten hin. Sein gemäßigtes Klima, die Fruchtbarkeit der Böden und die regelmäßigen Nilüberschwemmungen faszinierten die Welt der Antike. Ägypten stellte sich als eine fast ideale Gartenlandschaft dar, in der der Mensch mit scheinbar minimalem Kraftaufwand ein Maximum produzieren konnte. Im Laufe der Zeit wurde die römische Ikonographie des Nils, seiner Kanäle und Gärten den christlichen Vorstellungen angepaßt, und es entstand das Bild vom Paradies am Fluß.

Mesopotamien

Wie in Ägypten läßt sich auch im Zweistromland die Gartenkunst weit in die Vergangenheit zurückverfolgen. Vielleicht wurden die Freuden des Gartens mit Schatten, fließendem Wasser, Duft und frischen Früchten assoziiert, weil die Sumerer ihre bewässerten Gartenanlagen in einem so heißen und staubigen Land entwickelt haben. In der mythischen Zeit des Gilgamesch zu Anfang des 3. Jahrtausends v. Chr. rühmte sich der Bürgerstolz einer Stadt, in der ein Drittel der Fläche Gärten und Obsthaine waren. Rund 1000 Jahre später sind schon königliche Gärten als Schauplätze von Festen und Banketten nachweisbar. Die riesigen Innenhöfe der Paläste waren mit Bäumen und vermutlich auch Blumen bepflanzt, und in manchen gab es sogar Wasserbecken. Auch hatten um diese Zeit die Tempel eigene Gärten, doch wie sie ausgesehen haben, wissen wir nicht. Sicher wurden in ihnen eßbare Pflanzen als Opfergaben für die Götter angebaut. Ein alter babylonischer Text berichtet: „Ich pflanzte einen Obstgarten für die Göttin und sorgte für die Lieferung von Früchten als regelmäßige Opfergaben."

Im ersten vorchristlichen Jahrtausend gab es in Assyrien große öffentliche Parks. Der Garten des Assurnasipal (883–859 v. Chr.) wurde mit Wasser vom Oberen Zab versorgt, das durch einen in die Felsen geschlagenen Kanal nach Nimrud (Kalach) floß. In den Obstgärten, die er bewässerte, wuchsen Reben, Zedern, Zypressen, Wacholder, Mandeln, Tamarisken, Datteln, Ebenholz, Oliven, Eichen, Pistazien, Eschen, Granatäpfel, Fichten, Birnen, Quitten, Feigen und Äpfel, aber auch Pflanzen, die nicht zu identifizieren sind. Manche davon hatte man als Jungpflanzen oder Samen aus dem Ausland mitgebracht. Wie ein früher König von Assyrien, Tiglatpileser I., hatte auch Assurnasipal Herden von wilden Tieren, die wahrscheinlich in Zoologischen Gärten lebten. Im 8. Jahrhundert legte Sargon II. Parkanlagen um seine neue Hauptstadt Khorsabad (Dur-Scharukkin) an, sein Nachfolger Sanherib in Ninive. An einer Stelle versuchte letzterer die Sumpflandschaft Südbabylons nachzugestalten, die bei Feldzügen sein Interesse geweckt hatte. Er legte einen Sumpf an, setzte Rohr und Wildschweine dort ein und berichtete zufrieden, daß Reiher dort brüteten. Im 7. Jahrhundert schuf sein Nachfolger Esarhaddon einen weiteren großen Garten und versuchte darin, die Landschaft des Amanosgebirges nachzugestalten, indem er obst- und harzliefernde Bäume dort pflanzte. Auch Assurbanipal setzte diese Tradition fort. Steinreliefs zeigen, daß er Löwen jagte und sich bei Musik mit seiner Königin im Garten erging.

Über Innenhofgärten in den Palästen ist aus dieser Zeit nichts bekannt, aber von Esarhaddons Inschriften gibt es eine über einen Tempelgarten in Babylon: Es war ein Garten mit Obstbäumen, Kanälen und sprießenden Gemüsebeeten. Wahrscheinlich diente auch er vor allem der Anzucht frischer Opfergaben für die Götter. Berichte über Liegenschaften im Norden von Mesopotamien erwähnen Gärten oder auch Teile von Gütern reicher Leute.

Eine Tontafel führt die Pflanzen im Garten des babylonischen Königs Merodach-Baladan II. auf, der im späten 8. Jahrhundert v. Chr. regierte. Das spätere Kopieren des Textes durch Schreiber weist auf die Berühmtheit dieses Gartens hin, der ein Vorläufer der Hängenden Gärten von Babylon war. Die Pflanzen sind abschnittweise aufgelistet, vielleicht nach ihrer Zusammenstellung in einzelnen Beeten; so weit wir sie identifizieren können, handelt es sich um eßbare Gemüse und Kräuter.

Man weiß nicht, ob Merodach-Baladans Garten auf irgendeiner Konstruktion geruht hat; sicher ist, daß die als Siebtes Weltwunder bezeichneten Gärten über dem Euphrat-Tal auf Gewölben schwebten und vom Fluß aus bewässert wurden. Die Hängenden Gärten von Babylon sind in Keilschriftquellen nicht erwähnt. In klassischen griechischen Schriften aber gibt es zwei verschiedene Versionen ihrer Geschichte. Die ursprünglichen Gärten könnten auf Nebukadnezar II. (605 bis 562 v. Chr.) zurückgehen; nachdem der Euphrat seinen Lauf geändert hatte, mag man sie unter einem Achämeniden-König in Babylon rekonstruiert haben, so daß sie zu Zeiten Alexanders des Großen noch in Blüte standen. Ausgrabungen im Palast des Nebukadnezar brachten starke Ziegelgewölbe und eine Anlage zum Wasserhochpumpen ans Licht, aber der Fundort war zu weit vom Fluß entfernt, und es fehlten auch die Steinmetzarbeiten, die in griechischen Quellen erwähnt sind; ebenso stimmten die Größenverhältnisse nicht; so bleibt die Zuordnung zu diesem Gelände problematisch.

Die Ertragslisten babylonischer Tempelgärten zeigen, daß vor allem Datteln, aber auch Feigen und Granatäpfel auf Parzellen angebaut wurden, die die Prozessionsstraße zu den heiligen Stätten säumten. Jede Parzelle lieferte die Opfergaben für einen Monat. In den Gärten des Tempelbezirks wuchsen Zypressen und Wacholder. Nebukadnezar erwähnt in seinen Beschreibungen, daß er Früchte und Gemüse für Marduk selbst heranzog, aber Wein und Rosinen einführen mußte, da in Babylonien der Weinstock nicht gedieh.

Griechenland

Als der spartanische König Lysander 408 v. Chr. Kyros den Jüngeren in Sardis besuchte, war er befremdet, zu erfahren, daß sein persischer Gastgeber selbst im Ziergarten des Palastes arbeitete. Kein griechischer Aristokrat verrichtete manuelle Arbeit, und gewiß war Gärtnern kein Zeitvertreib. Außer im Krieg und beim Sport galt körperliche Arbeit als Erniedrigung. Das schloß allerdings die Freude an schönen Gärten nicht aus. Über griechische Gärten vor dem 4. vorchristlichen Jahrhundert weiß man nur sehr wenig, doch berichten frühe Schriften vom Getreideanbau, und wir wissen, daß seit alter Zeit Rosen und andere Duftpflanzen für die Herstellung von Parfums, Arzneien und Kränzen angebaut wurden.

Schon sehr früh gab es heilige Haine in der Umgebung religiöser Kultstätten; darin standen Bäume, die Schatten und manchmal Früchte spendeten. Oft galten bestimmte Pflanzenarten als Symbol einer Gottheit, so gab es in Daphni Lorbeer für Apoll. Die Haine umschlossen auch Weiden, Nutzholzbestände, Felder für den kommerziellen Getreideanbau und Hügel für Picknicks und Jagden. Schreine zu Ehren einer Gottheit standen in den Gärten, so zum Beispiel das Heiligtum der Aphrodite in den Gärten außerhalb Athens. Adonis, Gott der Fruchtbarkeit und Wiedergeburt, wurde in eigenen Gärten verehrt; die Frauen von Athen legten kleine „Adonisgärtlein" an, wo sie Kopfsalat und Fenchel in Krügen pflanzten, um sie im Frühling im Gedenken an Ernte und Tod zu opfern.

Der einzige architektonische Garten, der bis heute ausgegraben wurde, gehörte zum Tempel des Hephaistos auf der Athener Agora. Er war um 300 v. Chr. angelegt worden und umgab einen dorischen Tempel des 5. Jahrhunderts von drei Seiten; dieser Garten hatte zwei Reihen Sträucher oder kleiner Bäume – wahrscheinlich Myrthen oder Granatäpfel – die in einer Linie mit den Säulen der Gebäude standen und von einem schmalen, ungepflasterten Weg getrennt wurden. Kleine Rabatten blühender Blumen komplettierten die Anlage, und vielleicht rankten auch Efeu und Wein an der steinernen Umfriedungsmauer empor. Alle Pflanzen wuchsen in Kübeln, für die Löcher in den felsigen Untergrund gehauen waren; das Wasser lieferte ein Aquädukt. Der Garten ging im 1. Jahrhundert zugrunde, weil er nicht mehr gepflegt wurde und die Bewässerung versagte. Schattenspendende Bäume setzte man nicht nur um die Tempel, sondern auch auf Marktplätze, Gymnasien und Treffpunkte wie Platons Akademie und das Lyceum von Aristoteles und Theophrastus. Garten und Wege wurden als Ort des Studiums genutzt; die „Peripatetische Schule" des Theophrastus geht auf das Wort *peripatos* zurück, und das heißt „schattiger Weg". Theophrastus starb 286 v. Chr. und hinterließ seinen Schülern den Garten. Er traf Vorkehrungen für einige Sklaven, die freigelassen werden sollten, wenn sie den Garten eine bestimmte Zeit lang weiterpflegten. Er wurde wahrscheinlich zum Pflanzenstudium genutzt, denn in seiner „Geschichte der Pflanzen" lieferte Theophrastus die erste systematische Klassifikation der westlichen Literatur. Auch ein anderer Philosoph des 3. Jahrhunderts v. Chr. hinterließ seinen Garten als Park für die Öffentlichkeit der Stadt Athen.

Im 5. Jahrhundert v. Chr. brachten Reisende die Kunde von königlichen Gärten in Persien. Unter Alexander dem Großen kampierten die Griechen in den *paradeisoi* des Reiches, das sie gerade eroberten. In hellenistischer Zeit, die nach Alexanders Tod 323 rund drei Jahrhunderte dauerte, wurde die Gartenkunst stark von orientalischen Vorbildern beeinflußt. Theben, Sikyon, Alexandria und viele Kolonien in Italien und Sizilien prahlten mit ihren verschwenderischen Parks voller Brunnen und Grotten. In einem solchen Park außerhalb von Rhodos vermitteln verfallene Stufen, Bänke und Grotten den Eindruck einer „romantischen Landschaft". Der hellenistische, reich mit Skulpturen geschmückte Privatgarten hatte einen *peripatos*, der breit genug für eine Sänfte war, und von Bäumen und Blumenbeeten gesäumte Seitenwege. In dieser Zeit wurden auch Friedhöfe, die schon seit langem mit Akanthus und Narzissen bepflanzt wurden, zu Bestattungsgärten mit Zypressengruppen, Pappeln oder Weiden, steinernen Mauern rundherum, Brunnen und sogar Speise-Pavillons.

Als Erben der griechischen Kultur griffen die Römer nicht nur auf hellenistische Gartenpraxis zurück, sondern auch auf das Pflanzenwissen, das griechische Philosophen zusammengetragen hatten. Sie setzten in ihren eigenen Gärten Pflanzen, die schon die Favoriten der Griechen gewesen waren.

Rom

Über die römischen Gärten haben wir zahlreiche Informationen aus Bild- und Textquellen und vor allem aus Überresten; da sind die Stadt- und Villengärten, die beim Ausbruch des Vesuvs verschlungen wurden, und auch die Anlagen von anderen Landsitzen, darunter vor allem die Gärten der Hadriansvilla in Tivoli. Bei der Gartengestaltung machten sich die Römer die Erfahrungen und Beispiele anderer Kulturkreise, mit denen sie in Berührung gekommen waren, zunutze. Ende des 2. Jahrhunderts standen der Gartenkunst verschiedene Motive und Zielsetzungen zu Gebote: die Heilige Landschaft, urbane Promenaden, Treffpunkte für Philosophen und Literaten.

Im Bereich der häuslichen Gärten gab es eine bemerkenswerte Entwicklung, weil das traditionelle römische Haus nun auch den Garten beherbergte. Das Atrium, ein nach oben offener Innenhof und Mittelpunkt des Familienlebens, wurde zum Empfangsraum, während der *hortus* genannte umschlossene Raum, der etwas entfernt davon lag und ursprünglich als Gemüsegarten diente, nun zum Lustgarten avancierte. Dieser private Ort, der nach den Säulen rundherum auch Peristyl genannt wurde, war der Muße gewidmet; er wurde mit Sträuchern und Blumen bepflanzt und mit Brunnen geziert. Das Dekor dieser Gärten war unterschiedlich, schloß aber religiöse Themen, vor allem des Dionysos-Kults, ein. Da mag es Götterbilder, Faune, Brunnen in Form von Grotten gegeben haben und auch Efeu und Myrte, die Pflanzen von Bacchus und Venus. Selbst der kleinste Garten bot Platz für Priapus, den Gott der Fruchtbarkeit und Symbol des Lebens. Die Wände der Säulengänge, die den Garten umgaben, waren oft mit Malereien (*topia*) geschmückt; sie stellten Landschaften, Seestücke und, im Haus der Livia auf dem Palatin, Heiligtümer, Grabmäler und Statuen dar. Oft waren es auch Themen, die die Gärtner (*topiarii*) – meist griechische Sklaven – auch im Garten selbst entdecken konnten. Viel typischer für römische Gärten als kunstvoller Baumschnitt war die reiche Vegetation, bei der Kunst und Natur zum Hintergrund für die allgegenwärtige Gottheit wurden.

Vom Ende des 2. Jahrhunderts v. Chr. kennen wir zahlreiche Parks und Gärten aus Texten und Inschriften. Sie lagen auf den Hügeln, die das Stadtzentrum umgaben: auf dem Quirinal, Esquilin und Aventin, am rechten Tiberufer und auf dem „Hügel der Gärten", heute Monte Pincio. Nach und nach aber wurden viele Anlagen konfisziert, manche von Adelsfamilien angelegte Gärten kamen in die Hände des Kaisers, und große Teile des Geländes wurden für öffentliche Bauten verwendet.

Zwei der uns am besten bekannten Gärten des 1. Jahrhunderts n. Chr. gehörten Plinius dem Jüngeren; seine Briefe liefern uns Beschreibungen der Laurentinischen Villa in der Küstenebene bei Rom und der Toskanischen Villa nördlich von Rom im oberen Tibertal. Es handelte sich hier um „offene" Gärten; im ersten Fall nutzte man die Aussicht auf das Meer, im zweiten den weiten Blick über Felder, Hügel und Berge. Das Wesen dieser Entwürfe lag in der Bewertung von Natur und Haus; das führte zur Betonung der Baukörper und zu einer Vermehrung der oft mit Säulengängen versehenen Fassaden. Kleine Pavillons wurden in die Landschaft gestreut. Die Terrassen waren um den architektonischen Kern angelegt. Es gab von Rasen oder Pflanzungen begleitete *Alleen* (*pratum* in der Toskanischen Villa). Die Terrasse wurde nach der der Athleten im griechischen *gymnasion* auch *xystus* genannt. Es gab umzäunte Partien, darunter Plinius' Lieblingsplatz, das Hippodrom, eine Art Stadion, das von schattenspendenden Platanen begrenzt war, die von Efeu berankt und mit Buchs und Lorbeer unterpflanzt waren.

Das bauliche Ensemble, das Kaiser Hadrian 118–138 am Fuß eines Hügels in Tivoli anlegte, zeigte die römische Form der Landschaftsgestaltung in imperialem Maßstab. Man nimmt an, daß Hadrian herausragende Bauwerke und Anlagen, die er bei seinen Reisen gesehen hatte, hier neu erstehen lassen wollte. Die Gebäude der Villa hatten offene Säulengänge oder geschlossene Peristyle und lagen in Gärten mit Brunnen, Bassins oder Wasserläufen (*euripes*). Es gab auch ein Stadion, zwei Bäder, ein griechisches Theater, Bibliotheken, ein Odeon (für musikalische Darbietungen), Wohnungen für Gäste, Soldaten und Dienstboten des Hofes. Pavillons und offene Räume waren wie die Villa mit zahllosen Kunstwerken geschmückt, darunter Mosaiken, Gemälde, Reliefs und Statuen. Typisch römisch an der Anlage war die Ausnutzung der Geländeformation. Von hochgelegenen Terrassen genoß man den Ausblick übers weite Land, während die Gebäude in Talsenken lagen; das bewirkte einen reizvollen Kontrast von Intimität und Weiträumigkeit.

Als Ruine war die Hadriansvilla ein Fundort für römische Skulpturen, wie sie zumal die Kirchenfürsten der Renaissance schätzten. Die römische Synthese von Architektur und Garten und ihre Einbindung in die umliegende Landschaft aber wurde zum Vorbild der Gartenkunst der Renaissance.

Der Canopus, ein Arm des Nildeltas bei Alexandria, gehört zu den Bauwerken und Bereichen, die auf dem Gelände der Hadriansvilla in Tivoli dargestellt sind.

Traditionelle Gärten in Europa und Amerika

Aus erhaltenen Gärten, bildlichen Darstellungen und häufig unvollständigen, aber zum Teil auch überraschend genauen Beschreibungen können wir uns ein relativ genaues Bild von der Gartenkunst seit der Renaissance machen. Faßt man die Entwicklungen bis zum Beginn unseres Jahrhunderts ins Auge, fällt die Bedeutung auf, die 400 bis 500 Jahre lang dem Garten als Statussymbol und als Ausdruck des Zeitgeschmacks zugemessen wurde. Großes Können und ungeheure Mittel setzte man ein für Projekte, die selbst angesichts der heutigen technischen Mittel als ehrgeizig zu bezeichnen sind. Doch auch die ausgefallensten Ideen blieben nicht vor dem Wandel der Mode bewahrt, und so stellt sich die Geschichte von Europas bedeutendsten Gärten partiell als ein Wandlungsprozeß dar, in dem das Gesicht einer vergangenen Epoche unter den nachfolgenden Überlagerungen nur noch schwer zu erkennen ist.

In späteren Kapiteln sind die nationalen Entwicklungen seit der Renaissance behandelt, doch mußten bei dieser Einteilung einige besonders individuelle Gärten unberücksichtigt bleiben. Das hat mit der Verschiebung von Landesgrenzen ebenso zu tun wie mit dem Problem, eine gewaltige Materialfülle in so komprimierter Form zu bewältigen. Besonders bedauerlich ist das Fehlen von bedeutenden Gärten Osteuropas, wie etwa der prachtvollen Anlagen von Schloß Eszterháza in Ungarn und von Beispielen aus kleineren Ländern, wie des großartigen Landsitzes Enghien in Belgien aus dem 17. Jahrhundert. Nicht erwähnt werden konnten auch die von Europäern in Indien, Brasilien, Südafrika und Indonesien geschaffenen Anlagen. Europäische Gartenkunst der Vor-Renaissance ist nur kursorisch in der folgenden Zusammenstellung besprochen.

Mittelalterliche Gärten

Leider ist unser Wissen über Gartenanlagen des Mittelalters sehr beschränkt. Kein Garten aus dieser Zeit ist uns erhalten geblieben, und nur sehr wenige Bildzeugnisse sind verfügbar; hierbei handelt es sich nur um einzelne, meist erst nach 1400 entstandene Gartenszenen. Gartenkundliche Literatur für die Zeit von 500 bis 1500 ist ebenfalls nur noch spärlich vorhanden. Viel reicher dokumentiert sind dagegen die römischen Gärten, und sie konnten auch bei Ausgrabungen erforscht werden. Zuverlässige Archive über Gärten enthalten meist nur Material ab dem 13. Jahrhundert. So haben wir von der mittelalterlichen Gartenkunst nur ein Mosaik von überall verstreuten Fakten vorliegen, die vorwiegend aus Quellen stammen, in denen der Garten eigentlich nur eine Nebenrolle spielt.

Das Kalenderblatt für den April im Stundenbuch („Très riches heures") des Herzogs von Berry aus dem 15. Jahrhundert zeigt eine gestaltete Landschaft und einen durch eine Mauer begrenzten Garten.

Die erste Hälfte des 9. Jahrhunderts bildet eine Ausnahme im sonstigen Dunkel der Gartengeschichte, denn aus dieser Zeit Karls des Großen und seiner Nachfolger sind wichtige Dokumente zu ästhetischen und praktischen Aspekten der Gartenkultur erhalten. Eines der wichtigsten ist das Capitulare de villis, ein Dekret, in dem 88 oder 89 Pflanzen verzeichnet sind, die auf den Königsgütern in allen Teilen des Reiches angebaut werden sollten; das Reich aber umfaßte unter Karl dem Großen fast ganz Westeuropa von den Niederlanden bis Nordspanien und Mittelitalien und reichte vom Atlantik bis an die Grenzen des heutigen Ungarn. Das Dekret, das auch auf namentlich genannte Apfel- und Birnensorten und ausdrücklich auf südliche Pflanzen hinweist, bezeugt einen neuen Zugang zum Gartenbau, denn fast ein Drittel dieser Pflanzen waren in antiken Quellen noch nicht erwähnt.

Ein weiteres wichtiges Dokument ist der Musterplan für ein Kloster mit Garten, der in der Klosterbibliothek von St. Gallen aufbewahrt wird. Zur Anlage gehörten ein Heilkräutergarten, ein Küchengarten und der Friedhof der Mönche, der als Ziergarten mit verschiedenen Bäumen gestaltet war. Interessante Hinweise geben auch ein kurzes lateinisches Gedicht des Mönchs Walafrid Strabo und ein Gärtnerkalender von dem Mönch Wandelbert von Prüm. Walafrids Hortulus zeigt, wie genau er die Pflanzen beobachtete, die er selbst zog, zum Beispiel Lilien, Rosen, Iris und Gartensalbei, die alle nicht nur schön sind, sondern auch duften.

Karl der Große hatte nicht nur Gärten zur Erzeugung von Gemüse und Heilpflanzen, sondern Parks und Lustgärten, in denen man Vögel und andere Tiere hielt, darunter auch Pfauen. Persönlich interessierte sich der Kaiser für Weinbau und ließ für die Weinberge um seine Pfalz in Ingelheim Rebstöcke aus Burgund, dem Karpatenbecken, Italien, Lothringen und Spanien herbeibringen. Der Transport lebender Pflanzen in großem Stil weist auf die beträchtlichen gärtnerischen Fähigkeiten hin.

Da es diplomatische Beziehungen zwischen dem Kalifen Harun al-Raschid und dem Hof Karls des Großen gab, haben sicherlich die botanischen Kenntnisse und das Können der islamischen Gärtner die Form und auch die Bepflanzung mittelalterlicher Gärten beeinflußt. Im Mittelalter fand ungeachtet aller Kriege ein reger wissenschaftlicher Austausch zwischen Moslems und Christen über die Grenzen hinweg statt. Pilger und reisende Kaufleute brachten Nachrichten von einer höheren Kultur, der sie, wenn auch widerstrebend, Bewunderung zollten. Ziergärten und Parks waren Beispiele für diese Einflüsse aus dem Osten und Süden.

Bis vor kurzem hat man angenommen, daß es in Europa vor der Zeit der Renaissance keine Landschaftsgestaltung und bis ins späte 16. Jahrhundert keine systematische Aussaat oder Pflanzung von Waldbäumen gab, abgesehen von der Anzucht einzelner Arten in kleinen Gärten. Dabei reicht die gezielte Anlage von Wald- und Gehölzflächen – als Nutzholz und zur Zierde – mindestens bis ins 11. Jahrhundert zurück.

Das „Paradies", den eingefriedeten Garten, hatten die Araber von den Persern übernommen, und auch in den islamischen Einflußbereichen in Nordafrika, Sizilien und Spanien entstanden mit Mauern umgebene Areale. Vielleicht haben die Kreuzzüge dazu geführt, daß die Europäer bei ihrer Gartengestaltung Anleihen bei den Moslems machten. In der 2. Hälfte des 11. Jahrhunderts ließ der Bischof von Coutance, Geoffroy de Montbray, einen solchen Park in Coutance in der Normandie gestalten; er war von einem Besuch bei Verwandten und Schülern in Süditalien heimgekehrt, das ja von der islamischen Kultur Siziliens stark beeinflußt war. Wahrscheinlich kam das orientalische Konzept der Anlage durch normannische Bischöfe und Adelige auch nach England. Erwiesenermaßen ließ der englische König Heinrich I. um 1110 ein großes Gelände des königlichen Guts Woodstock in Oxfordshire mit einer Mauer umgeben; im Park wurde ein Gehege für Wildtiere geschaffen.

In diesen Parks gab es auch Gartenhäuser und Pavillons. Der berühmteste ist der Lustgarten von Everswell, der zum Woodstock-Park gehörte und den Heinrich II. 1165 für seine Maîtresse, die schöne Rosamunde, anlegen ließ. Nach ihr benannte man in England bis ins Spätmittelalter diesen Typ des Ziergartens.

Das Wort „Gloriette" wird meist zur Beschreibung eines Pavillons in einer Parkanlage gebraucht. Es geht auf das arabische *'aziz* zurück, was soviel wie glorreich bedeutet. Einer der Pavillons auf den königlichen Ländereien der arabisierten Normannen in Palermo trägt bis heute die Inschrift: „Hier ist das Paradies auf Erden ... es heißt al-'aziz". Das Epitheton ist zum Namen des Bauwerks geworden: La Zisa.

Der Lustgarten mit seinen Gartenhäuschen, Pavillons und Kiosken konnte verschiedenen Zwecken dienen. Da war einmal die Jagd – mit Hunden oder mit Pfeil und Bogen – aber das Zuschauen war genauso wichtig wie das Jagen selbst. Manche Parkgebäude waren wie Tribünen konstruiert; von dort aus konnte man bequem dem Jagdgeschehen folgen und dabei in angenehmer Gesellschaft weilen. Man beobachtete auch Angler, die in Teichen und Seen fischten, und sah bei allerlei Spielen zu. Der Park sollte aber auch Früchte tragen. Ein Beweis dafür sind die Bodenverbesserungen, die der Bischof von Auxerre, Hugo de Noyers, 1190 auf seinem Landsitz in Charbuy (heute Yonne) vornehmen ließ.

In England sorgten die Äbte der großen Klöster, aber auch andere Großgrundbesitzer für die Verbesserung der Böden auf ihren Gütern. Am höchsten entwickelt waren allerdings die Ziergärten der Schlösser und unbefestigten Landsitze wie Woodstock und Haveringatte-Bower in Essex. Überall bezog man Wasser in die Anlage ein. Ein spätes Beispiel hierfür war der Lustgarten Heinrichs V., der von 1414 bis 1417 in Kenilworth geschaffen wurde. Wie bei früheren Anlagen war die quadratische Fläche von einem Doppelgraben umgeben und erstreckte sich über vier Hektar. Der Garten in der Mitte maß einen Hektar. Darin gab es ein Haus für Festlichkeiten und in den Ecken drei hölzerne Kioske, die auf Steinfundamenten errichtet waren, dazu – wie aus der „Rechenschaft" des Schlosses hervorgeht – „Aleyes" oder Promenaden. Der Garten war vom Schloß einen Kilometer entfernt und lag jenseits des großen Teiches, der die Wassergräben speiste.

Der größte und am besten beschriebene Ziergarten Frankreichs war der von Hesdin im Artois. 1295 umgab Graf Robert II. von Artois seinen großen Park mit einer 13 km langen Mauer und begann, ein „Haus in den Sümpfen" mit einer in einem großen Teich gelegenen Gloriette zu bauen, die über eine Brücke zugänglich war. Gewiß

kannte Graf Robert eine ähnliche Anlage, die Eleonore von Kastilien, als sie nach England kam, zwischen 1287 und 1290 beim Schloß von Leeds errichten ließ. In Hesdin gab es ein Aviarium und eine „Kapelle aus Glas", die noch unvollendet war, als der Graf im Jahre 1302 starb. Seine Tochter Mauhaut brachte die Arbeiten zum Abschluß.

Der Lustgarten von Hesdin war berühmt wegen seiner Wasser-Maschinen, die auf ein arabisches Buch zur Mechanik zurückgingen, das ein gewisser Ibn al Razzaz al-Jazari von Diyarbakir im 13. Jahrhundert geschrieben hatte. Die Mechanik funktionierte mehr als 250 Jahre lang und wurde 1553 zusammen mit der Stadt, dem Schloß und dem Park zerstört. Die ausgetüftelte Maschinerie konnte unerwartet Wasserfontänen auslösen oder eine sprechende Eule in Gang setzen; die Besucher stürzten in einen Berg von Federn oder bekamen Ruß und Mehl ins Gesicht geblasen, und dann wurde ihnen automatisch ein Spiegel vorgehalten.

Es ist nicht geklärt, wer für die Planung solcher „Vergnügungsparks" verantwortlich war; immerhin kennen wir die Namen einiger Handwerker von Hesdin. Die Meister – Zimmerer und Steinmetze –, die für die Ausführung der Baulichkeiten zuständig waren, gehörten zu den wenigen Leuten, die Vermessungen machen und maßstabsgetreu zeichnen konnten, und sie wurden – wie auch Konstrukteure, Bildhauer und Maler – meist besser bezahlt als die Gärtner. Nachweisbar ist, daß der Schlüssel zum Gelingen

Das Paradiesgärtlein eines oberrheinischen Meisters des frühen 15. Jahrhunderts gibt einen Hinweis auf Pflanzen, die in den spätmittelalterlichen Gärten Europas anzutreffen waren.

Eine französische Handschrift von etwa 1485 zeigt das Bild eines spätmittelalterlichen Gartens. Weinreben ranken an einer bogenförmigen Laube, und Rosen wachsen am Spalier. Das kleine Rasenstück ist von Rasenbänken umgeben; in den Blumenbeeten gedeihen Nelken und Akelei.

eines Entwurfs in der guten Proportion liegt; sie entscheidet letzten Endes über die Qualität der großen Bauten der Steinmetzmeister. Obwohl die Gärtner meist nur für die Bepflanzung verantwortlich waren, scheinen einige doch einen höheren Status gehabt zu haben. Die späteren Hofgärtner waren, neben der Pflege der Pflanzungen, wahrscheinlich auch zuständig für die Gestaltung der Anlagen selbst.

Es gab aber natürlich auch noch andere Gartentypen. Als erstes die reinen Nutzgärten mit Gemüse und Gewürzkräutern, mit Obst- und Nußbäumen, die als Hochstämme oder als Spaliere erzogen waren. Dann kamen die Gärten mit Heilkräutern. Sie wurden vor allem dort gezogen, wo ein Kloster auch ein Spital oder eine Krankenstube hatte, oder gediehen in kleinen Beeten von Privatgärten, die von der Hausfrau gepflegt wurden. Ärzte und Apotheker hatten meist eigene Kräutergärten zur Ergänzung ihres Sortiments von teuer importierten Arzneikräutern.

Einige dieser Kräutergärten, deren Besitzer das botanische und medizinische Wissen des Islam nutzten, können als Vorläufer der ersten Botanischen Gärten gelten, die um 1540 in Pisa und Padua entstanden. In Spanien wurden sie von islamischen, jüdischen und christlichen Ärzten geleitet. Die einschlägige Literatur übersetzte man aus dem Arabischen in mehrere Sprachen. In der medizinischen Schule von Montpellier in Frankreich, die arabische Ärzte aus Spanien begründet hatten, bestand um 1250 ein Kräutergarten an derselben Stelle wie später der Botanische Garten. Es gab solche Gärten auch in Venedig (1333), Prag (angelegt von einem Italiener im Auftrag Kaiser Karls IV.) und im Londoner Vorort Stepney; letzterer gehörte einem gewissen Henry Daniel, der sich rühmte, 252 Arten von Kräutern zu besitzen.

Neben ausgesprochenen Nutzgärten gab es auch den Ziergarten, der je nach Größe zweierlei Form haben konnte. Die meisten Häuser hatten ein umfriedetes Herbarium, auf das man von den Schlafzimmerfenstern blickte und das auch für das Essen im Freien oder zum Ausruhen diente. Es war quadratisch oder länglich, hatte einen Gitterzaun und bestand vorwiegend aus Rasen. Kleine Pfade durchzogen es, und meist fand man darin auch einen Teich oder Brunnen. Rundherum waren Blumenbeete und erhöhte Rasenbeete angelegt. Wenn der Garten vorwiegend aus einer Grasfläche bestand, bevorzugte man eine Blumenwiese mit Gänseblümchen und anderen dichtwachsenden Pflanzen; die Idee dazu stammte übrigens aus dem Süden. In den Beeten gab es meist rote und weiße Rosen, Madonnenlilien, Iris, Pfingstrosen und ein paar Zwiebelblumen und Kräuter. Die Zahl der Arten nahm von Jahrhundert zu Jahrhundert zu. Kletternde Wildrosen, Geißblatt und Weinreben rankten am Zaun. In größeren Gärten fand man auch Arkaden oder Pergolen oder einen Bogendurchgang aus Holzstäben oder Weidenruten, bewachsen mit Rosen, Wein oder Efeu. Zeitgenössische Illustrationen zeigen eine Vielzahl von Gestaltungsmöglichkeiten. Um 1400 bevorzugte man für den edel gestalteten Garten einen Wechsel von Rasenvierecken und Rabatten. In manchen Beeten standen hochstämmige Blütenbäume wie Äpfel oder Kirschen. Andere Gärten hatten die traditionellen langen, erhöhten Beete – erhöht deshalb, weil die Wurzeln sich sonst mit Wasser vollsaugten; im trockenen Süden senkte man die Beete, die manchmal mit nur einer einzigen Art bepflanzt waren, zur leichteren Bewässerung ab. Später blieben sie oft weitgehend leer, und man setzte Pflanzen in dekorativen Behältern oder Estradensträucher, die stufenförmig beschnitten waren.

Eine andere Form des größeren Ziergartens war das *viridarium*, ein Obstbaumgarten, der nicht wegen der Früchte, sondern wegen des Zierwerts der Bäume geschätzt wurde. Äpfel, Birnen, Kirschen, auch Quitten, Mispeln oder Maulbeeren standen zwischen Waldbäumen, prangten je nach Jahreszeit im Blüten- oder Fruchtschmuck und spendeten jederzeit Schatten. Wenn es zudem einen Fischteich oder See darin gab, war das *viridarium* schon fast ein Lustgarten. Bepflanzungen dieser Art ließen sich auch mit Architektur verbinden; erwähnenswert sind beispielsweise die Ulmen an der Westfront der Kathedrale von Wells von 1239 oder die vielen reizvollen Bäume im *viridarium* des Bischofs von Le Mans um die Mitte des 12. Jahrhunderts, als „beide, diejenigen, die aus den Fenstern der Halle die Schönheit der Bäume bewunderten, und andere, die vom Garten aus die freundlichen Fenster sahen, sich freuen konnten über den Anblick".

Das große Interesse, daß Mönche und Klosterfrauen an ihren Gärten hatten, ist zur Genüge bewiesen; in den großen Klöstern gab es vielerlei Gartenformen und auch baumbestandene Flächen, die der Erholung dienten. Doch obwohl häufig von bepflanzten Kreuzgängen berichtet wird, ist keineswegs sicher, daß sich dort tatsächlich Ziergärten befanden.

Schon früh gab es bei den größeren Städten als Erholungsareale mit Bäumen bepflanzte Wiesen. Ein solcher „Wiesengarten" existierte kurz nach 1000 in Mailand, und Namen wie Le-Pré-aux-Clercs und Saint-Germain-des-Prés in Paris, Prater in Wien und Prado in Madrid zeigen, wie weit diese Tradition verbreitet war. In London hatte man im 12. Jahrhundert öffentliche Anlagen mit schattigen Wegen bei Holywell, Clerkenwell und Clement's Well; William Fitz-Stephen, ein zeitgenössischer Chronist, berichtet, daß dort „eine große Menge, zahlreiche Studenten und junge Leute der City im Sommer bis zum Abend frische Luft schöpften". Später konnte man hier Sport treiben, es gab Schießstände zum Bogenschießen, Bowlingplätze und Erfrischungsstände. Bei Schloß Helmond in den Niederlanden hatte man schon 1314 einen großen öffentlichen Park.

Anlage und Ausstattung von Gärten konnte, wie man auf Gemälden und Miniaturen sieht, ganz unterschiedlich sein, aber die Formen waren doch international. Als Einfriedungen gab es dichte Holzzäune, vertikale Pfähle mit Spitzen, Pfosten mit Geländern oder Zäune mit rautenförmigem (manchmal quadratischem) Gitterwerk. Die erhöhten Bänke bestanden wohl aus aufgeschichteten Rasenplatten und wurden meist von einer Stein- oder Ziegelverkleidung, von Flechtwerk oder Brettern gestützt. Wasserbecken waren anfangs einfache rechteckige, gemauerte Zisternen, später wurden sie rund oder vieleckig und enthielten häufig einen zinnenbewehrten Brunnen. Die Wege bestanden aus Sand oder Kies oder waren manchmal auch mit Steinplatten oder Bruchsteinen belegt. Von den Beeten trennten sie oft Holzbretter oder flache Ziegel, wenn die Rabatten nicht ohnehin erhöht und mit niedrigen Stein- oder Ziegelmauern eingefaßt waren. Im 15. Jahrhundert könnten die Stämme einzelner Bäume mit Flechtwerk umgeben und der Hohlraum dazwischen mit Erde aufgefüllt worden sein, so daß eine Bank entstand. Pergolen und Bogen wurden aus Holzstäben oder Weiden gemacht und mußten oft erneuert werden. In den schönsten Gärten gab es niedrige, manchmal farbige Holzgeländer um die Beete. Seit etwa 1500 fanden geschnitzte oder steinerne Wappentiere Eingang; zusammen mit „Baldachinen" aus entsprechend erzogenen Bäumen über Sitzplätzen und steinernen Tischen für Mahlzeiten im Freien gehörten sie zum Burgundischen Stil. Die Wappentiere wurden in die frühen englischen Tudor-Gärten übernommen. Ebenfalls burgundisch war die Estradenform von Sträuchern und kleinen Bäumen. Gleichzei-

Das Knoten-Parterre, hier eine moderne Version im Tudor House Museum in Southampton, zeigte meist geometrische Muster innerhalb eines Quadrats. Dieses spätmittelalterliche Element der Gartenbaukunst wurde vor allem im nördlichen Europa während der Frührenaissance weiterentwickelt.

tig begann der Kult der Gartennelke, von der 1640 aus Valencia erstmals berichtet wird und die über die Türkei und Italien aus Persien gekommen sein soll. Es gab verschiedene Stützen für die schweren, gefüllten Blüten auf den zarten Stielen. Einzelne Pflanzen oder kleine Sträucher wurden in verzierten Töpfen oder Vasen gezogen und dann auf die Beete oder vor die Mauern gestellt; so konnten sie öfters den Platz wechseln.

Die letzte wichtige Entwicklung des Mittelalters brachte der Knoten *(knot garden)*, meist ein geometrisches Muster innerhalb eines Quadrats; zunächst wurde er aus den diversen Wappentieren gebildet, wie sie für den Schloßgarten in Richmond 1460 beschrieben sind. Betont werden muß, daß das Wort „Knoten" im kunsthistorischen Sinn von den gemeißelten Bossen der steinernen Gewölbe oder hölzernen Dächer herrührt und eigentlich nur ein umschriebenes Muster bedeutet; doch bald verdrängten geometrische Bilder, die auf Irrgärten und Labyrinthe zurückgingen oder stilisierten Familienwappen glichen, die Tierformen.

Abgesehen von den klimatischen und kulturellen Unterschieden zwischen Gärten im Süden und im Norden gab es auch bestimmte nationale Charakteristika, die vor allem die verwendeten Pflanzensorten betrafen. In Andalusien und Neapel konnte man Orangen- und Zitronenbäume, Myrten und – seit Mitte des 15. Jahrhunderts – auch die neu in Mode gekommenen gefüllten Nelken anbauen. Zypressen gediehen in Italien und Südfrankreich, überlebten in England aber meist den Winter nicht und waren in Mitteleuropa undenkbar. Die teilweise winterharten Pomeranzen kamen im Norden nicht zur Blüte. Weinreben dagegen ließen sich überall als reizvolle Kletterer einsetzen und brachten selbst in London noch größere Mengen Tafeltrauben. In Frankreich zog man einige südliche Pflanzen auch im Norden des Landes: zuerst Lavendel, dann Rosmarin, der 1340 mit Königin Philippa nach England kam. Goldlack und Levkojen, die es im maurischen Spanien seit dem 11. Jahrhundert in mehreren Farben gab, brauchten einige Zeit, bis sie nach England kamen. Bekannt waren sie dort seit dem 14. Jahrhundert und wurden vielleicht zusammen mit der Stockrose (im Troß der Königin Eleonore von Kastilien nach ihrer Heirat mit Edward I.) direkt aus Spanien eingeführt.

Die Gartenflora Deutschlands und Mitteleuropas ist ein Kapitel für sich. Von den ersten gedruckten Kräuterbüchern kamen die besten aus Deutschland und hatten großen Einfluß auf die englische Botanik und den Gartenbau am Ende des Mittelalters.

Obwohl Pflanzen, die in Ziergärten gediehen, nirgends aufgelistet sind, florierte der Handel damit bereits ausgezeichnet. Die Auswahl war noch begrenzt, doch die schönsten Gärten des Mittelalters müssen einen prächtigen Anblick geboten haben.

Der Hortus Floridus *(1614) des Crispijn van de Passe, eines der ersten mit Kupferstichen illustrierten Pflanzenbücher, zeigte die hohe Wertschätzung, die die Blumen bei holländischen Gärtnern des 17. Jahrhunderts genossen. Die Gärten weisen aber noch viele mittelalterliche Elemente auf.*

ITALIEN

Als Giusto Utens Ende des 16. Jahrhunderts den Garten der Medici malte, war dieser wegen seiner Wasserspiele und Grotten schon in ganz Europa berühmt.

Voll Bewunderung blickte das übrige Europa fast zwei Jahrhunderte lang auf Italien, das als Wiege der Gartenbaukunst der Alten Welt galt. Reisende aus dem Norden zeigten sich ebenso fasziniert von den italienischen Gärten wie die Menschen, für die sie geschaffen waren. Obwohl durch mangelnde Pflege und den Wandel des Geschmacks viele Gärten bis zur Unkenntlichkeit verändert wurden, ermöglichen uns doch Aufzeichnungen, alte Drucke und Gemälde, eine Vorstellung vom ursprünglichen Zustand zu gewinnen. Klassische Lehren der Harmonie und Symmetrie, Subtilität des Raumempfindens, geniale Effekte, dramatische und poetische Qualitäten – all das läßt italienische Gärten zu einer Quelle der Inspiration für Gartenarchitekten werden.

EINFLUSS DER KLASSIK

In den Schriften des Petrarcha und Boccaccio läßt sich bis ins frühe 14. Jahrhundert die Freude an der Natur zurückverfolgen, die sich aber nicht direkt in neuen Gartenentwürfen niederschlug. Der Garten der Villa Palmieri in Florenz, wie ihn Boccaccio im „Decamerone" beschrieben hat, scheint in mittelalterlichen Formen erstarrt zu sein. Erst das Studium der klassischen Literatur, Kunst und Geschichte durch die florentinischen Humanisten des 15. Jahrhunderts gab dem kulturellen Leben in Italien eine neue Dimension, die auch auf die Gartenkunst wirkte. Von größtem Einfluß waren die Ideen zur Architektur und Gartengestaltung, wie sie in Leon Battista Albertis Werk *De re aedificatoria libri X* – 1452 verfaßt – formuliert sind. Der Garten der Villa Quaracchi in Florenz, den sein Besitzer Giovanni Rucellai in Tagebuchaufzeichnungen 1459 beschrieb, war möglicherweise ein Entwurf Albertis. Obwohl einige Formen noch mittelalterlich sind, entsprach dieser Garten doch bereits den klassischen Prinzipien. Vom Haus auf dem Hügel aus war die Hauptachse klar zu erkennen, die durch eine Allee hinunter zum Fluß Arno quer über die Straße nach Pistoia führte. Der Formschnitt der Bäume entsprach den Beschreibungen, wie sie von Plinius dem Jüngeren überliefert sind.

Im frühen 15. Jahrhundert bildete sich die Gewohnheit heraus, sich zu Studium und Kontemplation aufs Land zurückzuziehen (*villeggiatura*); der Bau vieler ländlicher Villen war die Folge. Die Villa Medici in Careggi (heute ein Vorort von Florenz), von Michelozzo Michelozzi für Cosimo de'Medici aus einem festungsähnlichen Gutshof umgebaut, umfaßte die bewußte Nachbildung eines römischen Gartens.

Il Trebbio und Villa Medici in Fiesole

Zwei von Michelozzo Michelozzis entworfene toskanische Gärten, die einigermaßen erhalten sind, geben einen Eindruck vom Wandel der Gartenarchitektur. Il Trebbio, ein Jagdhaus der Medici in Cafaggiola, wurde um die Mitte des 15. Jahrhunderts aus einer mittelalterlichen Festung umgebaut und thront auf einem Hügel. Der neue Geist zeigt sich in der Art, in der die eingeschlossenen Gärten mit den längsverlaufenden, weinberankten Pergolen – eine hat die Zeiten bis heute überdauert – gleichsam als Erweiterung der Villa begriffen wurden. Allerdings ist der prachtvolle Ausblick hier nicht genutzt. Dagegen wird bei der Villa Medici in Fiesole, deren Gärten einige Jahre später als die von Il Trebbio entstanden, durch zwei recht aufwendige Terrassen das großartige Panorama miteinbezogen. Die obere Terrasse, heute als formaler Garten angelegt, wurde möglicherweise als Gemüse- und Obstgarten genutzt. Ein Element, das mehr oder weniger unverändert blieb, ist der *giardino segreto* an der Westseite des Hauses. Dieser „geheime Garten", der jahrhundertelang wichtiger Bestandteil der italienischen Gartengestaltung war, erinnert an die mittelalterlichen, umschlossenen Gartenräume. Der *giardino segreto* in der Villa Medici mit seiner zauberhaften Aussicht auf Florenz und das Arnotal bot die ideale Kulisse für philosophische Gespräche von Künstler- und Gelehrtenzirkeln, deren Mäzene die Medici waren.

Das Belvedere

Verglichen mit mittelalterlichen Gärten zeigten die Anlagen von Florenz, Siena und Lucca schon im 15. und frühen 16. Jahrhundert eine neue Art der Raumgestaltung und bewirkten eine harmonische Vermählung von Architektur und Landschaft. Während des 15. Jahrhunderts waren die Gärten römischer Paläste auf umschlossene Höfe (*cortile*) beschränkt, die der Phantasie kaum mehr Spielraum ließen als mittelalterliche Klösterhöfe. Doch Donato Bramantes Antwort auf den Auftrag Papst Julius' II. für ein prachtvolles neues Belvedere war wahrlich revolutionär. Vielleicht hatte ihn der Fortuna-Tempel in Praeneste (dem heutigen Palestrina), erbaut im ersten vorchristlichen Jahrhundert unter Sulla, mit seinen großzügigen Terrassen und Verbindungsrampen zu seinem kühnen Plan inspiriert. Jedenfalls geht die theatralische Anmutung, die Bramante dem sehr großen, von Architektur umschlossenen Hof auf dem abfallenden Gelände gab, sicherlich auf klassische Vorbilder zurück. Er teilte das Areal in drei Bereiche. Die untere und größte Fläche diente als Arena für die verschwenderischen Aufzüge des päpstlichen Hofes. In der Mitte waren Sitzplätze mit Blick in die Arena, während die oberste Ebene mit einer großen, zentralen Grotte als Architekturgarten mit einer Skulpturensammlung angelegt war. 1580 änderte man Bramantes Entwurf grundlegend, schnitt das majestätische Ensemble durch die Bibliothek Sixtus' V. in zwei Teile, die Grotte bekam eine Halbkuppel. Die Dramatik der dominierenden Zentralachse, die über drei durch Treppen verbundene Ebenen lief, war eine Neuerung. Ebenso innovativ war aber auch die Wiederbelebung des Gartens durch Skulpturen.

Trotz oberflächlicher Veränderungen behielten die Gärten der Villa Medici in Fiesole die von Michelozzo Michelozzi um 1450 vorgegebene Form. Vom giardino segreto *blickt man auf Florenz und das Arnotal.*

Palazzo Piccolomini und Villa Madama

Während des 15. Jahrhunderts wurden in der Umgebung von Rom nur wenige Landsitze neu- oder wiederaufgebaut. Weiter im Norden ließ Papst Pius II., ein an der Antike interessierter Humanist, der gefühlsmäßig stark an seinen Geburtsort gebunden war, das Dorf Corsignano wieder aufbauen. Es wurde in Pienza umbenannt, und der Palazzo Piccolomini, den er dort errichten ließ, beherbergt einen der schönsten hängenden Gärten. Von einem intimen, umschlossenen *giardino segreto* geben Bogengänge die herrliche Sicht auf das Val d'Orcia frei.

Der Plan für den Palazzo Piccolomini mit seinen Gärten nutzt mit viel Gespür eine einzigartige Lage. Er war aber nicht bahnbrechend wie die Renaissance-Villen in der Nähe von Rom, die außerhalb der Stadtmauern entstanden.

Die Villa Madama, die Kardinal Giulio de'Medici (der spätere Papst Clemens VII.) an den Osthängen des Monte Mario bauen ließ, war die Nachbildung einer kaiserlichen Villa in Rom. Beteiligt an diesem 1516 begonnenen, ehrgeizigen Projekt waren Raphael, Antonio da Sangallo der Jüngere und Giovanni da Udine. Was davon übrigblieb – die Anlage wurde nie vollendet, und die Villa brannte während der Plünderung Roms 1517 völlig aus – läßt nur erahnen, in was für ein monumentales Ganzes Architektur und Gärten integriert waren. Das zentrale Element des Entwurfs zeigte einen offenen, runden Hof, umrahmt von einem symmetrischen Gebäude mit Durchgängen in den vier Himmelsrichtungen, die zu Loggien führten. Die südliche Loggia öffnete sich zum Eingangshof und dem grandiosen Treppenaufgang. Im Norden gab es formale Terrassengärten, die zu einem *giardino se-*

greto führten. Von der östlichen Loggia aus hatte man eine atemberaubende Aussicht auf Rom, während die auf der Westseite den Blick auf ein Freilicht-Theater im klassisch-römischem Stil freigab, das in den Hügel gebettet war.

GESTALTUNG KONTRA NATUR

Ein Charakteristikum italienischer Gärten, das sich bis zum Ende des 18. Jahrhunderts nachweisen läßt, ist schon in den römischen und toskanischen Renaissancegärten des 15. und frühen 16. Jahrhunderts sichtbar. In diesen Gärten war die gelungene Anlage wichtiger als die Pflanzen, die nur in begrenzter Zahl Verwendung fanden und vor allem als eine Art immergrüne Architektur dienten. Der Verzicht auf Blumengärten vermittelt allerdings einen falschen Eindruck, denn gerade in der Frührenaissance war das Interesse an Blumen und ihrem ornamentalen Wert groß. Anlagen mit Zierpflanzen sind zwar relativ selten, aber schon früh wurden Botanische Gärten – übrigens die ersten der Welt – angelegt.

Nach dem Vorbild der antiken Klassiker war in der Renaissance die Pflanzenkunde Teil des Medizinstudiums. Der Orto Botanico in Pisa, 1543 entstanden, gilt als erster Botanischer Garten und war zugleich ein *hortus medicus*. Er sollte den Studenten ein intensives Studium der Pflanzen ermöglichen. Dieser und andere Gärten, die einige Jahre später in Padua (1545) und Florenz (1550) angelegt wurden, gaben wichtige Impulse zu botanischen Studien überall in Europa und führten zu den ersten systematischen botanischen Klassifizierungen.

MANIERISMUS

Nach der Plünderung Roms 1527 prägte eine neue Strömung das intellektuelle und künstlerische Leben Italiens. Der Ausdruck, den diese Stimmung in Architektur und Schönen Künsten fand, läßt sich nur schwer beschreiben und wird als Manierismus bezeichnet. Im Bereich der Gartengestaltung ist er durch zwei Entwicklungslinien gekennzeichnet, die einige der bekanntesten und berühmtesten Gärten hervorbrachten. Das eine waren die allegorischen Bezüge,

In der Villa Madama sind Architektur und Gärten auf monumentale Weise verbunden. Sie hatte nachhaltigen Einfluß auf römische Villen- und Gartenanlagen. Mit dem ehrgeizigen Projekt – eigentlich die Rekonstruktion einer römischen Kaiservilla – wurde 1516 begonnen. Die Anlage ist nie vollendet worden. Fast nichts ist von dieser ersten Renaissance-Villa erhalten geblieben, die in der Nähe Roms, aber außerhalb der Stadtmauern liegt.

Einer der ersten Botanischen Gärten wurde 1545 in Padua errichtet. Sein ursprünglicher Zweck war, Medizinstudenten das Studium der Heilpflanzen zu ermöglichen. Die kleinen Beete im zentralen Rondell sind praktisch unverändert geblieben.

mit denen man dem Auftraggeber schmeicheln konnte. Beispiel für ein solches ikonographisches Programm war die Villa Medici in Castello bei Florenz, deren Gärten seit 1538 entstanden. Laut Vasari sind sie die schönsten und eindruckvollsten in Europa. In ihnen sollten Macht und Glanz der Medici, die durch die Ernennung Cosimos zum ersten Herzog der Toskana (1537) noch zugenommen hatten, verherrlicht werden. Der Entwurf stammt von Niccolo Tribolo. Nach seinem Tod wurde das Werk von Bartolomeo Ammananti und Bernardo Buontalenti vollendet. Das allegorische Programm, das in Skulpturen und Brunnen seinen Ausdruck fand, geht wohl auf Benedetto Varchi, einen gelehrten Freund des Herzogs, zurück. Durch Umstellen der Skulpturen – einige sind verlorengegangen – wurde das ikonographische Programm in Castellos aufgelöst. Die geradlinige Kahlheit des heutigen Gartens enthüllt den ihm zugrundeliegenden, typisch toskanischen Konservatismus statt der von Vasari besungenen Pracht. Castello war jedoch nicht nur mit diesem allegorischen Schema seiner Zeit voraus. Hier war auch das frühe Beispiel einer anderen Entwicklung der manieristischen Gartenbaukunst verwirklicht, die Einführung raffinierter Wasserspiele. Michel de Montaigne, der den Garten 1580 besuchte, beschrieb, wie der Gärtner einen Ahnungslosen aus 200 Schritt Entfernung durch Inbetriebnahme einer einfallsreichen Vorrichtung naßspritzen konnte. Wenn diese *giochi d'acqua* auch unsinnig oder gar albern erscheinen, sie waren doch ein wichtiges Merkmal italienischer Gartenkunst des 16. und 17. Jahrhunderts, und Besucher aus dem Norden bestaunten sie voller Bewunderung. Zur Anlage in Castello gehörte natürlich eine Grotte, die vorzüglich zum Überschwang manieristischer Gärten paßte.

Montaigne erwähnt „alle Arten von lebensecht nachempfundenen Tieren, die das Wasser dieser Fontänen ausspeien, manche aus dem Schnabel, andere aus den Flügeln, einige aus Nägeln, Ohren oder Nüstern".

Pratolino

Europas berühmtester Garten war zu Ende des 16. Jahrhunderts wahrscheinlich Pratolino bei Florenz. Seinen Ruf verdankte er einem wahren Triumph über die Natur, der

Der Garten der Villa Medici in Castello ist erhalten geblieben. Die Lünette von Giusto Utens aus dem späten 16. Jahrhundert zeigt eine dichtere Bepflanzung als heute. Die Anlage wurde 1538 nach einem ikonographischen Programm gestaltet, das den Medici schmeicheln sollte.

sich in unzähligen Wasserspielen manifestierte. Von dieser Gartenschöpfung, die zwischen 1569 und 1581 wahrscheinlich von Buontalenti für Francesco de'Medici entworfen wurde, ist praktisch nichts erhalten, und auch das ikonographische Programm, das ihr zugrunde lag, kennt man nicht. Allerdings gibt es Aufzeichnungen der Hauptattraktionen, vor allem der Grotten, in deren größter die „Flut" inszeniert wurde. Während man, nach Montaignes Darstellung, auf einer Bank saß, um eine Skulptur zu bewundern, füllte sich, durch irgendeine Bewegung ausgelöst, die ganze Grotte mit Wasser, und aus allen Sitzen quoll das Naß. Es gab kein Entrinnen, denn wenn man nach oben flüchten wollte, „setzte der Gärtner auf jeder zweiten Stufe tausend Wasserstrahler in Gang". Die bemerkenswertesten Wasserspiele in Pratolino waren Automaten, die durch hydraulischen Antrieb Musik und Geräusche machten und einem die Illusion von bewegten Bildern vermittelten. Sie gingen auf erstaunliche Erfindungen der Schule von Alexandria zurück, und man kannte sie aus den Aufzeichnungen des griechischen Naturwissenschaftlers Heron (2. Jahrhundert v. Chr.). Obwohl seine Werke *Pneumatik* und *Mechanik* erst 1589 in italienischer Übersetzung erschienen, kannte man ihren Inhalt schon lange vorher. Dies beweisen die Entwürfe berühmter Gärten, darunter auch jener der Villa d'Este in Tivoli.

Villa d'Este

Dieser Garten verdankt seine Pracht vor allem dem ehrgeizigen Wettstreit zweier Kirchenfürsten. Die Anlage, die von Kardinal Ippolito d'Este zwischen 1560 und 1575 errichtet wurde, war eine Antwort auf den imposanten Palast, den sein größter Rivale, Kardinal Alessandro Farnese, in Caprarola erbauen ließ. Im Westen von Tivoli, der hügeligen Stadt, in der Kardinal d'Este Gouverneur war, fiel das Gelände steil ab, und man sah im Südwesten über die Campagna bis nach Rom, im Nordwesten bis zu den Sabinerbergen. Der Dramatik des jäh abstürzenden Areals entsprach ein exakt abgestimmter Plan mit zahllosen großartig variierten Details. Dadurch daß der Einfluß zweier klassischer Anlagen, nämlich von Praeneste und der Hadriansvilla, erkennbar ist, wird die Originalität des Konzepts nicht geschmälert. Die Hadriansvilla ist ein Ensemble von Baudenkmälern, die Kaiser Hadrian im 2. Jahrhundert bauen ließ, und liegt nur ein paar Meilen entfernt am Fuß von Tivoli. Der Architekt und Archäologe Pirro Ligorio, der eine wichtige Rolle beim Bau der Villa d'Este spielte, hatte die Ruinen beider Anlagen bis ins Detail studiert und konnte deshalb den Kardinal vor allem bei der kunstvollen ikonographischen Ausstattung der Gärten beraten.

Der Haupteingang befand sich ursprünglich auf der untersten Ebene. Die Zentralachse führte hinauf zum Haus, das hoch über den majestätischen Terrassen thronte. Die Hauptperspektiven werden von Querachsen gebildet und in den steilsten Bereichen durch schräge Rampen unterstrichen. Um die Alleen zu schließen und an Kreuzungspunkten waren Skulpturen und Brunnen plaziert; verschwenderische Wasserkaskaden spielten eine Hauptrolle in diesen Gärten. Noch heute sind die Brunnen der Villa d'Este besonders eindrucksvoll. Der „Weg der Hundert Brunnen" ist eine der größten Sehenswürdigkeiten Italiens. Diese Promenade wird von drei Reihen kleiner Brunnen flankiert. Hinter der mittleren Reihe standen einst 100 Stuckreliefs mit Szenen aus Ovids Metamorphosen. Nur wenig ist davon wie auch vom Rometta-Brunnen im Südosten und von der Terrasse erhalten, wo die sieben Hügel Roms und ihre Hauptdenkmäler dargestellt waren. Andere Brunnen sind geblieben, aber die *giochi d'acqua* und Automaten sind verschwunden. Die Idee für den genialsten aller Automaten, den Eulenbrunnen, stammte von Heron, der Vögel durch den Fluß des Wassers zum Singen und Verstummen brachte. Zwitschernde Vögel auf Bronzeästen stellten

Neptunsbrunnen der Villa d'Este in Tivoli. Der verschwenderische Einsatz von Wasser mit Hilfe raffinierter Automaten und das großartig terrassierte steile Gelände machen den Park der Villa d'Este (1560 und 1575) zum spektakulärsten unter allen italienischen Gärten.

beim klagenden Schrei der Eule ihren Gesang ein. Nach Montaigne kamen aus dem Drachenbrunnen Geräusche von Kanonen- und Gewehrschüssen, während der Orgelbrunnen Trompetenstöße, gefolgt von zauberhaften Melodien, hören ließ. Viele der Skulpturen, die zusammen mit den Brunnen dem Garten seine allegorische Bedeutung verliehen, stammten aus der Hadriansvilla. Die Ausgrabungen leitete Ligorio im Auftrag von Kardinal d'Este. Heute ist die Bedeutung des kunstvollen Programms kaum noch zu erkennen, da viele Skulpturen im 18. Jahrhundert verschwanden. Der Garten war Herkules und Hippolytus gewidmet; Herkules, von dem die Familie d'Este mit viel Phantasie ihren Stammbaum ableitete, symbolisierte Kraft, Hippolytus Keuschheit. Vom Drachenbrunnen auf der Zentralachse führt die Querachse in der einen Richtung zur Grotte der Diana, die die Tugend verkörperte, in der anderen zur Grotte der Venus, Göttin der Liebe.

In der Villa d'Este kommen die Ideale der Renaissance-Gartenkunst am stärksten zum Ausdruck, auch wenn vieles verlorengegangen und das ganze Schema unter einer üppig wachsenden Pflanzenvielfalt kaum noch zu erkennen ist. Doch das, was die Zeiten überdauert hat, ist von grandioser Lebensfülle und ein majestätisches Theater mit Wassermusik.

Die Brunnen der Villa d'Este sind auch heute noch eindrucksvoll. Eine der bekanntesten Sehenswürdigkeiten Italiens ist der „Weg der 100 Brunnen", der aus einer langen, von drei Reihen kleiner Brunnen flankierten Promenade besteht. Dahinter standen einst hundert Stuckreliefs mit Szenen aus Ovids Metamorphosen, *leider sind nur wenige erhalten.*

Villa Pia

Die Villa Pia im Vatikan, ein weiterer höchst origineller Garten, wurde 1560 von Ligorio für Papst Pius IV. entworfen. Der kleine, intime *giardino segreto* ist als Ort der Besinnung gedacht. Schon das Belvedere schafft eine großartige Kulisse für Pomp und Prachtentfaltung. Ein offenes, gepflastertes Oval wird von vier Gebäuden, darunter ein dreistöckiger Pavillon, umschlossen. Das Einmalige dieses Gartens ist die harmonische Gruppierung der reichgegliederten Bauwerke; verbunden sind sie durch niedrige Mauern mit Sitzen und Vasen.

Villa Farnese

Einen noch reizvolleren *giardino segreto* gibt es in Caprarola; der Architekt Giacomo da Vignola hat ihn für Kardinal Alessandro Farnese entworfen. Vignolas Aufgabe war es seit 1556, eine Festung in einen monumentalen Palazzo umzuwandeln, der von Geschmack und Wohlstand des Kardinals Zeugnis ablegen sollte. Die beiden 1578 vollendeten Hauptgärten – einer für den Winter, der andere für den Sommer – waren weniger bemerkenswert. Vom Sommergarten aus führt ein Pfad zum Casino. Dieses ist durch eine Rampe erreichbar, über deren Mittelpunkt ein schmaler Wasserlauf, ein *catena d'acqua*, rinnt. Das Parterre vor dem Casino säumten lebensgroße Karyatiden; dahinter befindet sich ein Freiluftraum, ein einfacher, mit Kieselmosaik ausgelegter, von Bäumen begrenzter Garten. Der Charme dieser Anlage liegt einmal in der Überraschung,ihn zu entdecken, zum andern im Gegensatz zwischen seiner schlichten Schönheit und dem überwältigenden Glanz des Palazzos.

Villa Giulia

Noch ehe Vignola mit der Arbeit an der Villa Farnese begann, war er am Entwurf der Villa Giulia beteiligt, die Papst Julius III. am Stadtrand von Rom, unweit der Porta del Popolo, errichten ließ. Heute existieren nur noch die Innenhöfe, aber sie lassen eine bemerkenswerte Entwicklung in der Gestaltung von Hofräumen erkennen. Vom halbrunden Haupthof führt eine Loggia zu zwei kleineren Höfen auf einer niedrigeren Ebene, die zusammen das Nymphaeum bilden. Die so entstehende Grotte säumen vier Karyatiden, deren Basis vom Wasser umspült wird. Dieser architektonische Garten mit seinen vielfältigen Raumbeziehungen ist mit ungewöhnlicher Sicherheit und viel Geschmack gestaltet. Die Villa Giulia ist auch durch ihre gemalten Szenerien (*topia*) interessant. Damit kehrte die Renaissance zu Mitteln antiker Gartengestaltung zurück.

Villa Lante

Wenn die Villa Lante wirklich ein Werk Vignolas ist, und das wird allgemein angenommen, dann ist dieser am besten erhaltene Garten dieser Zeit gewiß sein Meisterwerk. Kardinal Gambara, der sich sein Sommer-Refugium am Rande der Stadt Bagnaia bei Viterbo wünschte, gab das Projekt in Auftrag (vollendet 1573). Die Anlage bestand aus einem architektonischen Garten, der in Terrassen und einen Park gegliedert war. Die Hauptelemente sind zwei *casini*, die mehr als Ornamente des formalen Gartens, denn als raison d'être dieser Anlage dienen. Die unterste Terrasse ist viereckig und wird von einem Springbrunnen beherrscht, den Montaigne beschreibt als „eine Pyramide, die auf vielerlei Weise Wasser speit". Vier mit reinem, klarem Wasser gefüllte Becken umgeben die Pyramide. In der Mitte jedes Beckens ist ein steinernes Boot mit Musketieren, die Wasser gegen die Pyramide schleudern, und einem Trompeter, der Wasser schießt. Der Brunnen mit den vier Jünglingen, die den Wahlspruch der Montaltos tragen, kam 1590, als Kardinal Alessandro Montalto den Besitz erwarb, an die Stelle der Pyramide. Der Brunnen und die Becken, die ursprünglich von Blumenparterres umgeben waren, wurden wahrscheinlich im 17. Jahrhundert durch die jetzigen *parterres de broderie* ersetzt.

Die Zentralachse, die zwischen den beiden *casini* zum „Brunnen der Sintflut" auf der obersten Ebene aufsteigt, wird an mehreren Punkten betont. So steht im Zentrum der Mittelterrasse ein großer Steintisch mit einer Mulde zum Weinkühlen. Hinter diesem Tisch erhebt sich der „Brunnen der Riesen", der sein Wasser aus den Scheren eines großen Krebses, dem Wappentier des Kardinals, bezieht. Dieses Symbol wiederholt sich an anderen Stellen des Gartens. Ein in Stein gehauener Kanal, der die Form von Gliedmaßen des Krebses hat, bildet eine Linie mit der Hauptachse oberhalb des „Brunnens der Riesen".

Der giardino segreto *der Villa Farnese in Caprarola ist ein intimer Garten und bot sich als willkommenes Refugium aus dem monumentalen Palazzo an, den Vignola in der zweiten Hälfte des 16. Jahrhunderts für Kardinal Alessandro Farnese baute.*

Die Villa Giulia, in der Nähe von Roms Porta del Popolo, wurde um 1550 für Papst Julius III. errichtet. Das Nymphaeum, eine Grotte, in der vier Karyatiden die obere Ebene tragen, zeigt eine höchst originelle und theatralische Raumgestaltung.

Die Villa Lante, am Stadtrand von Bagnai bei Viterbo, die Kardinal Gambara als Sommersitz diente, wurde 1573 fertiggestellt. Von allen italienischen Gärten dieser Zeit ist die Anlage am besten erhalten. Hier der Blick auf die unterste Terrasse mit Brunnen und Garten.

Dadurch, daß Park und Garten in sich so eng verbunden sind, gewinnt die Villa Lante ihre besondere Qualität. Die meisten Brunnen jedoch, die Teil des Originalentwurfs waren, und die diese Beziehung unterstrichen, wurden entweder umgeändert oder nach dem Erwerb der Villa durch Kardinal Montalto zerstört. Doch auch das, was mehr oder weniger unverändert erhalten blieb von diesem Garten, ist höchst bemerkenswert.

Villa Orsini

Ein weiterer, besonders phantasievoll angelegter Garten, an dem auch Vignola mitgewirkt haben dürfte, ist der Garten der Villa Orsini in Bomarzo. Die Arbeiten an dem *sacro bosco,* dem Heiligen Wald, wie Pier Francesco 'Vicino' Orsini, Herzog von Bomarzo, seine Schöpfung nannte, wurden mit Unterbrechungen zwischen 1552 und 1580 ausgeführt. Aus massivem Stein gehauene Riesen sind Teil dieser komplexen Anlage, die antike und literarische Bezüge aufweist.

Toskana

Die Gärten des 16. Jahrhunderts, die außerhalb des römischen Einflußbereichs entstanden, konnten sich in Größe und Kühnheit des Entwurfs mit denen in Rom kaum messen. Toskanische Gärten spiegelten den privaten Anspruch der meisten Villen wider. In der Ausführung aber konnten diese Anlagen vorzüglich sein, wie sich an bis heute erhaltenen Beispielen unschwer erkennen läßt.

Zwei Gärten, die Wohnqualität mit höchst individueller Zielsetzung verbanden, ragen besonders heraus: die Villa Gamberaia in Settignano und die Villa Capponi in Arcetri. Erstere entstand über einen längeren Zeitraum hinweg und vereint auf einer relativ kleinen Fläche acht verschiedene Einheiten, die durch eine grasbewachsene Allee und einen *giardino segreto* zusammengehalten werden, der die volle Breite des Geländes einnimmt. Zwei Einheiten nahe am Haus bestehen aus geheimnisvolle *boschi* oder Ilexwäldchen. Die Villa Capponi, die

Einer der merkwürdigsten Renaissancegärten gehört zur Villa Orsini in Bomarzo; von seinem Urheber wurde er sacro bosco *(Heiliger Wald) genannt.*

1572 fertiggestellt wurde, hatte einen noch kleineren Garten, der deutlich nur für den persönlichen Gebrauch und nicht zur Repräsentation gedacht war. Er besteht aus einer grasbewachsenen Terrasse mit prachtvollem Blick über Florenz, einem abgeschlossenen Parterre und zwei von Mauern umschlossenen Gartenteilen auf verschiedenen Ebenen.

Der Garten der Villa Bombicci in Colazzi, wunderschön am Rande einer Hügelkette südlich von Florenz gelegen, war strenger in der Anlage. Heute schreibt man ihn Santi di Tito zu, lange aber galt Michelangelo als sein Schöpfer. Er wurde 1560 begonnen, aber nie fertiggestellt, und zeigt eine subtile Ausgewogenheit der Proportionen sowie Harmonie mit der umgebenden Landschaft. Ein bemerkenswertes Element ist die Zypressenallee, die an einem Teich vorbei zum Haus führt; im Wasser spiegelt sich die Ostfassade.

Die Gärten von Boboli

Die ursprüngliche Anlage der nahegelegenen Boboli-Gärten ist ein eindrucksvolles Beispiel des toskanischen Konservatismus. Cosimo I. de'Medici erwarb 1549 das Gelände und den unvollendeten Palazzo Pitti. Noch im selben Jahr entwarf Niccolo Tribolo die Zentralachse, indem er einen von Natur aus vorhandenen Einschnitt hinter dem Palast in ein Amphitheater verwandelte und die Böschungen dicht bepflanzte. Seit dem 17. Jahrhundert wurde dieser Raum als Gartentheater genutzt; damals hat man die Bepflanzungen entfernt und Sitzreihen eingebaut. Im Juli 1637 wurde das Amphitheater erstmals für Aufführungen genutzt; zur Feier der Hochzeit von Ferdinand II. de' Medici mit der Prinzessin von Urbino führte man ein Reiterballett auf.

Vieles in diesen Gärten fand seine heutige Form erst im 17. Jahrhundert, darunter die Einrichtung des Isolotto. Diese Besonderheit geht möglicherweise auf das Theater der Hadriansvilla zurück und wirkt heute merkwürdig unproportioniert. Die Skulptur auf der Insel stand ehemals vor dem Palazzo Pitti. Die Grotta Grande, eines der besterhaltenen Grottengebilde, ist ein Relikt des späten 16. Jahrhunderts. Buontalenti, zu seiner Zeit Direktor von üppig ausgestatteten *spettacoli*, entwarf den oberen Teil der Eingangsfassade und die drei Grotten im Innern.

Der kleine Garten der Villa Gamberaia in Settignano besteht aus verschiedenen Elementen, die auf geniale Weise zueinander in Beziehung stehen. Das Wasserparterre wurde zwar modernisiert, doch hat sich der Gesamteindruck kaum verändert.

In den Boboli-Gärten hinter dem Palazzo Pitti in Florenz streift die lange Westachse den Meeresbrunnen, Piazzale dell'Isolotto. Diese Anlage aus dem 17. Jahrhundert soll auf das „Teatro marittimo" der Hadriansvilla zurückgehen.

Die Villen Bernardini und Corsi-Salviati

Der Garten der Villa Bernardini in Saltocchio, die um 1590 errichtet wurde, weist eine Achse auf, die das bewaldete Gelände teilt. Obwohl diese Idee bereits in den Boboli-Gärten verwirklicht ist, bieten die *boschi* in Bernardini noch einen weiteren Reiz: Zu beiden Seiten der zentralen, grasbewachsenen Allee gibt es zwei, früher mit Wald bestandene Rechtecke, die eine Folge von kleinen Gartenräumen in sich schlossen.

Eine Ausnahme unter den toskanischen Gartenanlagen ist die auf flachem Gelände im Arnotal errichtete Villa Corsi-Salviati in Sesto. Dieser Garten ist in fünf verschiedenen historischen Epochen entstanden. Das Anwesen wurde 1502 von Jacopo Corsi erworben und bestand aus einem kleinen, toskanischen Haus und einem einfachen Gar-

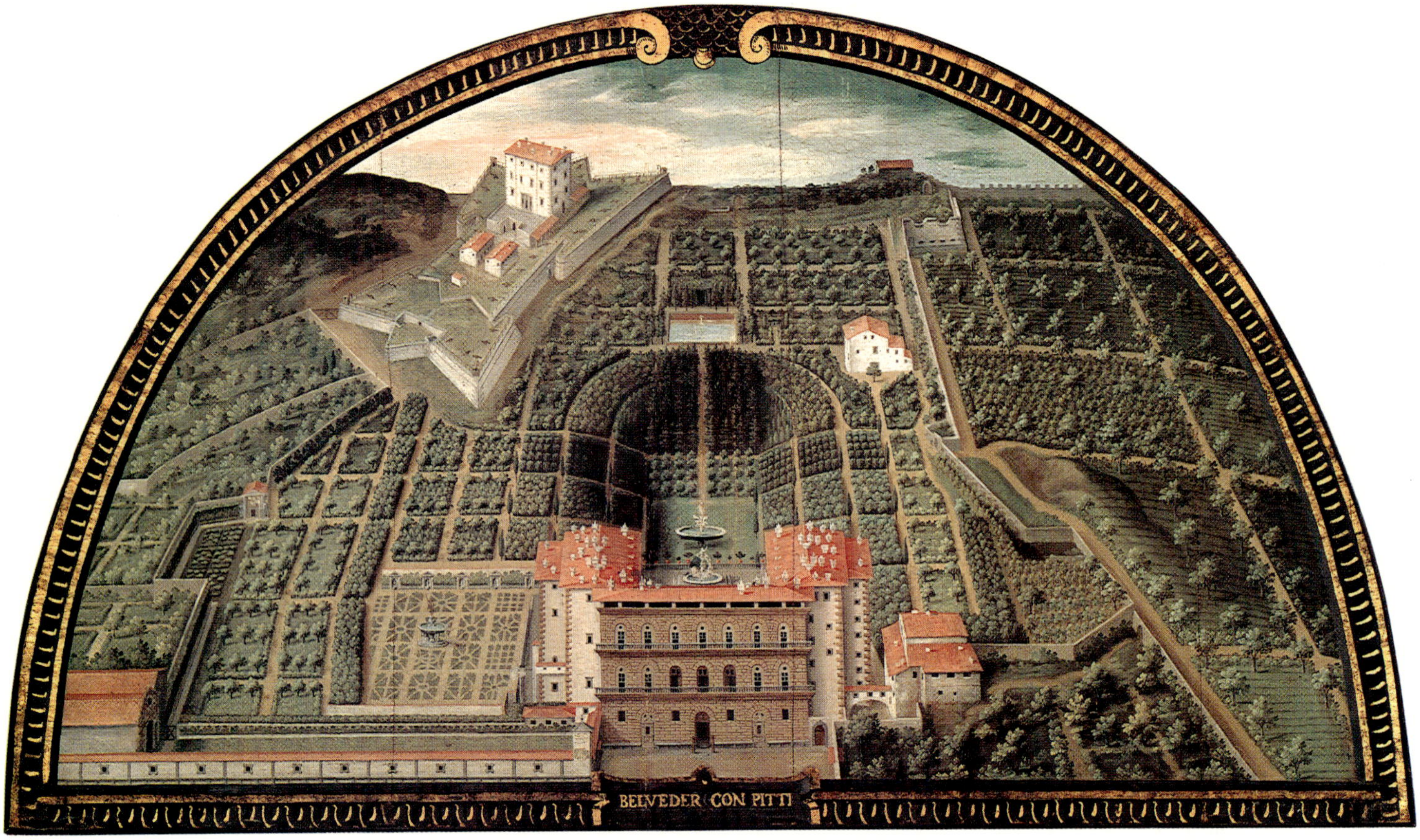

ten mit Rasenflächen zum Bocciaspielen. Geringfügige Änderungen wurden 1593 vorgenommen. 1644 nahm die bestehende Anlage gestalt an. Barocke Zusätze um 1738 sollten die flache Landschaft durch Extravaganz der Silhouette beleben. Im 19. Jahrhundert kam eine romantische Anordnung mit einem See, einem Hügel und einer Burg-Attrappe dazu. Als 1907 die Gärten restauriert wurden, bezog man ein grünes Theater in die Gesamtanlage ein.

VENEDIG UND GENUA

In zwei weiteren bedeutenden Zentren der Macht im Italien des 16. Jahrhunderts finden sich einige wenige Beispiele der Renaissance-Gartenkunst. In Venedig ist praktisch nichts erhalten geblieben. Wir wissen jedoch aus der Literatur und vom Augenschein, daß die Venetianer Freilufträume mit Pergolen, Parterres, bepflanzten Raumteilern sowie Sitzplätzen und Skulpturen besonders liebten. Da der Platz schon immer äußerst knapp war, wich man auf Stadtrandgebiete und Inseln wie Murano aus, um dort Gärten anzulegen.

Aber auch im Veneto sind kaum Villengärten erhalten. Einen der großartigsten hat Andrea Palladio für seine Freunde, die Brüder Barbaro, in Maser entworfen. Die Gärten der Villa Barbaro, die um 1560 entstanden, sind in Palladios „Quattro Libri di Architettura" genau beschrieben. Nur wenig ist vom ursprünglichen Konzept geblieben, von Lauben und Parterres, von den Umfriedungen mit ihren steinernen Kriegern, von der Auffahrt, die olympische Gottheiten flankierten. Immerhin ist der *giardino segreto* noch erhalten. Der rechteckige Garten, zum Teil Rasen und zum Teil mit kleinen Steinen gepflastert, wird auf drei Seiten durch die Villa umschlossen; an der vierten Seite spiegelt ein großes Becken die halbrunde Exedra, die mit Stuck-Skulpturen geschmückt ist. Dieser *giardino segreto* der Villa Barbaro ist in der Anmutung ganz römisch.

Einer der berühmtesten Gärten des 16. Jahrhunderts im Veneto, der Giardino dei Giusti in Verona, wurde im typisch toskanischen Stil mit Terrassen, Brunnen und Grotten angelegt. Im 19. Jahrhundert gestaltete man ihn um, doch einige berühmte Besucher haben ihn beschrieben. Thomas Coryat schreibt 1611, dies sei das „zweite Paradies ... geziert von merkwürdigen Gebilden, Früchten zahlreicher Sorten und zwei Reihen stolzer Zypressen – dreiunddreißig in einer Linie". Goethe, der den Garten 1786 besuchte, erwähnt die Größe der Zypressen, von denen nur eine oder zwei die Zeiten überdauert haben.

Die von Giusto Utens um 1599 gemalte Lünette ist die erste vollständige Gesamtansicht der Boboli-Gärten. Sie zeigt die natürliche Hufeisenform des Areals hinter dem Palast, wo später die Bepflanzung einem Amphitheater weichen mußte.

Giardino Barbarigo

Eine der größten Gartenanlagen im Veneto ist der wahrscheinlich 1669 für den Prokurator Antonio Barbarigo errichtete Giardino Barbarigo in Valsanzibio bei Padua. Heute trägt er den Namen Villa Pizzoni Ardemani, ist aber auch unter dem Namen Villa Donà dalle Rose bekannt. Der riesige Privatgarten könnte auch die Planskizze für einen Stadtplan sein, mit grünen Wegen und Einfriedungen, bescheidenen Villen im Zentrum;

die ganze Anlage fügt sich in das natürliche Amphitheater der Euganeen, in die es eingebettet ist. Die westöstliche Hauptachse führt von den Hügeln in mehreren Wasserbecken bis zu einer Schleuse. Hier ist auch der ursprüngliche Eingang über den Kanal von Venedig. Die nicht weniger wichtige Nord-Süd-Achse verbindet die Flanken des Amphitheaters mit über die Hügel führenden Alleen, umfaßt auf geniale Weise das bescheidene *casino* und erweitert die Perspektive. Im II. Weltkrieg wurden die Alleen zerstört, sind aber neu gepflanzt worden.

Der Garten, rund um diese zwei Achsen angelegt und umgeben von einem mit Zitronenbäumen gesäumten Weg, bildet fast ein Rechteck, das noch viele überraschende Bereiche und Ecken umfaßt. Dazu gehören auch ein Labyrinth (kürzlich erst wieder zum ursprünglichen Quadrat restauriert), die einmalige ovale Garena, Dianas Bad und der Schwanenbrunnen.

Nach der Gründung der Republik Genua im Jahre 1528 führte der neue Wohlstand zu einem ungebremsten Baufieber und zur Anlage der Strada Nuova (heute Via Garibaldi) um 1550. Die steilen Hänge ließen große Gärten nicht zu. Von den zahlreichen kleinen Stadtgärten ist nur der des Palazzo Podesta aus der Barockzeit geblieben, ein Beispiel für die sinnvolle Nutzung des beschränkten Raums hinter den *palazzi*. Der größte der Genueser Gärten des 16. Jahrhunderts gehörte zum Palazzo Doria, der für den Gründer der Republik, Admiral Andrea Doria, angelegt wurde. Das weite Anwesen außerhalb der Stadtmauern erlaubte einen großzügigen Entwurf mit einer Terrassenlandschaft von den Hügeln herab bis zum Meer. Die Gärten waren Schauplätze für Unterhaltung und Festlichkeiten mit einer Statue des Neptun als Mittelpunkt im unteren Garten nahe dem Hafen. Gegen Ende des 16. Jahrhunderts ersetzte man diese Stuck-Skulptur durch einen Marmorbrunnen mit Neptun auf einem Streitwagen, umgeben von den Adlern der Doria. Die Gärten fielen später dem Ausbau der Stadt zum Opfer.

Römischer Barock

Das Spektakel und die optische Illusion war ein Charakteristikum der römischen Architektur des 17. Jahrhunderts und hat unweigerlich die Gartenarchitektur beeinflußt. Trotzdem lag das Hauptaugenmerk des Römischen Barock nicht in der Gartengestaltung, sondern in Städteplanung und Kirchenbau. Die weitläufigen Parks, die seit Anfang des 17. Jahrhunderts in Rom angelegt wurden, bestanden vorwiegend aus Anpflanzungen. Gebäude und ihre formalen Gärten spielten nur eine untergeordnete Rolle im Gesamtentwurf. Als Beispiel dafür kann die nach 1605 für Kardinal Scipione Borghese geplante Villa Borghese dienen. Die heutigen Gärten oberhalb der Piazza del Popolo sind nur noch ein Fragment des Gesamtkomplexes, der einen Umfang von mehr als 7 km hatte. Alleen durchschnitten ausgedehnte Baumpflanzungen und führten zu Skulpturen, Brunnen, Grotten und Seen. Doch es gab keinen das Ganze umfassenden Plan. Die formalen Gärten, die zwischen 1617 und 1619 um ein *casino* entstanden, griffen noch auf Renaissance-Elemente zurück. Sie umfaßten Parterres, einen *giardino segreto* und ein als Tempel entworfenes Speisezimmer im Freien.

Ein weiterer großer Park des 17. Jahrhunderts gehörte zur Villa Doria-Pamphili und entstand 1650. Auch hier spielte das *casino* mit seinem formalen Garten eine untergeordnete Rolle im Gesamtentwurf. Beide Parks wurden im 19. Jahrhundert im romantischen englischen Stil der Zeit umgestaltet. Diese neue Gartenlandschaft der Villa Doria-Pamphili inspirierte in ihrer reifen Form Maler wie Corot. Die römisch-barocke Landschaftskunst kam nicht in der Stadt selbst zur höchsten Entfaltung, sondern in Frascati, dem alten Tusculum, etwa 25 km südöstlich von Rom. Die Landhäuser, die dort seit dem Ende der Römischen Republik errichtet worden waren, sind im Mittelalter verfallen. In der zweiten Hälfte des 16. Jahrhunderts wurde die Gegend wiederentdeckt; hier wollte man der römischen Sommerhitze entkommen. Die Villen, die dort entstanden, unterschieden sich zwar im Detail, hatten aber manches gemeinsam.

Der Hang, auf dem sie errichtet wurden, fiel nach Norden ab und gewährte so den Blick über die Campagna und bis nach Rom. Die Villen waren so plaziert, als stünden sie im mächtigen Bann der Stadt. Das Baugelände mußte aus den steilen, bewaldeten Hängen gleichsam herausgeschält werden. Die Amphitheater, die dadurch entstanden, waren die ideale Kulisse für kunstvolle Wasserspiele. Trotz der Kosten, die das Hinaufpumpen des Wassers verursachte, da die Hügel keine natürlichen Wasserreserven

Aufwendige Brunnen und giochi d'acqua *bestimmten das Bild der Barockgärten in Frascati. Das Wasser-Theater der Villa Mondragone ließ Scipione Borghese installieren.*

Die Terrassen und Treppen der Villa Garzoni in Collodi erheben sich zu einer gewaltigen Kaskade, deren Steine wie ein in die Länge gezogener Riese gebildet sind. Die Kaskade selbst schneidet sich in den Wald ein und verschwindet schließlich ganz oben hinter der Ruhmesstatue.

hatten, waren Springbrunnen, Kaskaden und Wasserspiele Hauptattraktionen. Der *giardino segreto* und ein Parterre waren weitere Bestandteile dieser Anlagen.

Villa Torlonia

Viele der Villen in Frascati verfielen oder wurden im II. Weltkrieg durch Bomben beschädigt. Der Garten der Villa Torlonia ist heute ein öffentlicher Park, während die Villa 1944 zerstört wurde. Der Philosoph und Philologe Annibale Caro, der Frascati neuentdeckte, ließ hier 1563 ein „bescheidenes Tusculum" nach der Beschreibung Ciceros entstehen. Die machtvollen Kaskaden, die den Garten berühmt machten, wurden 1607 von Scipione Borghese installiert. Das Wasser stürzte über eine Reihe von Becken, um sich dann in einem gewaltigen Strahl vor einer mit zahlreichen Brunnen geschmückten Wand zu sammeln. Ursprünglich enthielt diese stützende Wand 10 Brunnennischen, die nach 1621 auf 22 erweitert wurden. In jeder wuchs aus einem muschelförmigen Bassin eine Fontäne, und an den Mauerstücken zwischen den Nischen sprudelte aus 24 Urnen Wasser. Der Zugang von der Villa aus führte durch einen *giardino segreto* und das einst mit Skulpturen reichgeschmückte Parterre. Seit den 80er Jahren des 17. Jahrhunderts wurde eine lange, schmale Terrasse geschaffen, die dem Betrachter ständig wechselnde Perspektiven eröffnete, wenn er sich dem *casino* näherte. Auch das Wasser-Theater der Villa Mondragone wurde im Auftrag von Scipione Borghese angelegt, der diesen Besitz 1613 erworben hatte.

Villa Aldobrandini

Von allen Barockgärten in Frascati ist der zur Villa Aldobrandini gehörende am besten erhalten. Die Hauptarbeiten wurden für Papst Clemens VIII. (Ippolito Aldobrandini) zwischen 1598 und 1603 ausgeführt. Von der Villa aus hat man einen imposanten Ausblick auf die Stadt und die Campagna, aber das größte Schauspiel liegt dahinter. Eine halbkreisförmige, in den Hügel eingefügte Wand birgt in fünf Nischen fünf Skulpturen; vor jeder steigt ein Wasserstrahl empor. In der Hauptnische trägt Atlas die Weltkugel. Auf der Zentralachse hinter der Mauer stürzt das Wasser über eine Treppe, fällt durch das Wappen der Aldobrandini, einen Stern, und schließlich wie ein Schleier über die Gestalt des Atlas. Da der Raum hinter der Villa recht beengt ist, versetzte man das Parterre auf eine Seite und den *giardino segreto* auf eine tieferliegende Terrasse. Im 17. und 18. Jahrhundert war die Stanza dei Venti eine Besonderheit des Gartens, ein Gartensalon mit raffinierten *giochi d'acqua*. John Evelyn, ein Besucher, der die Gärten 1645 sah, schrieb in sein Tagebuch: „In einem dieser Wasser-Gärten sprüht ein Atlas Fontänen bis in unglaubliche Höhen, ein anderes Monstrum stößt durch ein Horn schreckliche Töne hervor; vor allem ist die Darstellung des Sturms äußerst natürlich gelungen, mit Regenböen, Wind und Donner, ganz so, als befände man sich im wildesten Orkane."

Villa Garzoni

Obwohl jeder der Gärten von Frascati einen ganz eigenen Charakter hat, bilden sie doch eine bemerkenswert einheitliche Gruppe. Daher sind sie eher untypisch für die barocke Gartenkunst in Italien. Der Einfluß Roms ist nachhaltig spürbar. Ganz deutlich wird dies beispielsweise im Garten der Villa Garzoni im toskanischen Collodi. 1652 begann die Familie Garzoni, eine mittelalterliche Festung in ein Landhaus umzubauen. Um den überaus steilen Hang voll nutzen zu können, trennte man den neuen Garten durch eine Straße von der Villa ab. Er wurde aber so gestaltet, daß das untere Parterre von den Fenstern aus zu sehen war. Dieser Garten ist mit zwei runden Becken und Buchs in Form des Familienwappens geziert und von doppelt bogenförmig geschnittenen Hecken konturiert. Von dieser Ebene verbinden Stufen und Treppen auf der Hauptachse drei Wandelterrassen und steigen dann höchst spektakulär zu einer großen Kaskade auf. Sie entspringt aus einem Waldstück, in dem als Kulminationspunkt die Ruhmesstatue steht. Die Kaskade, deren Felsbrocken die Gestalt eines Riesen bilden, weitet sich nach oben hin und wirkt für den Obenstehenden länger, für den Untenstehenden verkürzt. Auf der obersten Terrasse liegt ein reizendes Gartentheater und neben der Ruhmesstatue ein Badehaus aus dem 18. Jahrhundert

Villa Marlia

Ein weiterer schöner Barockgarten in der Toskana ist die Villa Marlia in Lucca. Von 1806 bis 1814 war sie der Sommersitz Elisa Baciocchis, der Schwester Napoleons; sie erweiterte den Garten, der während des späten 17. Jahrhunderts von den Orsettis angelegt worden war. Eine Reihe von Freilufträumen, die aus den Waldungen gleichsam herausgemeißelt und von Hecken aus beschnittenen Eiben umrahmt werden, liegen im Osten an einer großen, grünen Esplanade, auf der die Pferde trainiert wurden. Einer der schönsten Räume ist das guterhaltene Amphitheater. Terrakottafiguren von Columbine, Harlekin und Pulcinella warten still darauf, das sich das Auditorium füllt. Die Ruhe der grünen Einfriedungen, aber auch des Theaters und des Wassergartens ist eigentlich weniger typisch für die Anlagen des Barock als der Überschwang, mit dem in anderen italienischen Gärten Elemente der Architektur mit der Landschaft verschmolzen sind. In der Villa Cetinale bei Siena erstreckt sich beispielsweise eine einzige mächtige Achse von dem kolossalen Herkules vor dem Haus unter Abschwächung der strengen Linienführung zu einer Allee, die den bewaldeten Hügel emporstrebt; ihr Endpunkt ist schließlich in einer Eremitage am Horizont erreicht. Die Scala del Gigante der Villa Crivelli in der Lombardei, eine Zypressenalle, führt weit durch die Landschaft, bis sie in fernen Waldungen verschwindet. Eine der schönsten Wassertreppen Italiens gehört zur Villa Cicogna im Piemont und ist eine gelungene Verbindung von Architektur und Landschaft.

Isola Bella

Das bekannteste und spektakulärste Beispiel barocker Verschmelzung von künstlich Geschaffenem mit der Natur ist Isola Bella. Es ist eine von drei kleinen Inseln am Lago Maggiore, die alle eine überwältigende Aussicht auf ferne, schneebedeckte Berge bieten. Die Landschaft der nahegelegenen Isola Madre wurde um die Mitte des 16. Jahrhun-

Obwohl die Architektur der Isola Bella am Lago Maggiore durch Blattwerk verwischt wird, scheint sie immer noch vor dem Hintergrund der blauen Berge wie eine märchenhafte Galeone über den See zu treiben. Die Barockvilla liegt auf Seehöhe, und an der Ostseite führt eine Reihe von Terrassen zu einer üppig mit Skulpturen geschmückten Pyramide (links) empor.

derts völlig umgestaltet; vielleicht gab das den Anstoß zum Plan von Isola Bella. Die Neugestaltung dieser steinigen Insel in eine blühende, grünende Galeone, die über den See zu treiben schient, begann um 1630 im Auftrag des Grafen Carlo Borromeo; erst nach seinem Tode 1670 war sie vollendet. Die Villa liegt in Seehöhe am westlichen Ufer. Östlich davon erheben sich 10 Terrassen, die in einer reichgeschmückten, flachgedeckten Pyramide enden. Die strengen geometrischen, die Natur beherrschenden Linien werden heute durch üppige Bepflanzung aufgelockert, die einen der lieblichsten Orte Italiens noch mehr verzaubert. Auch am Comersee gab es prächtige Barockgärten, etwa die Anlage der Villa d'Este und die Villa Carlotta, aber sie haben nie die Originalität der Isola Bella erreicht.

Hauptelemente des Parks La Reggia in Caserta sind die Kaskade und der Kanal, die auf der Zentralachse des grandiosen Palazzos liegen, der für Karl III., errichtet wurde.

Der Niedergang

Im späten 17. Jahrhundert büßte die italienische Gartenkunst ihre schöpferische Energie ein. Das 18. und 19. Jahrhundert brachten kaum etwas hervor, das an Originalität mit den Meisterwerken der Renaissance- und Barockanlagen zu vergleichen wäre. Der Niedergang fiel mit dem in ganz Europa vorherrschenden Einfluß der formalen Französischen Gärten und dem Wirken von Le Nôtres zusammen. Es gab in Italien kaum Imitationen dieses neuen Formalismus, dessen Wurzeln ja in Italien lagen. Ein perfekt erhaltenes Beispiel ist die Villa Crivelli Sormani-Verri im lombardischen Castelazzo. Dieser Garten wurde von dem Franzosen Jean Gianda im frühen 18. Jahrhundert auf dem Gelände eines traditionellen italienischen Gartens angelegt. Trotz der bescheidenen Ausmaße läßt sich französischer Einfluß nicht verleugnen. Da gibt es kunstvolle Rabatten vor der Hauptfassade in Form geschnittene Bäume und so typisch französische Elemente wie die aus Hecken geformten *cabinets*.

Um die Mitte des 18. Jahrhunderts entwarf Luigi Vanvitelli für Karl III., den spanischen König von Neapel, einen französisch inspirierten, wahrlich monumentalen Garten. Die Geldmittel reichten nicht, um das riesige Projekt in La Reggia, Caserta, fertigzustellen. Die Hauptelemente, Kaskaden und Kanal, geben aber, obwohl die Anlage nicht vollendet wurde, einen Eindruck von Vanvitellis ehrgeizigem Entwurf. Die Ausmaße von Palast und Gärten sind sicher imposant, doch sie lassen die typisch italienische Harmonie der Proportionen vermissen.

Auch der Umbau der Villa Pisani in Strà Veneto durch Eugène de Beauharnais, Vizekönig von Napoleons Gnaden, macht den französischen Einfluß deutlich. Mit den Gärten der eindrucksvollen Villa, die an einem weiten Bogen des Brentakanals liegt, wurde 1735 begonnen; Girolamo Frigimelica legte sie für Alvise Pisani, den Dogen von Venedig, an. Einige Elemente, nach venetianischer Tradition hinter dem Haus gelegen, sind erhalten, darunter ein Labyrinth, ein Aussichtsbau und schmiedeeiserne Fenstergitter (grilles). Die *trompe-l'oeil*-Bepflanzung des Parks aber hat deutlich französischen Charakter.

Am kümmerlichen Erbe des 19. Jahrhunderts trägt nicht nur der kraftlose *giardino inglese*, eine modische, aber blasse Imitation englischer Landschaftsgärten, die Schuld, sondern der Verfall vieler wichtiger Gärten aus früherer Zeit. Zum Glück können wir in unserem Jahrhundert, dank der Restaurierung einiger dieser Gärten, eine Gartenbautradition neu bewerten und schätzen, die zu den reichsten und besten in Europa gehört.

Zur Villa Piasini in Strà gehört einer der besterhaltenen Gärten im Veneto.
Nach venezianischem Vorbild wurden Gärten hinter dem Haus angelegt; ein langer Kanal bildet den zentralen Blickpunkt.

NIEDERLANDE

Diese Version von Brueghels „Frühling" von Abel Grimmer zeigt den Charakter manieristischer holländischer Gärten des 16. Jahrhunderts; sie sind noch mittelalterlich strukturiert, aber doch kunstvoll ornamentiert.

Der holländische Garten hat im nördlichen Europa eine bedeutsame Rolle für die Landschaftsgestaltung gespielt. Das trifft besonders für die Gärten der Renaissance zu, die sich im 16. Jahrhundert entwickelt haben und schon durch Erasmus von Rotterdam vorweggenommen wurden, als er 1522 den idealen und emblematischen Garten beschrieb. Wenn auch viele Elemente der Komposition auf die italienische Gartenkunst zurückgingen, war sie doch auch durchdrungen von christlicher Frömmigkeit. Der quadratische Ziergarten wurde auf drei Seiten von einer Galerie mit Marmorsäulen umschlossen, die eine Bibliothek und ein Aviarium beherbergte. Die mit Fresken verzierten Wände zeigten in illusionistischer Manier den Mikrokosmos der Tier- und Pflanzenwelt. Ein Brunnen „der die Seele erfrischt und reinigt" und dessen marmorne Kanäle den Garten in zwei Hälften teilten, war umgeben von Rabatten mit erlesenen, duftenden Pflanzen, jede mit einem Sinnspruch versehen. Hinter der Galerie lag ein Kräutergarten mit seltenen Kräutern, an den sich auf der einen Seite ein Rasenstück, auf der anderen ein Obstgarten mit vielen exotischen Bäumen und Bienenhäuser anschlossen.

Hans Vredeman de Vries

Zu Ende des 16. Jahrhunderts wurden erasmische Elemente wie Galerien, Brunnen und Rabatten für seltene Pflanzen von Hans Vredeman de Vries, dem ersten Niederländer, der den Garten als Kunstform begriff, in die Gestaltung einbezogen. Durch die Publikation eines Garten-Musterbuches („Hortorum viridariorumque elegantes et multiplicis formae", 1583) wurde er zum einflußreichsten Vertreter der holländischen manieristischen Gartenkunst. Obwohl die Gärten strukturiert waren wie im Mittelalter, wurde eine kunstvolle flämische Ornamentik angewendet. Charakteristisch für seine Anlagen sind mit Gitterwerk oder Galerien geschmückte Gärten, höchst verschlungene Parterres, kunstvoll beschnittene Bäume und Brunnen; die Entwürfe dafür waren seine ganz persönliche Interpretation der klassischen Ordnung. Von besonderer Bedeutung für die Entwicklung der europäischen Gärten wurde seine Art der Nutzung von *parterres de pièces coupées*, durchbrochenen Beeten, deren einzelne Teile meist mit seltenen und exotischen Pflanzen besetzt waren. Da de Vries internationales Ansehen genoß, bekam er zahlreiche Aufträge: Er schuf Gärten und Brunnen für den Herzog von Braunschweig in Wolfenbüttel und für Kaiser Rudolf II. in Prag, Gartenpavillons und illusionistische Paneele für Gartenräume in Antwerpen und Hamburg. So ausgeklügelt wie seine Entwürfe für Bandverzierungen waren auch die de Vries'schen Blumengärten, die im 17. Jahrhundert überall in Nordeuropa angelegt wurden, u.a. im Hortus Palatinus in Heidelberg und, etwas modifiziert, im Trianon de Porcelaine in Versailles. Seine Gartenideen finden sich in vielen Entwürfen anderer Künstler wieder, z.B. in Crispijn van de Passes „Hortus Floridus" von 1614.

Der Botanische Garten in Leiden (oben) wurde 1587 als Heilpflanzen-Garten gegründet und von Clusius seit 1594 in einen Botanischen Garten umgewandelt. Viele neueingeführte Pflanzen gingen von hier an andere Gärten. Clusius hat durch seine Pflanzenimporte und studien den Grundstein für die holländische Blumenzwiebel-Produktion gelegt. Die Anlage in De Keukenhof (rechts) bei Lisse beweist die Leistungsfähigkeit.

Einführung von Pflanzen

Das Ansehen der holländischen Gartenkunst war im 17. Jahrhundert so groß, daß es eine beträchtliche Nachfrage nach ausgebildeten Gärtnern, Pflanzen und Abhandlungen über Gartenbau gab. Die Gründung des Botanischen Gartens der Universität Leiden (1587) und die Ernennung des Carolus Clusius (Charles de L'Ecluse) zum Direktor (1594) sorgten für weitere Anstöße zum Studium der Heil- und Zierpflanzen. Clusius nahm viele Gewächse aus dem östlichen Mittelmeerraum, aus Spanien, Portugal, Österreich und Ungarn in Kultur. Er führte auch die Tulpe ein, deren Kultur anfangs (1634–1637) eine fieberhafte Spekulation, die „Tulipomania", auslöste. In den Rabatten von de Vries wurden seltene und exotische Gewächse nicht gruppenweise gepflanzt, sondern als Einzelstücke bewundert. Kleine, unterschiedlich geformte Beete, die durch Pfade abgeteilt und nur spärlich bepflanzt waren, hatten im frühen 17. Jahrhundert eine zentrale Lage zum Haus, wie aus den Bildern von van de Passe deutlich wird; später wurden sie in separate Umfriedungen versetzt.

Der klassische Garten

Der Geist der neuen holländischen Republik, die sich im frühen 17. Jahrhundert von der spanischen Herrschaft befreit hatte, fand Ausdruck in einem bodenständigen klassischen Stil der Gartengestaltung, der den Manierismus von de Vries überwand. Der Ursprung dieses Stils lag in den Prinzipien der Symmetrie und der harmonischen Proportion, die durch die Schriften des humanistischen Gelehrten Alberti im 15. Jahrhundert die Entwicklung der italienischen Gartenkunst stark beeinflußt hatten. Ein Plan des Buitenhofs von Prinz Maurits in Den Haag aus dem Jahre 1620 zeigt den Einfluß dieser Prinzipien in den Niederlanden. Maurits, Prinz von Oranien, Statthalter der Republik, war ein bekannter Militärwissenschaftler, der klassische Gestaltungsprinzipien schon auf Armeelager und Festungsanlagen angewandt hatte. Möglicherweise stammt der Buitenhof-Plan von ihm selbst. Hier wurde der abstrakte Entwurf mit Kreisen innerhalb von Quadraten übersetzt in ein von Mauern umgebenes Rechteck oder Doppelquadrat, in dem jedes Quadrat einen runden Gewölbebogen (*berceau*) enthält, ein kunstvolles Spalier, an dem Pflanzen gezogen wurden. Die beiden Rundbogen waren durch einen rechteckigen Pavillon mit illusionistischen Fresken verbunden. Die Symmetrie des Entwurfs wurde noch durch ein Arrangement von vier quadratischen und vier runden Lauben außerhalb der Gewölbebogen unterstrichen. Die *parterres de broderie* innerhalb der Gewölbebogen gehören zu den ersten niederländischen Beispielen für diese Art kunstvoller Dekoration.

Eine Interpretation klassischer Prinzipien, die den wahren Charakter des Landes widerspiegeln, findet man in den holländischen Kanalgärten. Hier spielte der Einfluß Frankreichs und Italiens wegen der spezifisch niederländischen Gegebenheiten kaum eine Rolle. Die geradlinigen Konturen der mit Wasser gefüllten Kanäle ähnelten dem mittelalterlichen System der Landgewinnung im tieferliegenden Sumpfland, wo die unentbehrlichen Entwässerungskanäle regelmäßige lange, schmale Streifen abteilten. Eine Einfriedung mit Bäumen und Hecken sorgte für den Schutz der Pflanzungen vor rauhen Winden. Es war äußerst schwierig, Terrassen und Wasserfälle in diesem flachen Gelände zu errichten, aber das wohlhabende Bürgertum legte sowieso keinen Wert auf übertrieben monumentale Anlagen. Sogar die fürstlichen Gärten der Provinz-Gouverneure waren bescheiden in den Ausmaßen. Die Inspiration durch Vergils „Georgica" läßt sich in den Nutzgärten aufspüren, obschon das calvinistische Prinzip, daß der Mensch die ihm vom Schöpfer geschenkten Produkte der Natur nutzen soll, hier wohl eher ausschlaggebend war. Die Fortschritte in der holländischen Gartenkunst wurden von den Grundbesitzern bereitwillig aufgenommen.

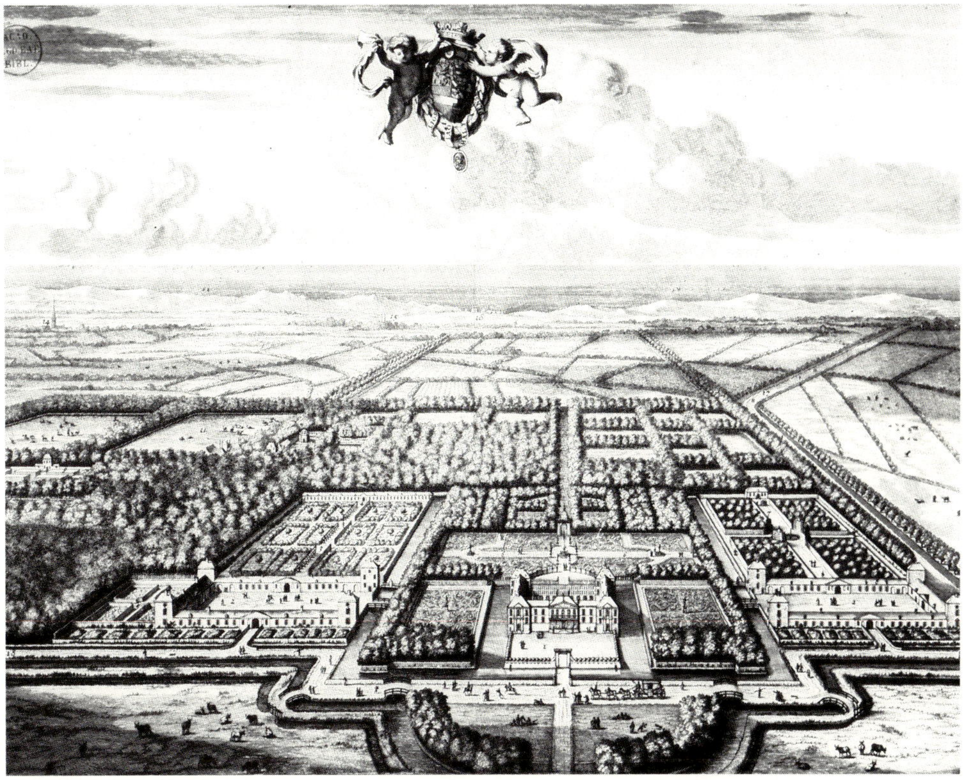

Der Amateur-Architekt und Landschaftsgärtner Prinz Frederik Hendrik begann 1621 mit dem Wiederaufbau der Burg Honselaarsdijk und seiner Gärten. Was Proportionen und Symmetrie anging, war diese Anlage der Prototyp des klassischen Kanalgartens.

Honselaarsdijk

Der Prototyp eines klassischen Kanalgartens war Honselaarsdijk, südlich von Den Haag gelegen und während des gesamten 17. Jahrhunderts ein Modell für ähnliche Anlagen. Prinz Frederik Hendrik, der nach seinem Bruder Maurits 1625 Statthalter wurde, begann 1621, das Schloß wiederaufzubauen und den Garten anzulegen, da beide eine architektonische Einheit bildeten. Innerhalb eines rechteckigen Gevierts, das von Kanälen und Bäumen umgeben war, wurden das von einem Graben umgebene Schloß und die Gärten auf eine Zentralachse gebracht. An dieser entlang gab es drei Abschnitte, die aus Parterres, von Hecken eingefaßten Wegen und Obstgärten bestanden. Eine an Italien erinnernde halbrunde Piazza, eine prächtige, baumbestandene Allee und Kanäle verlängerten diese Achse über den Eingang des Palastes hinaus. Ideen über Symmetrie und harmonische Proportionen, die auf Alberti zurückgingen, bestimmten das Verhältnis von Breite und Länge (3:4). Später, um 1633, kamen durch den Franzosen André Mollet noch zwei Parterres und 1680, unter Wilhelm von Oranien, weitere Änderungen hinzu, die der Anlage ein eher barockes Gesicht gaben. 1815 wurden die Gärten zerstört.

Hofwijck

Der holländische Diplomat und Dichter Constantijn Huygens schuf in Hofwijck bei Den Haag ein Landhaus mit Gärten, die eine sehr persönliche Interpretation der klassischen und calvinistischen Ideale wa-

ren. Die symmetrische, längliche Form der Gärten sollte den Vitruvschen Proportionen der menschlichen Figur entsprechen, deren vollkommene Form Gottes Schöpfung widerspiegelte. In dem Entwurf, der zwischen 1639 und 1642 unter Mitarbeit des Architekten Jacob von Campen ausgeführt wurde, verkörperte die von einem Wassergraben umgebene Villa den Kopf, ein von Alleen begrenzter Obstgarten stellte Brust und Arme und ein längliches, bewaldetes Areal mit einem Hügel in der Mitte Beine und Knie dar. Dieser anthropomorphe Entwurf stellte in moralisierender Weise den Weg der Erlösung aus der irdischen Welt der Wälder durch die vollkommene Welt des (Obst-)Gartens Eden zur Anschauung Gottes in der Villa dar. Die lockere Anpflanzung von Bäumen innerhalb des rechteckigen Grundgerüsts, das von Kanälen durchschnitten und umgeben war, ist eines der ersten Beispiele von weniger strenger Form.

Der holländische Architekt und Maler Pieter Post schuf für Huis ten Bosch den am stärksten italienisch beeinflußten Garten, den Prinz Frederik Hendrik anlegen ließ. Diese Ansicht von Jan van der Heyden zeigt den Garten in seiner strengen Einfachheit rund 20 Jahre später im Jahre 1647.

Bewaldete Parks

Die bewaldeten Parks, die Johann Moritz von Nassau-Siegen zwischen 1647 und 1678 in Kleve angelegt hatte, unterschieden sich stark von diesen klassischen Gärten. Damals war er Statthalter des Kurfürsten von Brandenburg. Fünf einzigartige Parkanlagen, die eine unberührte Landschaft und eine „wild regularitie" beschworen, waren miteinander und mit der Stadt durch ein Netz von Alleen verbunden. Jeder dieser Parks, die in der Konzeption barock, im Detail manieristisch waren, hatte seinen eigenen Charakter und trug die Handschrift von Johann Moritz. Der neue Hirschgarten z.B. war auf einem bewaldeten Hügel gelegen und umfaßte mehrere Terrassen, die ein Amphitheater bildeten, dazu Wasserbecken, Statuen und eine halbkreisförmige Galerie im palladianischen Stil, die van Campen entworfen hat. Durch einen von Zitronenbäumen gesäumten Kanal wurde die Achse bis in die umgebende Landschaft verlängert. Trophäen, die man an markanten Plätzen aufstellte, waren ein besonderes Charakteristikum des Parks. In Nachahmung römischer Bräuche stellte Johann Moritz sein Grabmal an der Straße nach Bergental auf, der als letzter Park zwischen 1670 und 1678 angelegt wurde. Hier verbrachte er seine letzten Tage in einer Eremitage.

Der französisch-holländische Garten

Die Umgestaltung von Honselaarsdijk kurz nach der Hochzeit von Wilhelm von Oranien und Maria im Jahre 1677 spiegelte den wachsenden Einfluß französischer Barockgärten wider. Dies hatte allerdings nicht den Untergang des klassischen holländischen Gartens zur Folge, vielmehr wurden die dominierende Hauptachse und die reiche Ornamentik des französischen Barock in ihn integriert.

Die Entwicklung des sogenannten französisch-holländischen Stils geht vorwiegend auf die Zusammenarbeit des Architekten Jacob Roman und des hugenottischen Künstlers Daniel Marot bei den Gärten in de Voorst, Zeist und Het Loo zurück. Hier wurde die nüchterne Strenge von Romans klassischen Entwürfen durch Marons überschäumende Barock-Ornamentik belebt. Die Gärten von Het Loo in Apeldoorn entsprachen ganz dem Geschmack Wilhelms und Marias.

Het Loo

Het Loo gilt als der üppigste aller holländischen Gärten und war für sein reiches Dekor und ganz besonders für seine Brunnen und Wasserfälle bekannt. Walter Harris, ein englischer Besucher, schrieb 1699: „Die Gärten sind äußerst prachtvoll und üppig mit unzähligen edlen Brunnen, Kaskaden, Blumenbeeten, Kies- und Wiesenwegen, Alleen, Statuen, Urnen, Bildwerken und einer angenehmen Aussicht ausgestattet; eine Arbeit von wunderbarer Pracht, die eines großen Monarchen würdig ist, eine Arbeit von erstaunlichem Aufwand, unendlicher Vielfalt und Kuriosität".

Die Zentralachse ist auf den Palast ausgerichtet, und der große Garten wird durch einen von Kanälen und Eichen gesäumten Querweg in einen terrassierten unteren und einen oberen Garten geteilt. Der untere Garten umfaßte acht quadratische Parterres: den Mittelpunkt des Gartens bildete der Venusbrunnen am Schnittpunkt der Hauptachse mit einem Querweg, der die acht Beete nochmals in je vier teilte. An jedem Ende dieses Querwegs gab es Wasserfälle, und zu beiden Seiten des Venusbrunnens stellten weitere Brunnen die himmlische und die irdische Weltkugel dar. Der obere Garten, mit dem 1692 begonnen wurde, endete in Kolonnaden, die vorher die Seitenflügel mit dem Haus verbunden hatten. Im oberen Garten dominierte der Königsbrunnen, der in einem achteckigen Becken stand und dessen Wasserstrahl eine Höhe von 13 m erreichte. Unter den jeweiligen königlichen Gemächern waren der Königs- und der Königingarten angelegt. Der Königingarten war wegen seiner Laubengänge aus Hainbuchen bemerkenswert.

Anstelle von *bosquets* oder Wäldchen gab es eine Reihe intimer *giardini segreti* im großen Garten, darunter Orangerien, Irrgärten und Kräuterbeete. Jenseits des oberen Gartens lag auf der Ostseite ein Park mit einem Aviarium, dem Saturnwäldchen mit

Die großartigen Gärten von Het Loo ließen Wilhelm und Maria zwischen 1686 und 1695 anlegen. Erst kürzlich wurden sie vollkommen restauriert. Die labyrinthartigen Laubengänge aus Hainbuchen im Königingarten gehen auf manieristische Entwürfe von Vredeman de Vries zurück.

Der untere Garten von Het Loo ist in acht quadratische Parterres geteilt. Der Venusbrunnen ist Mittelpunkt einer Querachse, die zu beiden Seiten in Kaskaden endet. An der Querachse befinden sich zwei Brunnen, der eine mit dem Himmelsglobus, der andere mit dem Erdglobus.

sechs strahlenförmig angelegten Alleen, Baumschulen und vielen Wasserspielen. Die meisten dieser Einrichtungen und auch der untere und obere Garten, die zur Zeit von Wilhelm und Maria geschaffen worden waren, wurden zerstört, als Louis Napoleon hier 1807 einen Landschaftspark anlegen ließ. Obwohl die Schönheit von Het Loo wirklich einzigartig war, fand man viele Charakteristika dieser Gärten, u.a. Renaissance-Elemente, Menagerien und Aviarien, auch in anderen Anlagen des späten 17. und frühen 18. Jahrhunderts.

In jüngster Zeit sind die Gärten prachtvoll restauriert und 1984 als Museum wiedereröffnet worden.

Zorgvliet

Ende des 18. Jahrhunderts konnte jeder renommierte Landsitz Orangenbäume und andere exotische Gewächse zur Schau stellen, die in Kübeln kultiviert und um runde oder ovale Becken innerhalb von Einfriedungen plaziert waren. Um diese Pflanzen im Winter zu schützen, brauchte man Oran-

Het Loo, der am üppigsten ausgestattete holländische Garten ist wegen seiner Ornamentik und seiner Brunnen und Kaskaden berühmt. In einem zeitgenössischen Bericht sind über 50 Arten von Wasserspielen beschrieben.

gerien. Einer der exklusivsten Gärten gehörte zu Zorgvliet, außerhalb von Den Haag, das im Besitz von Hans Willem Bentinck war, der zum Grafen von Portland und 1689 zum Inspektor über die Gärten von Wilhelm und Maria in den Niederlanden und in England ernannt wurde. Die mächtige halbrunde Orangerie von 1675 bildet das Ende der Hauptachse, die von der bescheidenen Villa ausgeht und einmal Wohnsitz des bekannten holländischen Dichters und Staatsmanns Jacob Cats war. Interessant ist, daß Bentinck zwei Elemente des Manierismus in Cats' Garten übernahm, einen Parnaß-Berg und einen Irrgarten mit Hügel, beides von terrassierten Mauern umgeben. Auf den Rat von Johann Moritz wurde der Garten um Dünen und ein schlängelndes Bächlein erweitert. Beides galt als wichtiger Teil der geometrischen Anlage. Überspannte italienisierende Grotten und Wasserfälle, Spaliere, Portale und langgestreckte *parterres de broderie* gehörten zur Dekoration.

Rosendael und Petersburg

Der französisch-holländische Garten verbreitete sich über ganz Europa, vor allem nach England, Deutschland und Rußland. In deutlichem Gegensatz zu solchen Gärten aber stand die hügelige, bewaldete Anlage von Rosendael in der Nähe von Arnheim, die sich an Johann Moritz' Park in Kleve anlehnte. Auch die Gärten des reichen Bürgertums an der Vecht in der Provinz Utrecht waren ganz anders konzipiert. Intimität, Charme und verspielte Natur dieser Anlagen nahmen das Rokoko vorweg. Viele wirkten mit den von Eiben umrahmten Häusern und Gärten wie Kulissen. Fast alle hatten am Flußufer Teepavillons. Ein typisches Beispiel war Petersburg (das Peter der Große während seines Hollandaufenthaltes oft besuchte), eine Anlage von 1717, die Simon Schijnvoet entworfen hatte. Dort gab es Aviarien, Orangerien, russische Bäder, Teiche und reichverzierte Brunnen, Statuen und zahlreiche Pavillons.

Kunst oder Natur?

Die gewandelte Einstellung zum Verhältnis von Kunst und Natur wird aus den Entwürfen des frühen 18. Jahrhunderts, besonders für die Gärten in der Nähe von Haarlem, deutlich. In diesen Régence-Anlagen, die um 1720 entstanden, wurde das Haus dem Garten untergeordnet. In ihm aber dominierten die Gehölze, die Baulichkeiten und Beete fast verschlangen. Statt eines einzigen statischen Blickfangs ließ man diagonale oder sternförmig verlaufende Alleen Wälder durchschneiden, die dann an verschiedenen malerischen Brennpunkten endeten. Idealisierte und in sich abgeschlossene Landschaften wurden innerhalb der Gärten errichtet, die keinen Kontakt mit der umliegenden Natur hatten. Alleen, ruhige Gewässer, Grasrabatten und andere Rasenflächen bestimmten das Bild. Pieter de la Court van der Voort, der erste Gartentheoretiker Hollands, brachte das Ideal der Régence-Gartenkunst in einem 1737 erschienenen Werk zum Ausdruck, in dem er auch Ratschläge für die Anlage von Gärten kleinerer Landhäuser gab.

Waterland

Ein bemerkenswertes, frühes Beispiel für diese Gärten ist Waterland bei Haarlem (1720). Die Betonung lag hier eher auf dem Natürlichen als auf dem Künstlichen, und Bäume bestimmten die Struktur der Anlage. Der labyrinthische Entwurf wurde auf einem zwölf Hektar großen, unregelmäßigen Stück Land angelegt. Ein großer Teich bildete das Zentrum, von dem fünf sternförmig angelegte Alleen durch den Wald verliefen und bei reizvollen Blickpunkten endeten. Da war z.B. ein intimer grüner Raum mit Triumphbogen, ein türkisches Zelt und eine Camera obscura, die bewegte Bilder von Schiffen auf dem nahen See projizierte. Diese letztgenannten Elemente waren für die damalige Zeit äußerst ungewöhnlich, das eine ließ an ferne Länder denken, das andere zeigte die Wissenschaft im Dienste der Natur.

Duin-en-Berg

Entlang der Dünen im Norden von Haarlem entstand um 1730 Duin-en-Berg, das früheste Beispiel eines asymmetrischen Entwurfs innerhalb einer geometrischen Grundstruktur. Dichte Wälder wurden von verschlungenen Pfaden und geradlinigen Alleen in schiefen Winkeln durchschnitten. Da gab es Statuen, Becken, Hügel und Irrgärten, aber auch geschickt einbezogene Wiesen und Obstgärten vor dem Hintergrund von Waldstücken; so war das Nützliche mit dem Schönen verbunden.

Beeckestijn

Die komplizierte Künstlichkeit der Rokokogärten, die Daniel Marot um 1730 entwarf, war die Antithese zur natürlichen Einfach-

Die erst kürzlich restaurierte Muschelgalerie in Rosendael wurde von dem Hugenotten Daniel Marot entworfen, einem Hauptvertreter des französisch-holländischen Stils.

heit der holländischen Régence-Parklandschaften. Eine Verbindung beider Stile kam nach 1750 in frühen holländischen Landschaftsgärten wie Beeckestijn in Velsen zum Ausdruck. Ein 1772 durch J. G. Michael, den ersten Landschaftsarchitekten der Niederlande, entworfener Plan zeigt den Einfluß von Stephen Switzer und Batty Langley, zwei englischen Gartenbuchautoren, die einen natürlicheren Stil verfochten. Zwar griff man in Beeckestijn auf einen streng formalen Plan zurück, doch gab es hier zwischen schnurgeraden Baumreihen gewundene Pfade, durch geordnete Gruppen von Eichen schlängelten sich Spazierwege, und Serpentinenpfade verliefen um blühende Sträucher im Rasen. Die Erweiterung des Gartens im Westen war ein mutiges Unterfangen; den Mittelpunkt bildete hier ein Kornfeld, das von Wegen und Bäumen in bewegten Gruppen und von einem gewundenen Bächlein eingerahmt war. Beziehungsreiche Bauten wie ein gotischer Tempel und eine Eremitage vervollständigten das Bild.

Twickel

Am Ende des 18. Jahrhunderts wurde der Einfluß des malerischen Französischen Gartens größer. Die in sich geschlossenen Landschaften hatten nun gewundene Wege, künstliche, kleine Hügel in Waldungen, sich schlängelnde Bachläufe, unregelmäßig geformte Seen, in Serpentinen verlaufende Kanäle, Weizenfelder und Obstgärten, Kühe und Schafe. All das diente als Kulisse, in der andere Zeiten und Schauplätze, aber auch andere Gefühle und Sitten zum Leben erweckt wurden. Man verband Todesahnungen oder ländliche Fröhlichkeit mit bestimmten Architekturformen. Im Musterbuch des G. van Laar gab es Beispiele für Anglo-Chinoiserien mit der dazugehörigen Ausstattung. In Twickel (Delden) entsprach ein 1790 angelegter Garten genau dieser Geschmacksrichtung. Einige Zeit vorher hatte man den quadratischen Renaissancegarten in ein barockes Rechteck verwandelt. Um den anglo-chinesischen Garten dort einzupassen, erweiterte man den Kanal rund um das Rechteck, so daß er einen See und gewundene Wasserwege bildete. Sie umgaben einen „Französischen Wald" mit Baumhaus, einen „Englischen Park" und Relikte eines Renaissance-Obstgartens. Außerhalb war Platz für einen Wildpark, einen Berg und Gebäude wie das Gärtnerhaus, eine Kapelle und am Seeufer eine Fischerhütte.

Der kunstvoll gewundene Formbaum weist auf eine frühe Phase der Schloßgärten von Twickel hin. Viele Änderungen des Geschmacks und der Mode haben hier seit der Umgestaltung des Renaissancegartens aus dem frühen 17. Jahrhundert ihre Spuren hinterlassen.

Der romantische Landschaftspark

Spätere Änderungen in Twickel zeigen den Wandel des Geschmacks im 19. Jahrhundert. Um 1830 legte Jan David Zocher der Jüngere, Enkel von J. B. Michael und der erfolgreichste holländische Landschaftsarchitekt des Jahrhunderts, dort einen romantischen Landschaftspark an. Die Betonung lag nun nicht mehr auf der malerischen Architektur und Ausstattung, sondern auf Wasser und Bäumen. Zocher paßte seine Entwürfe den Besonderheiten des jeweiligen Geländes an. Englische Landschaftsgartenpläne von Brown und Repton orientierten sich an seinem Stil; französische und deutsche Architekten modifizierten ihn.

Die spätere Gestaltung von Twickel durch Eduard Petzold geschah in der malerischen Art, die Fürst Pückler-Muskau in Deutschland entwickelt hatte. Der französische Landschaftsarchitekt Edouard André fügte strenge Parterres hinzu. Er führte 1886 in Weldam die erste Rekonstruktion eines holländischen Gartens des 17. Jahrhunderts durch.

Vondelpark

Im 19. Jahrhundert erwachte in den Niederlanden, aber auch in anderen Ländern Europas das Bewußtsein für die Notwendigkeit öffentlicher Anlagen. Zu den ersten „öffentlichen Promenaden" gehörten Wege auf den großen Deichen, z.B. in Haarlem, Breda und Utrecht. Der Vondelpark in Amsterdam, den J. D. Zocher der Jüngere und sein Sohn L. P. Zocher entworfen haben, war der erste öffentliche Park Hollands und ist noch heute der größte der Stadt. Zum Teil wurde er 1865 aus privater Initiative angelegt und 1877 fertiggestellt. Der schmale Streifen Sumpfland, das von Wasserwegen durchzogen ist, wurde mit Baumgruppen bepflanzt, um interessante Blickwinkel zu schaffen. Wegen des hohen Wasserstandes ist von Zochers Anpflanzungen, mit Ausnahme einiger Eichen und Weiden, wenig erhalten geblieben.

FRANKREICH

Eine Ansicht von etwa 1685 von P. D. Martin, auf der die gigantische Orangerie von Versailles und darunter das Pièce d'Eau des Suisses zu sehen ist.

Innerhalb Europas stellt der großartige französische Stil die ehrgeizigste Form der Gartengestaltung dar. Monumentalität, strenge Ordnung, Reichhaltigkeit der Details, Prunk und Überschwang sind die Kennzeichen eines Stils, der an europäischen Höfen gern und oft imitiert, aber nirgendwo grandioser verwirklicht wurde als in den Gärten, die in Frankreich während der Herrschaft Ludwigs XIV. entstanden. Viele dieser Gärten sind verlorengegangen, aber der unverwechselbar französische Charakter der erhaltenen bzw. nachgebauten Beispiele ist selbst dann nicht zu übersehen, wenn nur noch die große Linie die einstige Bedeutung der Konzeption vermitteln kann.

Die Geschichte der französischen Gärten beschränkt sich jedoch nicht auf das „Goldene Zeitalter" des Sonnenkönigs. Die Gärten, die in der diesem Prachtstil vorausgehenden Periode angelegt und von der italienischen Renaissance inspiriert waren, sind ebenfalls von großem Interesse, auch wenn sie uns fast nur in Bild- und Dokumentarquellen erhalten geblieben sind. Und auch die Gartenanlagen des 18. und 19. Jahrhunderts, ob sie nun als Reaktion auf die hochfliegenden Pläne des reifen Barock oder als Echo auf die von England ausgehende romantische Strömung entstanden, tragen eindeutig den Stempel nationaler Größe.

RENAISSANCEGÄRTEN

Obwohl französische Regenten von Neapel und Sizilien schon im 13. Jahrhundert ganz unmittelbar mit islamischen und italienischen Gärten Bekanntschaft gemacht hatten, gibt es kaum Hinweise darauf, daß der statische Charakter mittelalterlicher französischer Gärten bis ins 15. Jahrhundert je eine Änderung erfahren hätte. Danach jedoch war die Abweichung vom mittelalterlichen Schema hauptsächlich auf italienische Einflüsse zurückzuführen. Im 15. Jahrhundert führte Frankreich Feldzüge in Italien, mit denen der Anspruch auf Neapel und später auch auf Mailand geltend gemacht wurde; dabei hatten viele Franzosen Gelegenheit, italienische Gärten zu sehen. Sie waren besonders von der Kultur exotischer Früchte wie Orangen und Zitronen beeindruckt und auch von der neuen Ornamentik der italienischen Renaissance.

Gaillon

Als Karl VIII. 1495 von seinem Feldzug zurückkehrte, mit dem er den Anspruch auf Neapel durchgesetzt hatte, brachte er italienische Künstler und Handwerker mit, die Erfahrung in der Anlage von Gärten hatten, darunter auch einen Priester aus Neapel, Pacello da Mercogliano. König Karls Hauptresidenz war Amboise, und es ist denkbar, daß Pacello da Mercogliano an der Planung des dortigen Gartens beteiligt war. Ziemlich sicher ist, daß er bei den Anlagen von Blois und Gaillon mitgewirkt hat. Bei letzterem stand er Georges d'Amboise, Erzbischof von Rouen und Minister Ludwigs XII., mit Ratschlägen bei der Anlage des später sehr berühmten Gartens zur Seite. Der obere Garten mit überdachtem Wandelgang, der auf der einen Seite den Ausblick auf die Seine gewährte, wurde zwischen 1502 und 1509 geschaffen. Es gab quadratische Beete, die mit Blumen, Obstbäumen oder mit figürlich beschnittenem Buchs und Rosmarin bepflanzt waren. Die Pflanzen in einem Quadrat formten sich zum Wappen Frankreichs, ein anderes war wie ein Labyrinth angelegt. Ein ins Auge fallendes Element auf dieser Terrasse war ein hölzerner Pavillon, der einen marmornen Brunnen aus Italien beherbergte. Ähnliche Pavillons und Brunnen fand man auch in Amboise und Blois. Eine einzigartige Besonderheit in Gaillon war Le Lidieu, ein ganz privater Zufluchtsort mitten im Park, der aus einer Kapelle, einem Haus und einem Garten bestand.

Nach 1550 ließ Kardinal de Bourbon in dieser Gegend weitere Arbeiten ausführen, u.a. wurden ein Kanal und eine Felsen-Eremitage angelegt, dazu ein prunkvolles *casino*, die Maison Blanche. Die Gärten sind später von Le Nôtre neu konzipiert worden, und nur das terrassierte Gelände der oberen Gärten hat die Zeiten überdauert.

Blois

In Blois, der königlichen Residenz von Ludwig XII. und Anne de Bretagne, trug Pacello da Mercogliano bis zu seinem Tod im Jahre 1534 die Verantwortung für den Hauptgarten. Das Gelände bot zwar gegen Süden eine herrliche Aussicht auf die Loire, doch befand sich der zwischen 1499 und 1515 auf zwei Ebenen angelegte große Garten westlich des Schlosses. Die Ebene des unteren Gartens, der von hohen Mauern getragen wurde und von einem hölzernen Wandelgang umgeben war, hatte man in zehn rechteckige Abschnitte unterteilt, die in geometrischen Mustern angelegt waren. Entgegen der Symmetrie dieses Plans mußte man, um vom Schloß aus auf die Hauptachse zu gelangen, zuerst eine Brücke über einen Graben überqueren und dann einen Bogen machen. Zeitgenössische Berichte erwähnen Gemüse, Obst und Früchte, darunter auch Orangen und Zitronen, die in Kübeln gepflanzt waren. Im Winter wurden sie in hölzernen Hütten untergebracht „die sie vor Schnee und widrigen Winden schützten". Diese Schutzhäuschen waren möglicherweise die Vorläufer der zahlreichen Orangerien, die später in Frankreich gebaut wurden.

Der Haupteinfluß Italiens ist jedoch nicht in der Einführung exotischer Früchte und von Renaissance-Ornamentik zu sehen; Italien war vielmehr Wegbereiter bei der Übernahme klassischer Vorbilder und Theorien. Besonders die Theorie Vitruvs über die Schönheit, die sich in der Harmonie aller Teile zeigt – Alberti hat sie später neu formuliert –, führte zu einem architektonischen Ansatz der Gartenbaukunst. In Frankreich zeichnete sich eine derartige Tendenz eindeutig zu Beginn des 16. Jahrhunderts ab. In Bury z.B., wo Schloß und Garten wahrscheinlich zwischen 1511 und 1524 entstanden, wurde der Garten rund 5 m tiefer gelegt als die Haupträume; das sollte eine Steigerung des axialen Zugangs über einen *cour d'honneur* und den Haupteingang des zentralen Gebäudes bewirken.

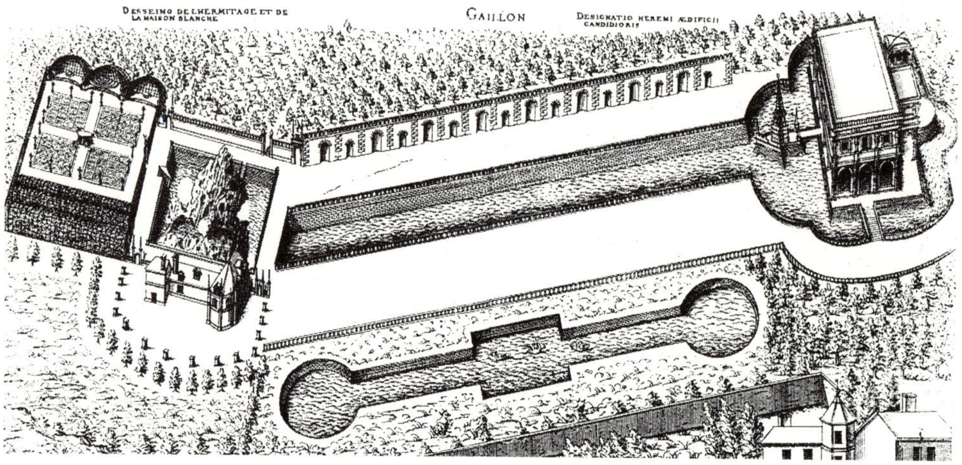

Die Gärten von Gaillon gehörten zu den berühmtesten französischen Renaissancegärten. Ein Priester aus Neapel, Pacello da Mercogliano, der 1495 mit Karl VIII. nach Frankreich kam, war beim Entwurf für Kardinal Georges d'Amboise behilflich.

Fontainebleau

Unter Franz I. arbeiteten zahlreiche italienische Künstler und Handwerker in Frankreich, besonders an der Lieblingsresidenz des Königs in Fontainebleau. Der Reiz dieses Ortes – sein Name geht auf eine Quelle zurück, die zum Entstehen der Stadt führte – lag darin, daß er von einem malerischen Wäldchen mit gewaltigen Felsbrocken umgeben war. Seit dem 12. Jahrhundert, möglicherweise sogar schon früher, hatte es dort eine Jagdhütte gegeben.

Die Grundzüge der Anlage, so wie sie für Franz I. zwischen 1528 und 1547 ausgeführt wurde, sind, trotz vieler Änderungen im Detail, immer noch erkennbar. Er ließ den erhöhten Weg anlegen, der vom Wald zum

Seit Franz I. Fontainebleau zu einer wichtigen königlichen Residenz gemacht hatte, wurden am Geände viele Änderungen vorgenommen. Dieser Stich von Perelle zeigt den Jardin de Diane, der 1645 von Le Nôtre neu konzipiert wurde, und im Norden die Orangerie von 1647.

Schloß führt, und westlich davon den trapezförmigen See als Brennpunkt des Cour de La Fontaine, der Mittelpunkt seiner Ergänzungen zum Schloßgelände war. Im Osten des Wegs legte er den Grand Jardin an, der ungefähr quadratisch ist, aber durch einen Kanal in zwei ungleiche Teile getrennt wird; nördlich des Palastes fand ein Privatgarten mit Zugang zu den königlichen Gemächern Platz, der Jardin de Diane. Die Kieferngrotte, die ihren Namen vom Kieferngarten hat – einem westlich des Sees gelegenen Gelände, das Franz I. bepflanzen ließ – ist eines der ersten Beispiele für eine künstliche Grotte in Frankreich. Die Fassade mit drei Bögen, an der grob gehauene Riesen aus dem Fels wachsen, gibt es immer noch.

In Fontainebleau, umgeben von malerischen Wäldern, konnte Franz I. seiner Jagdleidenschaft nachgehen. Der Grundriß der Anlage, der auch einen See miteinschloß, entstand zwischen 1528 und 1547 unter Franz I. Er ist, obwohl viele Details abgeändert wurden, immer noch eindeutig erkennbar.

Ancy-le-Franc

Auf Grund von Kompromissen, die teils wegen des Geländes, teils wegen der bereits bestehenden Bauten zu machen waren, ergab Fontainebleau zur Zeit Franz I. keine ganz harmonische Verbindung von Architektur und Gartenanlage. Ein viel geschlosseneres Ganzes war – allerdings in kleinerem Maßstab – Ancy-le-Franc in Burgund. Sebastiano Serlio, einer der von Franz I. nach Frankreich gerufenen Italiener, hatte es geplant, aber vollendet wurde es von einem anderen Architekten. Schloß, Gärten und *bosquets* waren innerhalb eines Rechtecks angelegt, ganz nach dem Vorbild italienischer Villen, wie zum Beispiel dem der Villa Medici bei Castello. Ein damals einmaliges Element in Ancy-le-Franc war eine angehobene Terrasse, die eine Promenade mit Blick auf die Gärten bildete.

Serlio hatte wenig Gelegenheit, in Frankreich als Gartenarchitekt zu wirken, aber seine Abhandlung „Tutte l'opere d'architettura“, die in vier Bänden zwischen 1537 und 1547 erschien, übte beträchtlichen Einfluß aus. Im vierten Buch waren, erstmals in Frankreich, Pläne für Ziergärten abgedruckt, tatsächlich aber hatte man solche Gärten schon lange vor diesem Zeitpunkt angelegt.

Anet

Ancy-le-Franc hatte unverkennbar italienischen Charakter, aber ein anderer Garten, mit dessen Anlage man ebenfalls um 1540 begann, zeigt eine individuelle Synthese aus italienischen Renaissance-Elementen und französischer Tradition: Anet, eines der berühmtesten französischen Renaissanceschlösser, wurde von Philibert de L'Orme für Diane de Poitiers, entworfen. Wie in Bury (allerdings in größerem Maßstab) bildete der Hauptgarten den höchsten Punkt einer axialen Anordnung, die durch den Eingang, den *cour d'honneur* und das Schloß verlief. Von einer Terrasse blickten die Besucher auf einzelne Abschnitte hinunter, die Wappenbilder von Diane de Poitiers' Vorfahren und ihrer königlichen Verwandtschaft zeigten. Auf den übrigen drei Seiten wurde der Garten von Steinbalustraden umschlossen, in der nordöstlichen und der nordwestlichen Ecke standen Pavillons. Dazwischen ging ein Raum für Badefreuden und Unterhaltung in ein mondsichelförmiges Bassin über, das von den Burggräben gebildet wurde. Das Gelände war sumpfig, und de L'Ormes großer Einfallsreichtum zeigte sich in der bahnbrechenden Art und Weise, wie er Wasser als dekoratives Element in Form von Bassins und Kanälen in den Garten miteinbezog, während er gleichzeitig für ein adäquates Entwässerungssystem sorgte. Indem er über das Gelände mit den vorhandenen Bauten einen symmetrischen Grundriß legte, machte de L'Orme die Verantwortung des Architekten für die Gesamtgestaltung deutlich.

Philibert de L'Orme, architecte du roi, entwarf Schloß und Gärten bei Anet für Diane de Poitiers, wobei er italienische Renaissanceelemente mit einheimischen Traditionen zu einem sehr individuellen Stil verband. Von der Anordnung aus dem 16. Jahrhundert, die Le Nôtre durch einen viel größeren Grundriß ersetzte,.blieb nur wenig bestehen.

Chenonceaux

De L'Orme arbeitete für Diane de Poitiers auch in Chenonceaux, einem romantisch mitten im Fluß Cher gelegenen Schloß, wo die Gärten beiderseits des Vorhofes direkt an das Wasser anschließen. Die große Terrasse nach Osten, die zwischen 1551 und 1555 erbaut wurde, umschloß eine ausgedehnte ebene Fläche, die in regelmäßige Beete unterteilt und mit Obstbäumen, Gemüse und Blumen bepflanzt war. Als Katharina von Medici 1560 den Besitz erwarb, wurde ein runder Brunnen hinzugefügt, und sie ließ am Südufer des Flusses einen großen Garten anlegen. Im 19. Jahrhundert wurde das Schloß restauriert, und derzeit sind die Gärten am Nordufer des Flusses Cher in einer modernen Interpretation des klassischen französischen Stils mit *broderies*, Blumen, Hibiskus und beschnittenem Buchs angelegt.

Katharina von Medici

Die Frau Heinrichs II. und Mutter Franz' II. und Karls IX., für den sie die Regentschaft führte, baute mit Leidenschaft. Und obwohl in Frankreich fast ununterbrochen Bürger-

Philibert de L'Orme stand auch bei Chenonceaux in Diane de Poitiers' Diensten. Dieses Schloß, das quer über den Fluß Cher gebaut wurde, gehört zu den romantischsten der französischen Renaissance. Spätere Ergänzungen, darunter auch ein raffinierter Felsenbrunnen, wurden für Katharina von Medici ausgeführt, die 1560 die Besitzungen übernahm.

krieg herrschte, gab Katharina von Medici Unsummen dafür aus. Ihr waren Gärten wichtig für private Freuden, aber auch als Treffpunkte für Diplomaten und als Szenerie für glanzvolle festliche Ereignisse. Die Gärten ihres ehrgeizigsten Projekts, der Tuilerien, lieferten z.B. den Hintergrund für einen großartigen Empfang, der 1573 zu Ehren der polnischen Gesandten gegeben wurde, als sie dem zukünftigen König Heinrich III. die polnische Krone feierlich überreichten.

Obwohl viele Werke, die Katharina von Medici in Auftrag gab, verlorengegangen bzw. später bis zur Unkenntlichkeit abgeändert worden sind, darunter auch die Tuilerien-Gärten, hat sie in einer Reihe von Gärten ihre Spuren hinterlassen. In Fontainebleau wurden die Privatgärten nördlich des Palastes – der frühere Jardin de Diane, der zur Zeit Katharinas in Jardin de la Reine umbenannt wurde – zwischen 1560 und 1563 durch Hinzufügung einer bemalten, freistehenden Galerie von einer Gruppe von Künstlern unter Leitung Primaticcios geändert. Ebenfalls im Park von Fontainebleau schuf man eine stille Zuflucht mit einer Meierei für privaten Zeitvertreib (Mi-Voie).

Die Tuilerien

Die Tuileriengärten, heute die schönsten Promenaden von Paris, ließ Katharina von Medici zwischen 1564 und 1572 anlegen. Das Gelände, das vorher für die Herstellung von Ziegeln und Fliesen verwendet wurde, hatte Franz I. für den Bau eines Palastes erworben, aber das Projekt verzögerte sich, bis Katharina sich seiner annahm. Obwohl der Palast unvollendet blieb, benutzte sie doch die Gärten, die von diesem bis 1664 durch eine Mauer und einen öffentlichen Weg getrennt waren. Der Grundriß der *allées*, die das Areal in rechteckige Abschnitte unterteilen, besteht bis heute. Zu Zeiten Katharinas wurde die Regelmäßigkeit der Anlage jedoch durch eine abwechslungsreiche Bepflanzung der Rechtecke aufgelockert; auf einigen standen Obstbäume oder schachbrettartig angelegte Wäldchen, andere enthielten ein Labyrinth oder eine riesige Sonnenuhr. Irgendwo gab es, wahrscheinlich in ein Gebäude integriert, eine keramische Grotte von Bernard Palissy, einem Keramiker und Schriftsteller. Die dem Palast am nächsten gelegenen Abschnitte waren mit Zwergsträuchern und Blumen in Ziermustern bepflanzt und von einem niedrigen Spalier umzäunt; an jeder Ecke befanden sich Lauben. Dahinter waren die drei Hauptalleen, die westöstlich verliefen und jeweils entweder von Föhren, Ulmen oder Ahornbäumen gesäumt waren.

Die Bepflanzung oblag Bernardo Carnesecchi; Obergärtner war Pierre Le Nôtre, ein Mitglied der Gärtnerdynastie, die während der Regierungszeit Ludwigs XIV. einen genialen Gartenkünstler hervorbringen sollte, nämlich André Le Nôtre. Und so übernahm André auch in den Jahren 1666 bis 1671 die Neugestaltung des Gartens, der bereits 1594–1609 für Heinrich IV. abgeändert worden war. Sein monumentaler Plan mit der

Grande Terrasse entlang des Flusses, der breiten zentralen *allée* und einer Prachtstraße, die in Richtung Saint-Germain-en-Laye verläuft, bildet die Grundlage der Hauptachse des modernen Paris, die sich vom Louvre zum Arc de Triomphe auf der Place de L'Etoile erstreckt. Der Palast selbst wurde 1871 niedergebrannt.

Saint-Germain-en-Laye

Die Brunnen und Wasserspiele italienischer Gärten im späten 16. Jahrhundert, etwa die der Villa d'Este in Tivoli und der Villa Lante, wurden von Reisenden aus Frankreich sehr bewundert. Das eindrucksvolle Terrassengelände von Château-Neuf bei Saint-Germain-en-Laye, von wo aus man die Seine westlich von Paris überblickt, wurde für Wasserspiele nach dem Vorbild von Pratolino genützt. Den Plan hatte Philibert de L'Orme für Heinrich II. in Angriff genommen, das Werk wurde 1599–1610 unter der Herrschaft Heinrichs IV. vollendet. Terrassengärten fielen in sieben Stufen zum Flußufer ab, und der Untergrund, der durch Steinbrüche unstabil geworden war, mußte von massiven Rampen gestützt werden, von denen die oberste erhalten ist. Darunter befindliche alte Ausgrabungen wurden in Galerien und Grotten umgewandelt und mit wasserbetriebenen Automaten ausgestattet. Die vierte Terrasse und die Überdachung von zwei rechtwinkelig zueinander gelegenen Gängen bildeten eine durchgehende Promenade, von der aus man auf den Jardin en Dentelles hinunterblicken konnte, der die königlichen Monogramme zeigte. Die Galerien endeten in zwei Pavillons; einer davon besteht noch. Vernachlässigung, erneuter Aufbau und der spätere Ausbau der Stadt haben die Terrassen zerstört, doch von einem dominierenden Punkt der 1669–1673 angelegten Promenade aus kann man eine Vorstellung von den unglaublichen Möglichkeiten dieses Geländes bekommen.

Der Ingenieur, der die kunstvollen Ausstattungselemente und die hydraulische Antriebsmaschinerie entwarf, war Thomas Francini aus Italien, den Heinrich IV. nach Frankreich berufen hatte. Er und seine Brüder, die mit ihm gekommen waren, nahmen den Namen Francine an und begründeten eine Dynastie, die eine wichtige Rolle bei der Planung und Überwachung der Wasserspiele in französischen Gärten spielen sollte. François, der Sohn von Thomas de Francine, hat später die Brunnen von Versailles geschaffen.

Das steile Gelände um das Château-Neuf bei Saint-Germain-en-Laye ermöglichte die Errichtung solcher raffinierter Wasserspiele, wie sie auch italienischen Gärten wie denen der Villa d'Este und Villa Lante zu Berühmtheit verholfen hatten. Perelles Stich von ca. 1665–70 zeigt einen nicht realisierten Plan für das Parterre.

Die Mollet-Dynastie

Die Mollets waren eine andere Dynastie von königlichen Gärtnern, die in der Regierungszeit Heinrichs IV. ihren Ruhm begründete. Claude Mollet (der erste von zwei prominenten Mitgliedern dieser Familie, die den Vornamen Claude trugen) hatte seine Lehrzeit in Anet unter seinem Vater absolviert und dort 1582 sein erstes *parterre de broderie* angelegt. Die Pläne dafür waren von Etienne du Perac ausgearbeitet worden und ersetzten die Wappenbilder im Hauptgarten. 1595 wurde Claude Mollet Gärtner Heinrichs IV. und führte für ihn eigene Entwürfe aus. In Fontainebleau legte er ein *parterre de broderie* im Jardin de l'Etang an, einer rechteckigen Insel, die früher an den Cour de la Fontaine auf der Nordseite des Sees anschloß; sie wurde 1713 zerstört. Das war eine der ersten Anlagen, bei der die Bepflanzung aus Buchs bestand. Seine gediegenen Parterres in Fontainebleau, Saint-Germain-en-Laye und den Tuilerien sind in Olivier de Serres Buch „Théâtre d'agriculture" (1600) abgebildet, in dem zum ersten Mal auf die Notwendigkeit hingewiesen wurde, optische Verzerrungen auszugleichen, die auftreten können, wenn man von einem bestimmten Blickpunkt aus einen Garten betrachtet.

Jardin de Luxembourg

Die *parterres de broderie*, die in Claude Mollets eigenem posthum erschienenem Werk, „Théâtre des plans et jardinages" (1652), vorgestellt werden, zeigen eher den subtilen Stil seiner Söhne – den Stil der klassischen französischen Gartenbaukunst. *Parterres de broderie* dieser leichten und eleganten Art wurden für Maria von Medici beim Luxembourg-Palast in Paris angelegt, wo man 1612 mit den Arbeiten begann. Jacques Boyceau, der sie entwarf, baute das Monogramm von Maria von Medici in die Anlage ein; ihm wird die Entwicklung dieses Stils lediglich deshalb zugeschrieben, weil sein „Traité du Jardinage" (1638) die frühesten Beschreibungen von Gartendekor dieser Art enthält.

Ein merkwürdiges Überbleibsel aus dem 17. Jahrhundert ist die Grotte de Luxem-

bourg, ein großer Brunnen in derbem Stil. Als 1862 die Rue de' Medicis gebaut wurde, verlegte man diesen Brunnen von seinem Platz, wo er den Endpunkt einer Allee gebildet hatte. Jetzt ist er ein freistehendes Element am Kopf eines Kanals.

BOTANISCHE GÄRTEN

Der erste Botanische Garten in Frankreich, der Jardin des Plantes in Montpellier, wurde von Richer de Belleval zwischen 1593 und 1607 angelegt. Ein originelles Merkmal war der viereckige Hügel (es gibt ihn immer noch) mit Terrassen, die nach Norden und Süden ausgerichtet waren, um ein bestimmtes Kleinklima zu erzeugen. Parallel dazu waren Pflanzen in lange Tröge gesetzt und mit Nummern versehen. Zugang zu den einzelnen Teilen des Gartens hatte man durch beschriftete Bögen, von denen man Habitus oder Anwendung der Pflanzen ablesen konnte.

Der Garten, der 1622 zerstört und später in kleinerem Maßstab wiederaufgebaut wurde, nahm an Bedeutung ab, nachdem der Jardin Royal des Plantes Medicinales 1626 in Paris von Guy de la Brosse, dem Hausarzt Ludwigs XIII., angelegt worden war. Der königliche Garten, der spätere Jardin des Plantes, war formal angelegt, die Heilpflanzen wurden in *parterres* gepflanzt. La Brosse hielt Vorlesungen, in denen er

Der Jardin de Luxembourg gehört seit langem zu den beliebtesten Treffpunkten am linken Seine-Ufer, wie man auf diesem Gemälde aus dem 19. Jahrhundert von Albert Edelfelt sehen kann. Mit den Arbeiten begann man 1612 für Maria von Medici, dabei ließ sie sich von den Boboli-Gärten in Florenz inspirieren.

ihre Anwendung demonstrierte. Die Grundzüge der heutigen Anlage lassen sich noch immer auf den ursprünglichen Plan zurückführen, obwohl der Garten etwas vergrößert wurde. Heute wird er hauptsächlich als Grünanlage und Zoo im Zentrum von Paris genutzt.

Der Obergärtner der königlichen Gärten war Vespasian Robin, Sohn von Jean Robin, einem berühmten Botaniker, Herbalisten und Gärtner, dessen eigener Garten wegen seiner Blumenpracht berühmt war. Er stand in Kontakt mit einem anderen großen Pflanzenforscher, dem Humanisten Nicolas-Claude-Fabri de Peiresc. In seinem kleinen Garten in Aix-en-Provence sammelte de Peiresc seltene Pflanzen, und auf dem Familiensitz nördlich von Toulon legte er einen großen Garten mit getrennten Bereichen für Blumen, Heilpflanzen und exotische Gewächse an.

Der klassische französische Stil

Die große politische Macht, die Kardinal Richelieu – Erster Minister Ludwigs XIII. und eigentlicher Herrscher Frankreichs – innehatte, gab ihm große finanzielle Möglichkeiten. Andernfalls hätte er das ehrgeizige Projekt, seinen Familiensitz in das größte Haus Europas zu verwandeln und ihn mit einer in die Gesamtplanung integrierten Stadt zu verbinden, nie in Angriff nehmen können. Als Standort für seine Baupläne wählte er ein nicht sehr vielversprechendes, flaches und sumpfiges Tal am Fluß Mable, im heutigen Departement Indre-et-Loire. Der Plan entstand 1628, der Entwurf stammte von Jacques Lemercier, die Ausführung stand bis 1628 unter der Aufsicht seines Bruders Pierre. Haus, Garten und Stadt waren bei Richelieus Tod 1642 noch nicht vollendet und wurden unter seinem Großneffen, Armand Jean Vignerot du Plessis, fertiggestellt.

Richelieu

Richelieus Schloß setzte neue Maßstäbe für die prachtvolle Gestaltung von Gärten; nicht nur was die Größe, sondern auch was die Liebe zum Detail in den Ziergärten und bei den Skulpturen betraf. Die Folge der Höfe, die vom Eingang wegführten, war beinahe 460 m lang, während die Hauptachse hinter dem Schloß nur durch eine Gittertür in einer großen, halbkreisförmigen Hecke geschlossen wurde; seitlich davon gab es künstliche Grotten. Der kanalisierte Fluß Mable bildete eine zweite Hauptachse im rechten Winkel zur ersten – erstmals gab es in einem Garten dieser Größenordnung eine zweite Hauptachse. Das Wasser des Kanals füllte die Gräben, die das Schloß, das Parterre und die Stadt selbst umgaben. Sie existieren heute noch, von Richelieus Palast haben jedoch nur ein Pavillon und zwei künstlich Grotten die Stürme der Zeit überdauert. Sie stehen heute zwischen Weizenfeldern und Parzellen eines landwirtschaftlichen Instituts der Pariser Universität.

Rueil

Unter den Projekten, die von Kardinal Richelieu betrieben wurden, erlangte der Garten von Rueil zu Recht Berühmtheit. Ludwig XIV. sandte André Le Nôtre dorthin, um

Der Wasserfall von Rueil war einer der Hauptelemente von Kardinal Richelieus Garten. Von Thomas Francini entworfen, war er der Vorläufer anderer bei Saint-Cloud und Chantilly. Er wird hier auf einem Stich von Perelle gezeigt.

Bei Vaux-le-Vicomte bildet der große Kanal eine effektvolle unerwartete zweite Achse. Auf der gegenüberliegenden Seite, mit Blickrichtung auf die Grandes Cascades, liegt die Grotte, eine massive Mauer mit Nischen, in denen sich in Gestein gehauene Wasserfälle befinden.

ihn zu besichtigen, bevor dieser Versailles konzipierte. Der Garten wurde von dem Engländer John Evelyn 14 Monate nach Richelieus Tod besucht, er hielt daraufhin in seinem Tagebuch fest: „Obwohl das Haus selbst nicht das großartigste ist, sind die Gärten, die es umgeben, so herrlich, daß ich bezweifle, ob es in Italien Vergleichbares gibt". Eines der Hauptmerkmale von Rueil war ein großer künstlicher Wasserfall. Er wurde zum Prototyp der Anlagen von Saint-Cloud und Chantilly, deren technische Ausführung von Thomas Francini überwachte wurde. Nur einige wenige Überreste von Richelieus prachtvollem Garten haben die Zeiten überdauert.

André Le Nôtre

Le Nôtres Genie lag nicht in der Entwicklung eines neuen Stils, sondern in der perfekten Beherrschung eines Repertoires, das bereits gut bekannt und weithin in Verwendung war. 1651 veröffentlichte André Mollet „Le Jardin de plaisir", die klassische Konzeption französischer Gartenbaukunst: eine Folge von *parterres de broderie, parterres de gazon* (Rasen) und *bosquets*, die nach strengem Plan angeordnet waren. Le Nôtre wandelte diese Regeln je nach landschaftlichen Gegebenheiten ab, wählte das richtige Gelände mit großartigen Ausblicken, legte Nebenachsen im rechten Winkel zur Hauptachse mit oft geradezu dramatischer Wirkung.

Vaux-le-Vicomte

Le Nôtres erster großer Garten war Vaux-le-Vicomte, den er für Nicolas Fouquet, *superintendant des finances* Ludwigs XIV., schuf. Fouquet wollte das kleine, ererbte Grundstück bei Vaux seiner wichtigen Stellung anpassen. Er war ein Förderer der Künste und zeigte bei der Planung von Vaux viel Um-

Der ursprüngliche Plan Nicolas Fouquets für Vaux-le-Vicomte, an dem Le Nôtre maßgeblich beteiligt war, lieferte den Hintergrund für luxuriöse Festivitäten. Fouquets Sturz erfolgte kurz nach dem spektakulären Empfang, den er anläßlich der Fertigstellung 1661 gab.

sicht, als er den Architekten Le Vau, den Maler Le Brun (der für die Dekoration verantwortlich war) und Le Nôtre berief. Ihnen zur Seite standen Claude Robillard als *fontainier* und der Blumengärtner Antoine Trunel.

Das Schloß, das auf einem erhöhten Platz steht und von Gräben umgeben ist, ergibt zusammen mit den Innenhöfen und Wirtschaftsgebäuden ein harmonisches Ganzes. Die von Bäumen umrahmten Gärten fallen sanft ins Anqueil-Tal ab. Das Wasser in überlegt verteilten Bassins wird zur Spiegelung genutzt, Niveauunterschiede sind behutsam betont. Vom Haus ausgehend setzt sich die zentrale Achse über das Tal hinaus fort und endet mit einer kolossalen Herkules-Statue, ohne daß die zweite Hauptachse auffällt, die die erste schneidet und von einem 900 m langen Kanal gebildet wird. Diese Achse rückt auf effektvolle Weise ins Bild, wenn man die Grandes Cascades erreicht. Den Kaskaden gegenüber, auf der anderen Seite des Kanals, befindet sich die Grotte, eine massive Mauer mit sieben Rundbogennischen, die in den Fels geschlagene Wasserfälle enthalten. Sie werden flankiert von zwei grottenähnlichen Aushöhlungen mit riesigen, ruhenden Flußgöttern. Die Grotte stützt eine von einer Balustrade umgebene Terrasse, von der aus Garten und Schloß sehr gut zur Geltung kommen, wobei die Grandes Cascades den Vordergrund bilden.

Die symmetrische Anordnung um die zentrale Promenade wird von rechtwinkelig verlaufenden Nebenachsen unterbrochen. Die mittlere und wichtigste ist ein Spazierweg, der unterhalb des *parterre de broderie* vorbeiführt, mit Toren an der Westseite, durch die man in den Nutzgarten (*potager*) gelangt; an der Ostseite setzt sie sich in einer Brunnentreppe, Grilles d'Eau genannt, fort. Diese Achse wird von zwei Kanälen auf beiden Seiten der Stufen betont und führt zu einem dritten Parterre, dessen zentrale Promenade früher von Brunnen gesäumt und als Allée d'Eau bekannt war.

In Vaux ist es mehr Ausgewogenheit als Symmetrie, was dem Garten seine Einheit verleiht. Darin, aber auch in seiner Zweckbestimmung als Hintergrund für opulente Feste, eignete er sich mehr für Fürsten als für Privatpersonen, ein unmittelbarer Vorläufer von Versailles also.

Im August 1661, nach der Fertigstellung von Schloß und Gärten, lud Fouquet den König zu einem spektakulären Empfang ein, um ihm sein Werk in aller Pracht zu präsentieren. Er war blind für das Mißtrauen, das sein großzügiger Lebenstil in Ludwig XIV. weckte, erkannte zu spät, daß er übertrieben hatte. Von dem Moment an, da er die Einladung nach Vaux annahm, plante der König den Sturz seines Gastgebers. Zwei Wochen nach dem glanzvollen Empfang wurde Fouquet verhaftet und der Veruntreuung und des Hochverrats bezichtigt. Er verbrachte den Rest seines Lebens im Gefängnis.

Die Gärten verfielen bald nach ihrem kurzen Ruhm. Die meisten Statuen und sogar einige der Bäume wurden von Ludwig XIV. für seine eigenen Gärten verwendet. Die Gärten waren in so desolatem Zustand, daß Alfred Sommelier, der sie 1875 erwarb, mit ihrer Restauration eine vollständige Neuanlage zu bewältigen hatte. Gegenwärtig ist Vaux jedoch, abgesehen von Versailles, das schönste und besterhaltene Beispiel eines klassischen Französischen Gartens.

Versailles

Ausmaß und Pracht französischer Gärten unter Ludwig XIV., wie sie Versailles repräsentierte, wurden zum Vorbild in ganz Europa. Die Ländereien hatte Ludwig XIII. 1632 erworben, eine vorhandene Jagdhütte ausgebaut und einen Park angeschlossen. Der Herzog von Saint-Simon (der eine ausgesprochene Antipathie gegenüber Ludwig XIV. und seiner Politik hegte) beschrieb das ursprüngliche Gelände als „den traurigsten und unfruchtbarsten Ort, den man sich vor-

Ein Gemälde Cottels von 1688 zeigt La Salle du Bal bei Versailles, der manchmal auch als Bosquet des Rocailles bezeichnet wird, wegen Tausender von Muscheln aus Madagaskar, mit denen er geschmückt wurde. Daneben gibt es noch viele andere bosquets, *die zwischen den zahlreichen Bäumen beiderseitig des Tapis Vert angelegt wurden.*

stellen kann, ohne Aussicht, ohne Wasser und ohne Wälder". Warum die Wahl des Königs auf Versailles als Sitz der Regierung und des Hofes gefallen war, ist mit seinem Mißtrauen gegenüber dem Adel und seiner Abneigung gegenüber der Stadt Paris zu erklären. Schloß und Garten sollten zum Symbol für seine eigene Auffassung von der französischen Monarchie werden, in der die Rolle des Adels vom Wohlwollen des Königs abhing. Colbert, der Erste Minister des Königs, warnte Ludwig vor den großen Schwierigkeiten und Ausgaben für dieses Projekt. Aber Ludwig ließ sich nicht abhalten. „Bei den schwierigen Dingen", schrieb er in den Memoiren für seinen Sohn, „sollen wir Stärke zeigen."

Ludwig wählte sich die Sonne zum Symbol, und sie lieferte die Ikonographie für den gesamten Plan. Abgesehen von der eigentlichen Apollo-Mythologie konnte dieses Thema für die Darstellung der Stunden eines Tages verwendet werden, für die Jahreszeiten, die vier Erdteile und die sieben Zeitalter der Menschheit. Da Diana Apollos Schwester war, ließen sich Jagdszenen hinzufügen.

Ludwig hatte das Glück, daß ihm für alle Bereiche Berater von höchster Qualität zur Verfügung standen. Für Versailles waren das die Architekten Le Vau und Hardouin-Mansart, der Künstler Le Brun, der von 1665 bis 1683 für das Skulpturenprogramm verantwortlich war, und Le Nôtre. Das Schloß wurde dreimal neu aufgebaut, und jedesmal wurden die Gärten umgestaltet. Das macht es schwierig, die richtigen Personen zu würdigen, aber verantwortlich für den grandiosen Entwurf war Le Nôtre. Er gab dem Gelände eine neue Form, indem er einmal die natürliche Hanglage nutzte und eine Reihe von Terrassen anlegte, an anderer

Bei Versailles führt die Hauptaussicht, die in gigantischem Maße angelegt wurde, das Auge vom Parterre d'Eau, das unter dem Fenster der Grande Galerie liegt, über das Parterre de Latone (das Bassin de Latone wird hier im Vordergrund gezeigt) hinunter zum Tapis Vert, dann zum Bassin d'Apollon und so schließlich zum Kanal.

Obwohl sich die Gärten von Versailles über einem Zeitraum von über 50 Jahren ständig veränderten, verlangte Le Nôtres Grand Dessin von Anfang an reichliche Wasserreserven. In Versailles selbst reichte der Wasservorrat für die enorm vielen Brunnen nicht aus.

Unten: *Die Machine de Marly, mit deren Bau man 1680 begann, war eine gigantische Pumpe, deren 14 riesige Wasserräder das Wasser der Seine zum Aqueduc de Marly hinaufbeförderten, das dann das Reservoir für den Garten versorgte. Sogar wenn die Maschine in Betrieb war, konnten nicht alle Brunnen gleichzeitig versorgt werden.*

Rechts: *Die Hauptachse des Gartens verläuft westlich von der Grande Galerie zum Kanal. Eine Nebenachse verläuft nordsüdlich und wird hier in einem Gemälde von J. B. Martin gezeigt. Sie beginnt am Bassin de Neptune, das Le Nôtre 1679 entwarf, das aber erst 1741 fertiggestellt werden konnte.*

Obwohl an Versailles nach Ludwigs XIV. Tod viele Änderungen vorgenommen wurden, blieben die Grundzüge von Le Nôtres Plan unverändert. Eine Ergänzung aus dem späten 18. Jahrhundert, das Petit Trianon, das hier in einem Gemälde von Claude Louis Chatelet für eine Festlichkeit verschwenderisch beleuchtet dargestellt wird, zeigt eine eindeutige Tendenz hin zu dem freieren, lockereren Stil des folgenden Jahrhunderts.

Stelle ein riesiges Amphitheater für das Parterre de Latone aushöhlte und wieder anderswo die Hänge mit Bäumen und Hecken überzog, in denen sich begrünte Räume (*cabinets de verdure*) von erstaunlicher architektonischer Komplexität befanden.

Le Nôtre legte seine Hauptachsen nach dem Kompaß an und richtete die lange Perspektive von den Fenstern der Grande Galerie aus in Richtung untergehende Sonne – eine Aussicht, die bis zum Horizont reicht. Gegen Norden schützte er die Gärten vor Wind durch eine hohe Hecke (*charmille*). Nach Süden hin sah man die Sommersonne über der Terrasse der Orangerie.

Versailles verfügte nur über begrenzte Wasserressourcen, und doch plante Le Nôtre einen Garten, der Wassermassen verschlang. Ein Netz von Reservoirs wurde westlich von Saint-Cyr geschaffen, und 1680 begann man mit dem Bau einer gigantischen Pumpe, der Machine de Marly. Vierzehn riesige Wasserräder beförderten das Wasser der Seine mit einer täglichen Durchlaufmenge von ungefähr 5.000 m^3 162 m bergauf zum Aqueduc de Marly. Ein noch kolossaleres Projekt, das eine Umleitung des Flusses Eure erfordert hätte, wurde aufgegeben, als die für die Aufgabe abkommandierten 30.000 Soldaten zum Dienst nach Neustadt zurückbeordert wurden. Dank des hydraulischen Expertenwissens von François und Pierre de Francine waren es 1.400 Brunnen, die versorgt werden sollten. Die dem Palast am nächsten gelegenen sprudelten fast den ganzen Tag, andere wurden zeitweise gedrosselt. Der *fontainier* Claude Denis bekam ausführliche Anweisungen, die sicherstellten, daß die Brunnen Wasser hatten, kurz bevor der König einen bestimmten Teil des Gartens betrat.

Das größte der *pièces d'eau* ist der große, kreuzförmig angelegte Kanal, dessen langer Arm dem Verlauf der Hauptachse folgt, während das Querstück eine Nebenachse bildet. Zur Zeit Ludwigs XIV. fuhr auf diesem Kanal eine kleine Flottille aufwendig dekorierter Schiffchen ständig auf und ab für den Fall, das es den Hofstaat nach einem Abendausflug gelüstete. Das Pièce d'Eau des Suisses ist der größte der künstlichen Seen, so benannt nach dem Regiment der Schweizer Garde, die mit der Ausgrabung betraut war. 1678 begann man mit den Arbeiten am See; er ist mit der gigantischen Orangerie verbunden, die von Hardouin-Mansart errichtet wurde. Madame de Sévigné verzeichnete die „ungeheuere Sterblichkeitsrate der Arbeiter, deren Leichen jede Nacht in ganzen Wagenladungen hinausbefördert werden". Die Männer wurden durch das Sumpfgas getötet, das bei den kolossalen Ausgrabungen freigesetzt wurde.

Nachdem die neuen Umrisse festgelegt worden waren, dauerten die Fein- und Dekorationsarbeiten bis zum Ende von Ludwigs Regierungszeit an. Das Areal, das direkt an das Schloß anschloß, wurde offen und flach in einer Folge von *parterres* belassen –

ein notwendiger Übergang zwischen den Fassaden und den *bosquets*, dekorativen Partien, die von Bäumen umschlossen waren. Jenseits der *bosquets* erstreckte sich der Park und hinter dem Park die natürliche Landschaft. Nur die *parterres* wurden mit Blumen bepflanzt, und obwohl der eigentliche Blumengarten sich in Trianon befand, braucht man für die drei großen Parterres von Versailles doch jährlich 150.000 Pflanzen.

Vom Parterre d'Eau aus, das unter den Fenstern der Grande Galerie liegt, führt die Hauptperspektive der Gärten über das Parterre de Latone zum Tapis Vert, hinunter bis zum Bassin d'Apollon und weiter zum Kanal. Die Bildhauerarbeiten gaben das Hauptthema des dekorativen Ensembles vor. Latona, die Mutter Apolls, wird dargestellt, wie sie Zeus um Schutz vor den Bauern von Lycias anfleht, die sie mit Erdklumpen bewerfen. Zeus rächte sich, indem er sie in Frösche verwandelte. Das Bassin d'Apollon stellt den Sonnenaufgang dar; der Sonnenwagen steigt aus dem Wasser auf, bevor der neue Tag beginnt: Dieser und viele andere Brunnen sowie zahlreiche Statuen erweiterten das allegorische Programm. Eine bemerkenswerte Leistung ist, daß die 70 Bildhauer, die unter Aufsicht von Le Brun in Versailles beschäftigt waren, in einem erstaunlich einheitlichen Stil arbeiteten.

Die gartengestalterische Extravaganz von Versailles gipfelte in Trianon, am nördlichen Ende des Kanals. Ludwig war ein leidenschaftlicher Blumenliebhaber. Das Parterre des Fleurs, eine seiner ersten Verschönerungen an der Jagdhütte seines Vaters in Versailles, war nach Trianon verlegt worden, als die Arbeit am Schloß begann. Den Mittelpunkt dieser neuen Anlage bildete zunächst ein Pavillon im chinesischen Stil, das Trianon de Porcelaine, das mit blauen und weißen glasierten Delfter Kacheln bedeckt war und später vom Trianon de Marbre oder Grand Trianon abgelöst wurde.

Die Gärten von Trianon stellten einen Versuch dar, den natürlichen Jahreszeiten zu trotzen. Orangenbäume wurden nicht in Tröge, sondern in den Boden gepflanzt. Kam dann der Winter, wurde ein Glashaus über ihnen errichtet. Blumen wurden an den kältesten Tagen umgepflanzt und, wenn nötig, wieder eingesetzt, damit der König auch im Januar einen Sommergarten genießen konnte. Der Gärtner, Le Bouteux, ein Neffe Le Nôtres, betreute die unglaublichen 1.999.000 Blumentöpfe. Die Marine mußte ständig Blumen aus wärmeren Ländern mitbringen.

Obwohl sie viel von ihrer Extravaganz eingebüßt haben, sind die Gärten von Versailles im Prinzip immer noch die Ludwigs XIV., Le Nôtres und Le Bruns. Ludwig XV. ließ nur Trianon ändern. Obwohl unter Ludwig XVI. alle Bäume neu gepflanzt und wichtige Änderungen vorgenommen wurden, widerstand er der Versuchung, das ganze Gebiet in einen *jardin à l'anglais* umzuwandeln.

Marly

Um seinem gewaltigen Schloß, in dem er für die Öffentlichkeit lebte, gelegentlich zu entkommen, baute sich Ludwig XIV. Zufluchtsstätten. Die Arbeit in Marly begann, nachdem der König zufällig im Jahre 1679 das Gelände gesehen hatte. Le Nôtre und Le Brun arbeiteten an dem Projekt, aber der Kopf des höchst originellen Entwurfs war Hardouin-Mansart. Die Gebäude wurden in einem langen, hufeisenförmigen Tal angeordnet, das sich zur Seine hin öffnete, wobei das Haus des Königs in der Mitte stand und die zwölf Pavillons für die Gäste seitlich am Hufeisen entlang angeordnetet waren. Das tiefer gelegene Gelände im Zentrum wurde in Terrassen angelegt, und man schuf eine Reihe riesiger Seen an der Hauptachse. Auf drei Seiten umschlossen hohe, bewaldete Hügel die Anlage. An der Seite, die sich zum Tal hin öffnete, fiel das Land ab, und es bot sich eine großartige Aussicht auf Saint-Germain. Die private Atmosphäre des Ganzen war durch geschickten Einsatz von verschiedenen Ebenen gesichert. In der näheren Umgebung des Schlosses war alles dicht gedrängt und mit hohen Böschungen und steilen Wäldern schwer überhangen. In jeder Ecke befand sich ein *cabinet de verdure* mit einem reichverzierten, mit Porzellanfliesen ausgelegten Fischteich. Im Süden des Schlosses lag das Petit Parterre, von dem aus eine edel gestaltete Treppenflucht zum allesumschließenden Laubengang verlief, der das Schloß mit den Pavillons verband. Dahinter lag der große Wasserfall, Rivière genannt, der lautstark einen steilen Kanal hinuntertoste. Da Ludwig XV. die Erhaltung zu kostspielig war, ließ er ihn durch einen Grashang ersetzen. Östlich des Rivière wurde das abschüssige Gelände für die Konstruktion einer Achterbahn, Roulette genannt, genutzt, auf der ein reich verzierter, vergoldeter Wagen lief.

Marly wurde schließlich von Napoleon zerstört, aber die fremde Schönheit der Bäume ist geblieben, und die Anlage wurde so wiederhergestellt, daß der Grundriß immer noch erkennbar ist.

Chantilly

Obwohl sich der französische Prachtstil besonders als Kulisse für den Hof des „Sonnenkönigs" eignete, wurde er auch bei vielen anderen Gärten angewandt. In Chan-

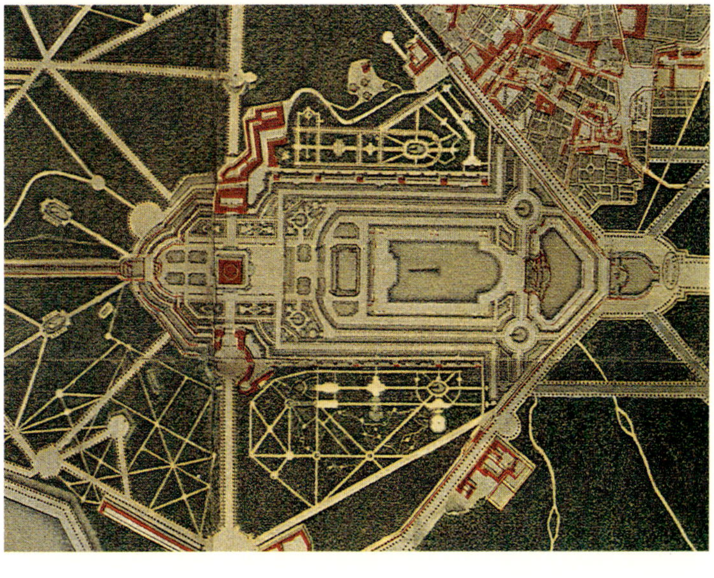

Marly wurde kaum weniger formell angelegt als Versailles, aber hier konnte Ludwig seine Einladungen gezielter organisieren, was in Versailles mit seinem öffentlichen Hofleben unmöglich war. Zwölf Gästepavillons reihten sich entlang beider Arme des hufeisenförmigen Tales, das Haus des Königs selbst stand in der Mitte.

tilly vergrößerte Ludwig II. von Bourbon seinen Park, der 1522–1567 von Anne de Montmorency angelegt worden war, beträchtlich. 1663 stellte er Le Nôtre und eine Gruppe von Künstlern ein, um das Land in großem Maßstab neuzugestalten. Le Nôtre selbst betrachtete dieses Werk als eines seiner größten, denn hier gelang es ihm, einer unregelmäßigen Landschaft Regeln aufzuzwingen. Die Hauptachse verlief nordsüdlich, parallel zur Schloßfassade, und dehnte sich an beiden Enden bis zum Wald. Ein neuer Zugang führte zur östlich des Schlosses gelegenen Terrasse, von der man die gesamte Anlage überblicken konnte. Monumentale Treppen mit kolossalen Flußgöttern in Nischen auf beiden Seiten führten zum Grand Parterre. Im Vordergrund stand ein Brunnen, der Grand Gerbe, und weiter draußen befand sich ein Arm des Grand Canal (Manche), der eine ostwestliche Achse bildete. Auf beiden Seiten waren zwei riesige Räume, die runde und ovale Becken enthielten. Am äußeren Ende des Grand Canal endete die Achse in einer Bucht und einem mondsichelförmigen Theater, dem Vertugadin. Auch gab es künstliche Wasserfälle, die verlorengegangen sind; Le Nôtres Grand Parterre und Grand Canal aber konnten restauriert werden.

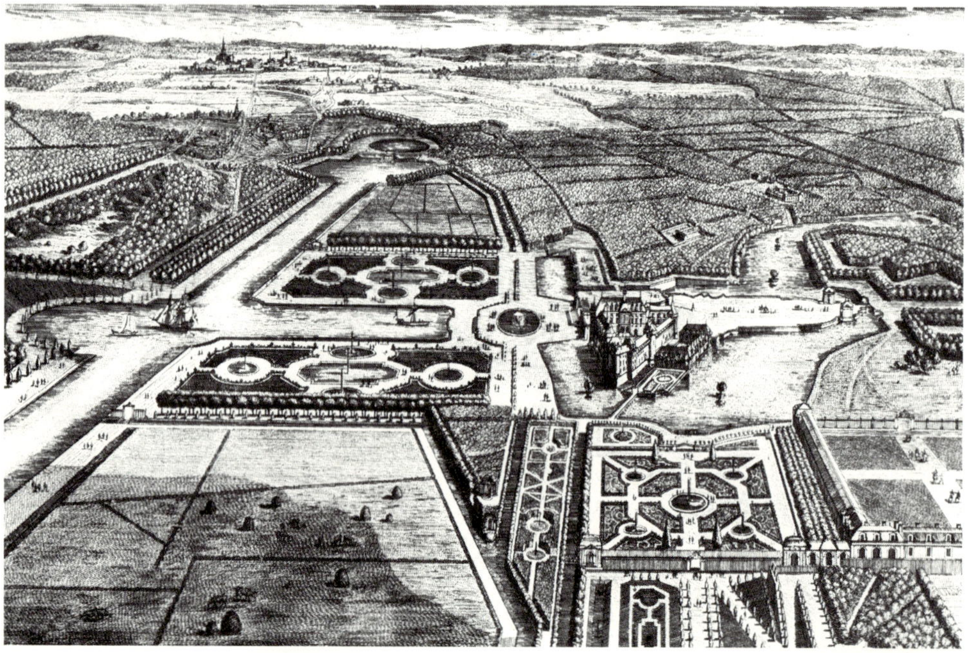

Oben: *Von 1663 an, nachdem er die Arbeiten an Vaux-le-Vicomte beendet hatte, wurde Le Nôtre beauftragt, die Anlage von Chantilly neu zu konzipieren. Es gelang ihm hier außerordentlich gut, einem sumpfigen unregelmäßigen Gelände Regelmäßigkeit aufzuzwingen, indem er die Hauptachse parallel zur Schloßfassade anlegte.*

Die Tendenz zur Einfachheit

Zu den Gärten, an denen Le Nôtre und seine Mitarbeiter wirkten, gehörten Sceaux für Colbert, Dampierre für den Duc de Chevreuse und Anet für den Duc de Vendôme. Dezallier d'Argenvilles Buch „La Théorie et la pratique du jardinage", das 1709 erstmals erschien, kodifizierte die Praxis Le Nôtres und seiner Schule, aber in einer überarbeiteten Auflage von 1722 findet sich bereits die theoretische Rechtfertigung einer weniger gekünstelten Gartenbaukunst. Teure Artefakte sollten einer „vornehmen Einfachheit von Treppen, Hängen, Grasrampen, natürlich gewachsenen Bäumen und einfach beschnittenen Hecken Platz machen". Unter Ludwig XV. bevorzugte man Gärten von mehr privatem Charakter, verglichen mit den grandiosen Plänen Ludwigs XIV. Der Unterschied im Geschmack ist leicht festzustellen, wenn man Marly und das Petit Trianon vergleicht, das von Gabriel für die Marquise de Pompadour, die Maîtresse Ludwigs XV., angelegt, aber erst nach ihrem Tode fertiggestellt wurde.

Le Jardin Anglais

Einer der ersten, der den englischen Stil in Frankreich einführte, war Montesquieu, der England im Jahre 1729 besucht hatte. Er war von den riesigen Grasflächen der englischen Parks sehr beeindruckt und erzählte Lord Charlemont, der ihn 1746 in seinem Schloß in La Brède in Bordeaux besuchte: „Ich versuchte, den Geschmack Ihres Landes hier in die Praxis umzusetzen und meinen Besitz entsprechend zu gestalten."

Die Kenntnis des englischen Stils kam in Frankreich eher aus zweiter Hand, und literarische Quellen nährten die Idee, das englische Gärten chinesisch inspiriert seien. Daher wurde die französische Version des englischen Stils oft „les jardins anglo-chinois" genannt. Bauten im chinesischen Stil gehörten natürlich auch zu dieser Modeströmung. Ein bis heute erhaltenes Beispiel

Bei Sceaux beauftragte der Minister Colbert Le Nôtre mit der Planung von Gärten und Park. Die raffinierten Kaskaden, die dieser Plan beinhaltete, führten ihr tosendes Wasser zum großartigen pièce d'eau *vom Octogone.*

ist die Pagode de Chanteloup (1775–78), die von Chambers' Pagode in Kew-Gardens inspiriert wurde und ein dominierendes Element in einem Park darstellt, bei dem die unregelmäßige Anlage mit großartigen klassischen Ausblicken kombiniert ist.

In der zweiten Hälfte des 18. Jahrhunderts wurden viele *jardins anglais* als kleine Gärten innerhalb eines formalen Entwurfs angelegt. So auch in Chantilly, wo 1774 ein Weidegrund östlich des Grand Parterre in einen *jardin anglais* umgewandelt wurde. Verschiedene Elemente, darunter Weiher, Rasenflächen, ein Spalier voller Blüten und ein Obstgarten, waren von einem Wald, durch den sich Pfade und Flüsse schlängelten, umschlossen. Der Parc Balbi von Versailles (1786) ist ein weiteres Beispiel für die Auswirkungen dieser Modeströmung in Frankreich.

In anderen Fällen wurde der *jardin anglais* viel großzügiger interpretiert, und man hat große Grundstücke mit Bauten im exotischen Stil ausgeschmückt. Eines der bemerkenswertesten Beispiele ist der Désert de Retz, mit dessen Anlage der Baron de Monville im Jahre 1774 begann. Das Haus selbst war wohl das merkwürdigste aller Gebäude, denn es sah wie eine kolossale abgebrochene Säule aus. Die erste Residenz dieser Art war Maison Chinoise gewesen, ein Beispiel für den orientalisch-exotischen Stil, der von den Schriften Chambers inspiriert wurde.

Eine perfekte romantische Interpretation des *jardin anglais* ist die riesige Landschaft, die für die Prinzessin von Monaco in Betz geschaffen wurde. Unter den *fabriques*, also den Bauten, die für Atmosphäre im Garten sorgen sollten, befanden sich auch einige in neogotischem Stil – die ersten ihrer Art in Frankreich. Von großem Einfluß war die Anlage von Ermenonville, wo der Marquis de Girardin malerische Schönheit mit landwirtschaftlichem Nutzen verknüpfte. Als er 1763 England besuchte, entdeckte er, daß das Konzept der *ferme ornée* seiner eigenen Vorstellung über die Anlage von Gärten entsprach.

Jean-Jacques Rousseau verbrachte die letzten zwei Monate seines Lebens in Ermenonville; seine Grabstätte befindet sich auf der Ile des Peupliers, die bald zu einem der bekanntesten Wallfahrtsorte Frankreichs wurde.

Das Désert de Retz ist eines der merkwürdigsten und poetischsten Kreationen, die die Vorliebe für den jardin anglo-chinois *hervorgebracht hat. Das Haus selbst sieht wie eine gigantische abgebrochene Säule aus, in dem es Wohnungen in drei Stockwerken gab.*

Bei Ermenonville verquickte der Marquis de Girardin eine malerische Anlage mit landwirtschaftlichem Nutzen im Stil der englischen ferme ornée. *Rousseaus Grab auf der Ile des Peupliers wurde ein Wallfahrtsort und inspirierte ähnliche Anlagen in anderen europäischen Gärten.*

Empire und 19. Jahrhundert

Der formale Stil der Gartenanlagen war durch die Französische Revolution vorübergehend verpönt, teils weil man ihn mit dem *ancien régime* assoziierte, aber auch weil die nach Frankreich zurückgekehrten Emigranten es einfacher fanden, ihre Grundstücke und Parks nach englischer Manier zu restaurieren. Der Park von Liancourt etwa, der zu den herrlichsten Gärten des frühen 17. Jahrhunderts gehörte, überstand zwar die Revolution, während der er sogar noch vergrößert wurde, doch danach wurde die alte Anlage zugunsten eines vorbildlichen *jardin anglais* hinweggefegt.

In Malmaison, der Lieblingsresidenz der Kaiserin Joséphine, wurden die Gärten, wie in so vielen anderen Fällen, nach englischem Muster angelegt. Sie machte sich Napoleons Einfluß und die Hilfe hervorragender Botaniker zunutze und sammelte Pflanzen aus aller Welt. Die Illustrationen des berühmten belgischen Künstlers Pierre-Joseph Redouté sicherten den Gärten ewigen Ruhm. Obwohl im frühen 19. Jahrhundert der größte Einfluß von englischen Vertretern des Landschaftsstils, wie z. B. Humphry Repton, ausging, waren es der Franzose Gabriel Thouin und seine Definition des *jardin anglais*, die dessen Entwicklung im gesamten 19. Jahrhundert bestimmten. Er entwickelte ein funktionelles Schema von Spazierwegen, die mit einer riesigen kreisförmigen *allée* rund um eine weite Rasenfläche verbunden waren; diese war nur spärlich mit Pflanzen besetzt. Das war auch der Stil der Gebrüder Bühler, die viele Parks und Gärten schufen, unter anderem den Parc de la Tête d'Or bei Lyons und den Jardin Thabor bei Rennes.

Hausmanns Modernisierungsprogramm für Paris unter Napoleon III. bot die Möglichkeit, eine Reihe von öffentlichen Gärten anzulegen, und bei diesen wurde der *jardin anglais* abgewandelt, um Promenaden zu schaffen. Zwei Namen werden mit diesen öffentlichen Parks eng verbunden: Jean-Charles-Adolphe Alphand und Jean-Pierre Barillet-Deschamps. Beide spielten eine bedeutende Rolle bei der Entstehung des Bois de Boulogne, den Napoleon III. 1852 der Stadt übergab. Massen von Felsbrocken wurden gebraucht, um die Anlage, die ziemlich flach war, abwechslungsreicher zu gestalten, und Barillet-Deschamps fügte Kiefern, Zedern und andere Bäume hinzu, die in Gruppen angeordnet wurden, um Lichtungen und Ausblicke offen zu lassen. In Buttes-Chaumont, einem Park, der im Pariser Belleville angesiedelt war und mit dessen Anlage 1864 begonnen wurde, bestand das Gelände aus alten Steinbrüchen und war schon von vornherein hügelig; dieser Garten, der von Alphand und Barillet-Deschamps geschaffen wurde, ist einer der malerischsten von Paris.

Typische Merkmale von Barillet-Deschamps „dekorativer Gartenkunst" waren breite Wege in weiten Bogen, kleine Hügel oder Vertiefungen inmitten von Rasenflächen sowie Bäume als Solitäre oder solche, die sich über runde Blumenbeete neigten, oder Strauchgruppen. Diese Elemente wurden in der Landschaftsarchitektur von Alphand und seinem Kreis häufig eingesetzt und fanden später, wenngleich weniger wirkungsvoll, auch in kleine Privatgärten Eingang.

Der Park Monceau ist ein weiteres Beispiel für die Zusammenarbeit zwischen Alphand und Barillet-Deschamps und gleichzeitig eines der ersten Beispiele für einen *jardin irrégulier*. Er war 1773 von Carmontelle angelegt worden und beherbergte eine erstaunliche Anhäufung von *fabriques*. Einige überdauerten die Restauration von Alphand und Barillet-Deschamps im Jahre 1861. Im Parc Monceau versuchte Barillet-Deschamps zum ersten Mal, subtropische Pflanzen mit großem, auffallendem Blattwerk anzupflanzen. Seine Experimente gaben den Anstoß zu „gemusterten" Beeten – einer Modeströmung, die von England ausging. Französische Gärtner übernahmen sowohl Teppich- als auch Blumenbeete, ohne zwischen ihnen zu unterscheiden; die daraus hervorgehende Mischform wurde als *mosaïculture* bekannt, ein Stil, der im späten 19. Jahrhundert aufblühte und in Frankreich noch immer weit verbreitet ist. Besonders Tiere oder Embleme stellte man auf diese Weise gerne dar, nachdem man bei der Weltausstellung 1878 solche Beispiele mit Erfolg gezeigt hatte.

Gegen Ende des 19. Jahrhunderts führte eine Strömung gegen den freien englischen Stil und ein wiedererwachtes Interesses an Le Nôtres Arbeiten zu Restaurierungen und Neuanlagen in der Manier des 17. Jahrhunderts. Eines der schönsten Beispiele ist das vor dem Ersten Weltkrieg für die Marquise de Ganay von Achille Duchêne angelegte Courances.

Vom Ende des 19.Jahrhunderts an spielten Achille Duchêne und andere Mitglieder seiner Familie eine wichtige Rolle bei der Restaurierung französischer Parkanlagen und Gärten im klassischen Stil. Courances in Essonne stellt ein Meisterwerk dieser Tradition dar, die immer noch lebendig ist.

GROSSBRITANNIEN

Gemälde von Thomas Robins dem Älteren, wie diese Ansicht eines chinesischen Pavillons von Woodside House in Berkshire, zeigen Details englischer Gärten Anfang der zweiten Hälfte des 18.Jahrhunderts.

Die Revolution in der Gartenkunst, die in England im frühen 18. Jahrhundert ihren Ausgang nahm, hat in fast jedem Winkel der Britischen Inseln ihre Spuren hinterlassen. Die Lockerung der strengen Gartengeometrie übte aber auch in anderen Teilen der Welt großen Einfluß aus.

Der Siegeszug des Landschaftsgartens hat bis zu einem gewißen Grad zu einer verzerrten Sicht der Geschichte des Gartenbaus auf den Britischen Inseln geführt. Die großartigen architektonischen Anlagen des 17. Jahrhunderts sind fast völlig verlorengegangen, und die kaum weniger ehrgeizigen Projekte des Viktorianischen Zeitalters werden erst jetzt wieder freundlicher beurteilt. Und doch sollten uns diese zwei Perioden daran erinnern, daß auch strenge, architektonische Gärten eine Phase britischer Gartenbaukunst widerspiegeln.

Wie in anderen Teilen der Welt ist der Fortbestand historischer Gärten bedroht, und ihre Erhaltung oder Restaurierung hängt oft vom Einsatz einiger weniger Menschen ab. Nichtsdestoweniger gibt es in Großbritannien und Irland zahlreiche Gärten von hoher Qualität, die der Öffentlichkeit zugänglich sind. In vielen Fällen sind sie wegen ihres Grundrisses, aber auch aufgrund ihrer Bepflanzung von Bedeutung. England, das klassische Land der Gärten, hat viele wertvolle neue Arten und Sorten in die Gartenkultur eingeführt.

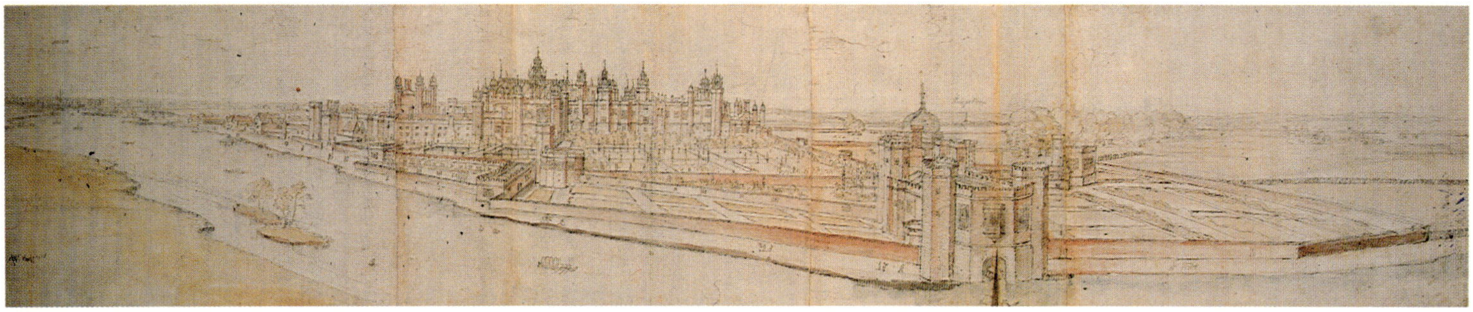

Eine Panoramaansicht (ca. 1555) von Anthonis van Wyngaerde zeigt Hampton Court von der Themse aus gesehen und die königlichen Gärten mit den „Tieren des Königs", bemalten und vergoldeten Wappennachbildungen, die auf Säulen oder Pedestalen standen. Ein ähnliches Dekor fand man auch bei Nonsuch Palace und Whitehall.

Renaissancegärten

Einflüsse vom burgundischen Hof brachten in England die lange unveränderte Tradition mittelalterlicher Gärten ins Wanken. In Richmond Palace (1497–1501) wurden die Gärten des ersten Königs aus dem Hause Tudor, Heinrichs VII., als einzeln umschlossene Abschnitte angelegt, die mit überdachten Gängen nach burgundischer Art miteinander verbunden waren.

Der Einfluß Burgunds auf das Leben am königlichen Hof hielt während der ersten prunkvollen Regierungsjahre König Heinrichs VIII. an; wenn es jedoch um die Errichtung von Palästen und Gärten ging, tat es der König lieber seinem großen Rivalen, Franz I. von Frankreich, gleich. Es gibt zwar nur spärliche Hinweise, und doch scheint es, daß die königlichen Gärten von Hampton Court Palace (1531–34), Whitehall (1545 fertiggestellt) und Nonsuch Palace (1538–47) untereinander und auch mit den königlichen Gärten von Fontainebleau viel gemeinsam hatten. Sie waren quadratisch, in Viertel mit offenen und geschlossenen *Knoten* unterteilt und lagen unter den Staatsgemächern. In der Gartenmitte befand sich ein Brunnen, und der Garten selbst war von überdachten Promenaden umschlossen. Was dem Garten Heinrichs seinen unverwechselbar englischen Charakter verlieh, war der verschwenderische Einsatz von vergoldeten und bemalten Holzverzierungen, die Tudor-Wappen darstellten. Diese protzige Untermalung des Thronanspruchs muß dem Garten der Tudors ein merkwürdig mittelalterliches Aussehen gegeben haben, obwohl der Einfluß neuer Renaissance-Ideen offensichtlich war.

Elisabeth I. hat das ehrgeizige Bauprogramm Heinrichs nicht fortgesetzt, aber während ihrer Regierungszeit wurde der Lustgarten zu einem wichtigen Bestandteil vieler Landhäuser wohlhabender und mächtiger Aristokraten; da sind z. B. die bedeutenden Gärten, die zwischen 1563 und 1567 von Robert Dudley Earl of Leicester im Zuge einer Modernisierung der mittelalterlichen Burg Kenilworth in Warwickshire angelegt wurden. Man konnte sie nicht direkt unter den Burgfenstern anlegen, aber eine Terrasse ermöglichte einen prächtigen Gartenblick. Das Quadrat, das wiederum in vier Teile unterteilt und mit Obstbäumen und Kräutern bepflanzt war, hatte in der Mitte einen Brunnen mit einem Bären und einem Stab, Leicesters Wappen, die eine dekorative Kreuzblume bildeten.

Theobalds Parks

Noch ehrgeiziger waren die Gärten von Theobalds Park in Hertfordshire, die zwischen 1575 und 1585 für William Cecil Lord Burghley geschaffen wurden und bei denen der Herbalist John Gerard seine Hand im Spiel gehabt haben könnte. Elisabeth I. hielt sich öfter dort auf; die palastähnlichen Dimensionen waren ein Kompliment an sie und ein Zeichen für Burgleys hohen Stand. Der Privy Garden, der unter den Privatgemächern lag, war mit Hecken, Lauben und *Knoten* angelegt, die durch erhöhte Promenaden getrennt waren. Der Great Garden mit wahrhaft großzügigen Proportionen (über ein Hektar) lag unterhalb der Staatsgemächer. Er war von einem Graben umgeben und in neun *Knoten* unterteilt, von denen der mittlere einen Brunnen enthielt. Büsten der römischen Kaiser, ein marmorner Obelisk, eine Sonnenuhr und Knoten, die das königliche Wappen darstellten, gehörten zur Einrichtung. Später wurde unter anderem ein Graben hinzugefügt. Obwohl der Grundriß französischen Einfluß zeigt, waren die komplizierten und raffinierten Dekors wahrscheinlich im Stil des holländischen Manierismus gehalten, der in Nordeuropa durch das von Hans Vredeman de Vries veröffentlichte Musterbuch „Hortorum viridariorumque elegantes et multiplicis formae" großen Einfluß hatte.

Salomon de Caus

Unter Jakob I. wurden die Künste wieder direkt durch den König gefördert, dessen Thronbesteigung 1603 den Beginn einer neuen Aufgeschlossenheit nach außen markierte. Salomon de Caus, ein Gartengestalter, der sowohl für die Königin, Anne von Dänmark, als auch für den Prince of Wales arbeitete, war Hugenotte und hatte in Italien studiert. Dabei war er mit den Gärten von Pratolino bekannt geworden, die damals für ihre großartigen und einfallsreichen Wasserspiele berühmt waren. Er kannte auch die Wasserspiele, die die Gebrüder Francine für Heinrich IV. in Frankreich ausgeführt hatten. 1615 veröffentlichte de Caus „Les Raisons des forces mouvantes", in denen er die Prinzipien der Hydraulik beschrieb, auf denen die Wasserspiele in den Gärten des 17. Jahrhunderts beruhten.

Wilton House

Der Gartenbau, dessen Blütezeit in England mit der Schaffensperiode von Salomon de Caus zusammenfiel, erlebte in den 1620er und 1630er Jahren durch Isaac de Caus, Salomons Bruder oder Neffen, einen Wiederaufschwung. Zu seinen wichtigsten Projekten gehörte eine raffinierten Gartenanlage für den vierten Earl of Pembroke in Wilton House, Wiltshire, mit der er 1632 begann und die in de Caus' eigenen Veröffentlichungen als Le Jardin de Wilton erscheint.

Der Hauptgarten war als großes Rechteck angelegt, das quer in drei Abschnitte geteilt wurde. Der dem Haus am nächsten gelegene Abschnitt bestand aus vier *parterres de broderie*; das Ganze ein frühes englisches Beispiel für kunstvolle, von Frankreich inspirierte *parterres*-Muster. Der zentrale Abschnitt war die *Wilderness*, eine geometrische Anpflanzung, durch die sich der Fluß Nadder schlängelte. Und der dritte Abschnitt schließlich war ein ovaler Platz, in dessen Mitte sich die Statue eines Gladiators erhob. Der breite Mittelweg, der diese Abschnitte durchlief, gipfelte im berühmtesten Element des Gartens, einer Grotte, die sich unter einer Terrasse mit Balustrade befand, von der aus der Besucher auf den Garten hinunter und ins Parkgelände schauen konnte.

Die Gärten von Wilton House in Wiltshire haben viele Veränderungen erfahren, seit sie 1632 von Isaac de Caus für den vierten Earl of Pembroke angelegt wurden. Diese Ansicht von oben von de Caus blickt entlang der Hauptachse auf die künstliche Grotte.

Inigo Jones

Inigo Jones, der auch in Wilton eine Rolle gespielt hat, gehörte zusammen mit André Mollet zu den führenden Köpfen der Gartenbaukunst unter Karl I. Während seiner Italienreisen hatten ihn der Palladianismus und die Renaissance-Prinzipien von der Einheit des Bauwerks und der Kunst der Gestaltung tief beeindruckt. In seinen Szenerien für höfische Maskenbälle zeigte er sich bei der Bepflanzung und Gestaltung sowie bei der Errichtung der Bauwerke erstmals italienisch beeinflußt. Nachdem er 1614 mit Lord Arundel von einem Italienbesuch zurückgekehrt war, legte er das Gelände um Arundel House neu an, nicht zuletzt um einen passenden Hintergrund für antike Skulpturen zu schaffen. Seine wichtigste Idee bei diesem Projekt war die Einführung von formstrengen Toren zwischen den verschiedenen Gärten.

André Mollet

Im Laufe seiner internationalen Karriere als führender Gärtner in England, den Niederlanden und Schweden sowie auch in seinem Heimatland Frankreich sorgte André Mollet für weite Verbreitung der eleganten, fließenden Formen des *parterre de broderie*. In England arbeitete er schon zu Beginn der Regierungszeit Karls I. am St. James's Palace und dann noch einmal gegen Ende seines Lebens nach der Restauration. Er stand auch in den Diensten von Henrietta Maria, der Frau Karls I. Um 1640 plante er für sie die Gärten von Wimbledon House neu. Es hatte bereits zwei Hauptphasen bei der Entstehung dieser Gärten gegeben, und in Mollets Anlage wurde viel von der formalen Bepflanzung der zweiten Phase, darunter ein Lindenweg, erhalten. Ein Großteil der alten elisabethanischen Gärten wurden jedoch zerstört, um vier Parterres Platz zu machen, von denen zwei Brunnen und *parterres de broderie* enthielten. Andere Ergänzungselemente waren ein Labyrinth und ein Stück *Wilderness*, die beide mit jungen Bäumen bepflanzt wurden; die *Wilderness* teilten Kieswege in Ovale, Quadrate und Winkel.

DER FORMALE GARTEN

In seinem Buch „Le Jardin de plaisir" (1651) plädierte André Mollet für breite Wege, die in Halbkreisen vor den Palästen enden sollten. Er schuf ein solches von Linden gesäumtes Wegesystem, das auf den Whitehall Palace ausgerichtet war, im St. James's Park für Karl II. (1660), obwohl hier ein Kanal und nicht ein normaler Zugang die Achse bildete. Eine weitere Version in noch größeren Dimensionen wurde für die Ostfront von Hampton Court ausgeführt.

1664 terrassierte man eine große Plattform, die für ein Parterre vorgesehen war, auf dem ansteigenden Hang hinter Greenwich Palace. André Le Nôtre plante die Anlage, obwohl er das Gelände nie gesehen hatte. Der Plan wurde wieder aufgegeben, aber erst als die Plattform, von der breite Ulmen- und andere Alleen ausgingen, fertiggestellt war.

Die französische Leidenschaft für Reitwege und Alleen hatte auf England übergegriffen. Um 1680 wurden großflächige Anlagen für Badminton House in Avon und Boughton House in Northamptonshire entworfen. Bei letzterem plante der Herzog von Montagu eine Allee bis nach dem ungefähr 100 km entfernten London. Bescheidener, aber immer noch recht eindrucksvoll war die 5 km lange Ulmenallee, die 1683 in Windsor geschaffen wurde.

John Evelyn

Der Mann, der das Wort „avenue" in die englische Sprache einführte, war John Evelyn, einer der wenigen Engländer zur Zeit der Restauration, die in der Gartenbaukunst brillierten. Um 1640 war er in Italien, Frankreich und Deutschland weit gereist und hielt in seinem Tagebuch den Stand der Künste, insbesondere der Gartenbaukunst, in jedem einzelnen Land fest. Der Garten, den er bei Sayes Court schuf, wo er sich 1652 niederließ, war ganz französisch im Charakter. Er umfaßte kunstvoll angelegte Wäldchen, einen großen Obstgarten und eine Terrasse, die von Stechpalmen- und Berberitzenhecken gesäumt war. Experimente mit verschiedenen Baumarten in Sayes Court legten den Grund für seine „Sylva" (1664), deren später erweiterte Auflage bis ins 19. Jahrhundert das Standard-Lehrbuch für die Vermehrung und Pflanzung von Bäumen blieb. Evelyns Übersetzungen französischer Werke über Gartenbau und seine eigenen Werke beeinflußten den Geschmack seiner Zeit beträchtlich. Er war auch direkt an der Planung einiger Gärten beteiligt. Diejenigen, die er 1652 für seinen Bruder am Familiensitz Wotton in Surrey schuf, waren im italienischen Stil gehalten. Ein Parterre mit Brunnen wurde zwischen dem Haus und dem im Süden gelegenen terrassierten Hügel angelegt. Ein Säulengang und eine Grotte befanden sich am Fuße des Hügels. Der „Garten für den Naturphilosophen", den er für Henry Howard im Albury Park in Surrey anlegte, war auch italienisch inspiriert. Er enthielt eine riesige obere Terrasse, einen Tunnel, Wasserspiele, Kanäle und Weingärten. Der Plan trug eindeutig römische Züge, speziell das Nymphaeum mit Nischen in der Mitte der Terrasse.

Anderswo richtete Evelyn sich jedoch nach französischen Vorbildern. Um 1660 half er Lord Cornbury bei der Planung und Bepflanzung des Gartens vom Cornbury House in Oxfordshire; der Plan umfaßte kleine Wäldchen, eine große *avenue* und einen Panoramablick nach Osten. Bei Euston Hall in Suffolk, wo Evelyn 1670 Ratgeber bei der Vergrößerung und Bepflanzung des Parks war, schuf er die *avenues* auf der östlichen und westlichen Achse.

Die Gärten von Ham House wurden 1671 angelegt. Das Gelände südlich des Hauses, das hier auf einem Stich aus dem 17. Jahrhundert gezeigt wird, ist vor kurzem rekonstruiert worden.

Ham House

Von den meisten dieser Gärten aus dem 17. Jahrhundert haben nur wenige Reste die Zeiten überdauert, aber die Gärten von Ham House in Richmond, die aus der gleichen Zeit wie die von Euston Hall stammen, werden seit 1978 rekonstruiert. Die rekonstruierten Gärten auf der Südseite bestehen aus einer langen Terrasse, quadratischen Grasflächen, die von Kieswegen unterteilt sind, und einer geometrischen *Wilderness* aus Hainbuchenhecken und kleineren Bäumen, die die französischen *bosquets* zum Vorbild hatten. Die östlichen Gärten sind als Parterre mit Zwergbuchshecken angelegt, die dreieckige oder rautenförmige Beete bilden. Sie waren abwechselnd mit verschiedenen Lavendelarten bepflanzt und von Lauben gesäumt. Die Vorliebe für reine Gras-Parterres von der Art, wie man sie im Südgarten von Ham findet, gilt als typisch englisch und stammt noch aus der Zeit vor den Bürgerkriegen.

NIEDERLÄNDISCHE EINFLÜSSE

In den Niederlanden hatten Wilhelm und Maria bereits einen Ziergarten bei Het Loo anlegen lassen, der eindeutig niederländischen Charakter hatte, sich aber gleichzeitig an das Vorbild französischer formaler Gärten hielt. Ihr Geschmack wurde auch an den Arbeiten deutlich, die sie in Kensington Gardens und bei Änderungen, die sie in Hampton Court ausführen ließen. In Kensington legte George London im Süden einen komplizierten geometrischen Garten an, der zur Hälfte aus einem Parterre mit beschnitten immergrünen Pflanzen und zur Hälfte aus einer *Wilderness* bestand.

Hampton Court

Bei Bushy Park an der nördlichen Grenze von Hampton Court wurde die vierreihige Lindenallee (die 1699 in Kastanienallee umbenannt und fünfreihig wurde) Anfang 1689 angelegt, da man eine neue Nordfront plante. Im Zuge der Ausführung beschränkten sich Sir Christopher Wrens Arbeiten jedoch auf einen neuen östlichen Abschluß, und die restlichen Pläne von George London wurden entsprechend konzipiert. Ein Parterre, von Daniel Marot geplant (er hatte

Der Stich von Kip, nach Knyff, von Chatsworth House in Derbyshire zeigt einen der grandiosesten Entwürfe des frühen 18. Jahrhunderts; dazu gehört auch das große Parterre, das von den letzten großen englischen Formalisten, London und Wise, angelegt wurde.

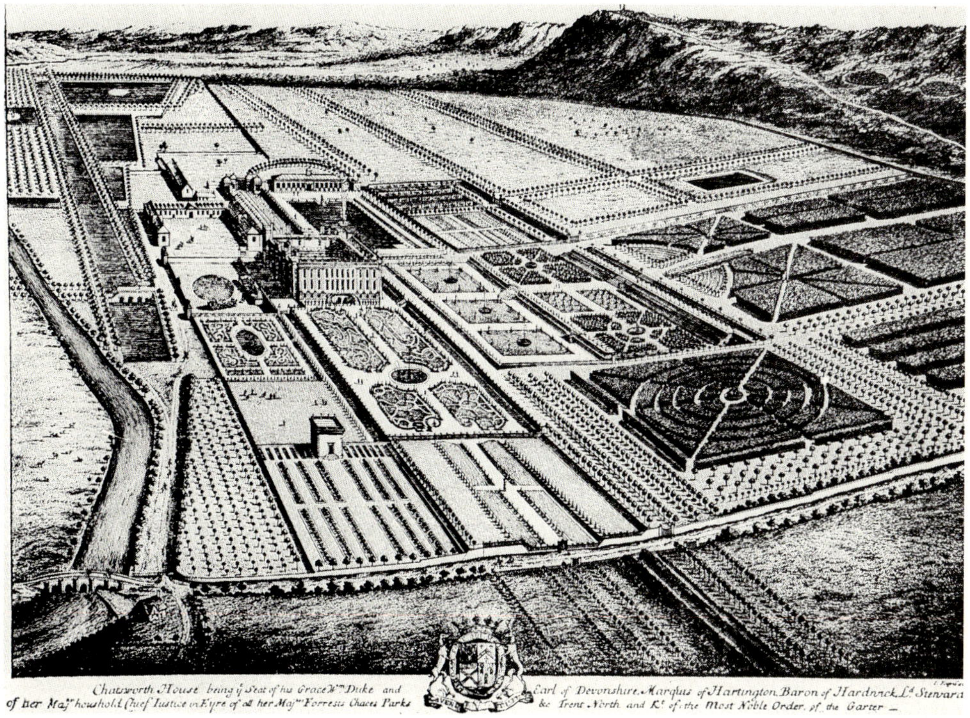

an Het Loo gearbeitet), war halbkreisförmig angelegt. Es stellte ein kunstvolles Beispiel für den französisch-holländischen Stil dar, war mit Zwergbuchsbaum gesäumt und mit Eibenpyramiden und kugelförmigen Stechpalmen sowie 13 Brunnen ausgestattet. Der Halbkreis wurde von eisernen Geländern umschlossen, die den Blick nach draußen nicht störten, während im Park zwei neue Alleen eine weiträumige, auf die Ostfront gerichtete *patte d'oie* bildeten.

Im Süden des Palastes hatte man einen „Glaskastengarten" für empfindliche exotische Pflanzen aufgestellt. Im Norden wurde ein alter Obstgarten in eine kunstvolle *Wilderness* umgewandelt, die das berühmte Labyrinth enthielt.

Zu den Arbeiten, die zwischen 1699 und 1702 von König Wilhelm allein ausgeführt wurden (Maria war inzwischen gestorben) gehörte eine Erweiterung des königlichen Gartens, um eine bessere Aussicht auf die Themse zu gewinnen. Zwölf schmiedeeiserne Paneele wurden von Jean Tijou zwischen diesem Garten und dem Flußufer aufgestellt. Der neue Broad Walk und die Terrasse ergaben Promenaden von einer Meile Länge, die in einem von vier Pavillons umgebenen Rasenplatz endeten. 1702, im Todesjahr König Wilhelms, waren die Gärten praktisch fertiggestellt.

Königin Anna, die angeblich den Geruch von Buchsbaum nicht ertragen konnte, gab Henry Wise die Anweisung, die meisten Arbeiten am Parterre, die im Auftrag von Wilhelm und Maria durchgeführt worden waren, wieder rückgängig zu machen. 1707 büßte der „Brunnengarten" die meisten seiner Brunnen ein und wurde mit Rasen begrünt. 1710 wurde jedoch der Kanal rund um den „Brunnengarten" angelegt.

Auch in Kensington Gardens ließ die Königin viele Änderungen durchführen, indem sie 1704 die Oberen Gärten hinzufügte und 1705 im Hyde Park den Royal Paddock, ein Gehege für Rotwild und Antilopen, anlegen ließ. Der Obere Garten bestand aus

Unter Wilhelm und Maria, 1689 bis 1702, gelangte Hampton Court zu seiner vollen Blüte. Die Tore (abgebildet eines, das zum Park führt) und 12 Panele für den Brunnengarten, die vom Franzosen Jean Tijou angefertigt wurden, sind von bestechender Qualität.

drei Waldabschnitten, einem Hügel und einer Vertiefung. Letztere, eine ehemalige Kiesgrube, wurde in zwei symmetrische Terrassenfluchten umgewandelt, die großzügig mit beschnittenen immergrünen Pflanzen geschmückt wurden.

Niederländischer Einfluß im späten 17. Jahrhundert beschränkte sich nicht nur auf die Gärten von Wilhelm und Maria. Ein weiteres interessantes Relikt dieser Entwicklung ist beispielsweise der Westbury Court Garden in Gloucestershire, der vom National Trust seit 1967 restauriert wird. Die Kanäle, ein hohes Sommerhaus, das das tiefere Gelände beherrscht, die kunstvoll beschnittenen Bäume und Sträucher, die friedliche Atmosphäre und vor allem die Betonung der Zier- und Nutzpflanzen deuten eher auf holländischen als auf französischen Einfluß.

ENTWICKLUNG DES ENGLISCHEN STILS

Intellektuelle, wirtschaftliche und soziale Faktoren trugen Anfang des 18. Jahrhunderts dazu bei, daß sich eine Strömung gegen die Überladenheit niederländischer Gärten und die strenge Geometrie der Franzosen herausbildete. Die wachsende Unzufriedenheit wurde zuerst in den literarischen Arbeiten Ashley Coopers, des dritten Earl of Shaftesbury, artikuliert, aber auch in den Essays von Joseph Addison. In einem Artikel im „Spectator" stellte er die Frage „Warum soll man nicht einen ganzen Besitz durch ständige gezielte Bepflanzung in eine Art Garten verwandeln, ... wenn man dem natürlichen Wiesenschmuck nachhilft, indem man die Kunst für gewisse Ergänzungen heranzieht ... kann man aus seinem eigenen Besitz eine hübsche Landschaft machen". Auf seinem kleinen Besitz Bilton in Warwickshire hat er seine Ideen mit unregelmäßigen Anpflanzungen und kleinen, gewundenen Flußläufen verwirklicht.

Ein anderer Literat, der den naturnahen Garten förderte, war Alexander Pope. In einem Essay zum Thema Gartenbau, den er 1713 im „Guardian" publizierte, drängte er auf eine Rückkehr zur „freundlichen Einfachheit unberührter Natur" und lehnte die Ausgewogenheit, Regelmäßigkeit und Künstlichkeit formaler Gärten und komplizierten Formschnitt ab. Viel später, in der „Vers Epistle to Burlington" (1731), verkündete er seine Maxime: „Bei allem vergiß niemals die Natur ... Ziehe das Genie des Ortes zu Rate"; mit anderen Worten: die Topographie sollte den Charakter des Gartens bestimmen. Von 1717 an vergrößerte er seinen eigenen Garten in Twickenham, um ein Exempel für seine Ideen von „gefälliger Raffinesse" und „kunstvoll wilder Natur" zu geben, und verstärkte so seinen ohnehin schon beträchtlichen Einfluß.

Intellektuelle und literarische Bestrebungen allein wären aber kaum ausreichend gewesen, um eine revolutionäre Bewegung auszulösen. Zu Beginn des 18. Jahrhunderts machte die Landwirtschaft große Fortschritte, und Landbesitzer profitierten von einer Reihe von Gesetzen, die es ihnen erlaubten, große Flächen Gemeindeland zu umzäunen. Neue und bessere Straßen und wendigere Fahrzeuge erleichterten Reisen, und immer mehr Leute unternahmen Vergnügungsfahrten. Außerdem erfuhr die palladianische Architektur eine Wiederbelebung und führte zum Umbau alter und zur Errichtung neuer Häuser. Die erste Hälfte des 18. Jahrhunderts war eine Periode des „Improvement", ein Wort, das zum Synonym für die Anlage von Parks und Gärten wurde.

John Vanbrugh

Eines der einflußreichsten Foren für progressive Ideen war der Kit-Cat Club. Zu den prominenten Mitgliedern dieses exklusiven Zirkels gehörten die Schriftsteller Joseph Addison und Richard Steele, der Architekt Sir John Vanbrugh und Grundbesitzer wie der Herzog von Newcastle (Claremont), der Earl of Carlisle (Castle Howard) und andere, die wichtige Gärten im neuen Landschaftsstil anlegten. Obwohl er niemals ein professioneller Landschaftsgärtner war, wird doch von Sir John Vanbrugh behauptet, er sei ein Pionier der englischen Landschaftsbewegung gewesen; beim Planen von Bauwerken zeigte er ein bemerkenswertes Gespür für ihre Umgebung. Wenn es auch keine Beweise dafür gibt, daß er jemals einen Gartengrundriß plante, so ist es doch wahrscheinlich, daß er die innovative Gartenbaukunst im ersten Viertel des 18. Jahrhunderts entscheidend anregte; vor allem durch seine Verbindungen zu einflußreichen Persönlichkeiten und seine Mitwirkung bei Castle Howard und Stowe, zwei Gärten, die in der neuen Kunst der Landschaftsgestaltung maßgebend waren. Thomas Brown Duncombe hat er beim Bau seines Hauses im Duncombe Park in North Yorkshire beraten, damit dieser die Aussicht auf die Landschaft optimal nutzen konnte. Auf alle Fälle stellte die unregelmäßige Terrasse, die zwischen 1713 und 1718 dort geschaffen wurde, einen Meilenstein in der Entwicklung des Englischen Stils dar. Um 1750

Der Stich von Kip (ca. 1707) zeigt Westbury Court in Gloucestershire mit seinem architektonischen Garten, der von Maynard Colchester in den vorangegangenen zehn Jahren geschaffen worden war. In vieler Hinsicht ist der Gärten mehr niederländisch als französisch, besonders was die Bepflanzung betrifft.

wurde sie durch eine weitere Terrasse ergänzt, die in einer Meile Entfernung steht und von der man die Ruine des Klosters Rievaulx sieht.

Castle Howard

Verglichen mit Duncombe besaß die Landschaft von Castle Howard einen wahrhaft grandiosen Zuschnitt und war hauptsächlich das Werk eines Amateurs, des dritten Earl of Carlisle. Castle Howard hatte von Anfang an gigantische Ausmaße und bot eine theatralische und romantische Landschaft. Horace Walpole war so bewegt, daß er 1772 schrieb: „Niemand hatte mich auf das vorbereitet, was ich hier auf einen Blick sehen sollte: einen Palast, eine Kleinstadt, Befestigungen, Tempel, Wälder, den herrlichsten Rasen der Welt und ein Mausoleum, das jeden auf den süßen Gedanken bringt, dort am liebsten lebendig begraben zu sein."

Der erste Schritt war, das Haus parallel und nicht rechtwinkelig zur Anfahrt zu bauen, um einen weiten, offenen Ausblick zu schaffen. Der Plan wurde nicht sofort ausgeführt. Bis ungefähr 1723 war Vanbrugh mit der Anlage der Auffahrt zur Nordseite des Hauses beschäftigt, die an einem Obelisken vorbei durch das Pyramidentor führte, an dessen beide Seiten später die befestigte Parkmauer angeschlossen wurde. Daß ein konventionelles, sternförmiges Wegemuster (wie London in seinem ursprünglichen Plan vorgeschlagen hatte) für Wray Wood wieder verworfen wurde, war für die Entwicklung des „natürlichen" Stils entscheidend. Zwischen 1718 und 1732 verwandelte man es in ein Labyrinth mit verschlungenen Pfaden, und verschiedene Brunnen belebten die Szene. Wichtig war auch, daß der Terrace Walk in einem schiefen Winkel am Haus vorbeiführte und damit der alten Dorfstraße folgte. Am Ende

Bei Castle Howard in Yorkshire errichtete der Architekt Sir John Vanbrugh den „Tempel der vier Winde" am Terrassenweg, der einer alten Dorfstraße folgt und im schiefen Winkel zum Haus steht. Das war eine entscheidende Abweichung vom rechteckigen Grundrißschema.

dieses breiten Rasenweges plazierte Vanbrugh den „Tempel der vier Winde", der 1728, zwei Jahre nach seinem Tod, fertiggestellt wurde. Den Höhepunkt bildet Hawksmoors Mausoleum, mit dessen Bau man 1729 begann.

Cirencester Park

Der Erfolg der Veröffentlichungen von Stephen Switzer, der 1715 mit „The Nobleman, Gentleman, and Gardener's Recreation" (1718 als „Ichnographia Rustica" in erweiterter Form neu herausgegeben) begann, zeigt die Offenheit gegenüber neuen Ideen zur Landschaftsgestaltung und Switzers großen Einfluß. Eine Zeitlang hatte er in den Brompton Park Nurseries von London und Wise gearbeitet und möglicherweise auch eine Rolle bei der Planung von Wray Wood in Castle Howard gespielt, bevor er dem Zauber des neuen Landschaftsstils verfiel und sich als Schriftsteller etablierte. Er argumentierte, daß das Gelände als Einheit gestaltet werden müsse, wobei Haus und Grund durch ein oder zwei große axiale Linien („kühnste Linien") verbunden werden sollten. Alle anderen Teile des Grundstücks würden entsprechend der Bodenbeschaffenheit, der Aussicht und auch im Sinne einer land- und forstwirtschaftlichen Ertragssteigerung genutzt.

Cirencester Park in Gloucestershire, einer der größten Landschaftsgärten des frühen 18. Jahrhunderts, ist das vollkommenste Beispiel für Switzers „Rural and Extensive Gardening", und der Generalplan ist wahrscheinlich auf ihn zurückzuführen. Doch war auch Lord Bathurst als Besitzer an Ausführung und Details brennend interessiert.

Das Haus ist ganz nah bei der Stadt Cirencester gelegen und wird von ihr nur durch einen großen Vorhof getrennt, den eine gewaltige Eibenhecke umschließt. Die Struktur dieser gestalteten Landschaft ist geprägt von großen Linien und von den Wäldern, die nur hie und da durch einige wenige Bauten unterbrochen werden.

Charles Bridgeman

Einer von Switzers Ratschlägen lautete, daß „alles angrenzende Land fürs Auge offen" und daß Gärten nicht länger von Mauern umschlossen sein sollten,„denn sie bilden gleichsam ein Gefängnis für die Augen, und mitten in der bezaubernden Natur sind die Füße gefesselt". Diese Ansichten haben Charles Bridgeman gewiß beeinflußt; er ist eine der Schlüsselfiguren bei der Entwicklung des englischen Landschaftsgartens. Obwohl, wie Horace Walpole 1780 bemerkte, Bridgeman immer noch „am Konzept gerader Wege mit hohen, beschnittenen Hecken festhielt, so hatte er doch viele Ideen, die ein Anzeichen für das Heraufdämmern des neuen Geschmacks sind". Der Graben (*ha-ha*), der die verborgene Grenze eines Grundstücks oder Landschaftsgartens darstellt, war nicht Bridgemans Erfindung; dieser Kunstgriff wurde erstmals in Frankreich im 17. Jahrhundert angewandt. Aber Bridgemans „Meisterstreich", wie ihn Walpole richtig einschätzte, war der überaus häufige Einsatz des *ha-ha*. Bridgeman gelang es, die Arbeit an einer Reihe von Privatanlagen mit seiner Stellung als Königlicher Gärtner von Georg II. und Königin Karoline, die er 1728–1738 innehatte, zu verbinden. Sein Beitrag zu den königlichen Gärten bestand mehr in der Aufrechterhaltung der bestehenden Anlage als im Ersinnen neuer und abenteuerlicher Pläne; unter ihm behielten Hampton Court und Windsor ihre Formstrenge bei. Sogar in Arbeiten für private Auftraggeber war diese Formalität manchmal nur leicht gebremst, aber ein anderes Mal konnte er auch wieder viel Abenteuergeist zeigen.

Claremont in Surrey zeigt die Arbeit einer Reihe von großartigen Landschaftsarchitekten aus dem 18. Jahrhundert. Das Amphitheater, ein einzigartiges Relikt, das vom National Trust restauriert wurde, hat Charles Bridgeman für den ersten Herzog von Newcastle angelegt.

Claremont

In Claremont in Surrey war Bridgeman einer von vielen großartigen Landschaftsgärtnern, die Neues hinzufügten und Änderungen durchführten, statt alles dem Erdboden gleichzumachen und von vorn zu beginnen. Er wurde vom Herzog von Newcastle engagiert, den Garten des Landhauses, das er von Sir John Vanbrugh erworben hatte, zu erweitern. Vanbrugh sollte ein neues Haus mit Garten entwerfen. Das Kernstück eines Entwurfs von 1725 bildeten Vanbrughs Belvedere und ein Rasenplatz mit Serpentinenwegen, die sich durch den umgebenden Wald schlängeln. Sie sind bis heute erhalten. Bridgeman legte einen runden Teich an, aus dem später der See werden sollte, und ein großartiges Rasenamphitheater, ein einzigartiges Relikt, das in neuerer Zeit durch den National Trust restauriert wurde.

Stowe

Die großartigste aller Privatbesitzungen, die Bridgeman konzipiert hat, war Stowe in Buckinghamshire, seinerzeit der berühmteste englische Landschaftsgarten. Bridgeman scheint seine Tätigkeit dort 1713 in Zusammenarbeit mit Vanbrugh aufgenommen zu haben. Stowe galt während des ganzen 18. Jahrhunderts als auf der Höhe des Geschmacks, und die prachtvollen Ausblicke zeigen eine bemerkenswerte Verschmelzung von formstrengen und progressiven Elementen innerhalb eines beeindruckenden Gesamtplans, dessen Geometrie asymmetrisch entwickelt wurde.

Bridgeman nützte, vielleicht von Vanbrugh inspiriert, das schwierige Gelände aus, und übernahm die vorhandenen Unregelmäßigkeiten als Hauptmerkmale; ausgiebig machte er vom *ha-ha* Gebrauch und bezog das umgebende Ackerland mit ein. Sein Plan beinhaltete ein gewagtes und doch durchdachtes System von Spazierwegen, regelmäßige und unregelmäßige Bepflanzungen, eine Wasserlandschaft und zahlreiche Tempel sowie Gartenelemente, die persönliche, literarische, historische, religiöse und mythologische Themen symbolisierten. Viele der in Stowe verwirklichten Ideen müssen von Lord Cobham selbst entwickelt worden sein.

William Kent

Die Befreiung der Gartenbaukunst von den letzten Fesseln der Formstrenge, bei der Bridgeman eine so wichtige Rolle gespielt hatte, wurde von William Kent abgeschlossen. Er war als Kutschenmaler ins Berufsleben eingetreten, zog aber bald die Aufmerksamkeit von Mäzenen auf sich, die ihm Reisen nach Italien finanzierten. Die Einsichten in die Landschaftsmalerei, die er dort gewann, stellten sich als sehr nützlich heraus, denn er vermochte sich mit dem Auge des Malers die Anlage eines Hauses als eine Serie von pastoralen Szenen vorzustellen. Die Landschaftsgestaltungen, die er später durchführte, deuten einerseits darauf hin, daß er sowohl von Claude Lorrain und Salvator Rosa als auch von den Szenerien für Maskenbälle des Inigo Jones beeinflußt war.

Eine der ersten Gartenanlagen, an denen er mitarbeitete, war Chiswick House, Lord Burlingtons palladianische Villa am Rande Londons. Er bepflanzte das Wäldchen, das zu einer *Exedra* mit Statuen römischer Kaiser führte, neu und gab dem Rasen zwischen der Villa und dem See, an dessen Ende er einen Wasserfall anlegte, eine naturnahe Note. Alexander Pope, der Kent als Gartenbauarchitekt ermutigte, beeilte sich, die Originalität von Chiswick hervorzuheben. Seiner Ansicht nach war Burlington der erste Landbesitzer von Bedeutung, der „das Genie der Landschaft zu Rate zog" und die natürlichen Konturen respektierte. Eines der frühesten Bauwerke Kents war bezeichnenderweise der Muscheltempel auf Popes winzigem Besitz in Twickenham.

Viele Gartenanlagen führte Kent zusammen mit Bridgeman durch, oder er setzte dessen Arbeit fort. Nach Vanbrughs Tod be-

Vanbrugh, Bridgeman, Kent und 'Capability' Brown arbeiteten alle an Stowe in Buckinghamshire, dem bedeutendsten und einflußreichsten englischen Garten des 18. Jahrhunderts. Der „Tempel der britischen Helden" war einer von beinah 40 Bauten in Lord Cobhams großartigem Landschaftspark.

rief ihn der Herzog von Newcastle nach Claremont. In diesem Fall behielt Kent das Wesentliche von Vanbrughs und Bridgemans Plänen bei, reduzierte aber die Formenstrenge und legte einen unregelmäßigen See und einen Wasserfall an. Die Grotte, die bis heute an der Stelle von Kents Wasserfall besteht, datiert von 1750. In manchen Fällen ist nicht sicher, ob Kent als Landschaftsgärtner und als Architekt fungiert hat. Das gilt auch für Stowe, wo die Elysian Fields „nach Mr. Kents Ideen" angelegt wurden, wobei man gerade Linien vermied und eine Reihe „natürlicher" Bilder schuf. Es gab hier von Kent entworfene Bauwerke, und auch die Gartenanlage dürfte seinem Kopf entsprungen sein, aber hundertprozentige Beweise gibt es nicht.

In anderen Fällen, wie bei Euston Hall in Suffolk und bei Holkham Hall in Norfolk, haben einige von Kents Gebäuden und auch seine Pläne für das Gelände überdauert. Die von Euston zeigen seine typischen Baumgrüppchen, die Horace Walpole zu der Kritik veranlaßten, der Rasen würde „ausschauen wie die Pik-Zehn".

Rousham

1738 war Rousham einer der ersten Orte, wo Addisons Idee von „einem Gesamtbesitz, der in eine Art Garten umgewandelt wird" und Popes Vorstellung vom „Hereinbitten" der umgebenden Landschaft verwirklicht wurde. Die Statuen schauen über den Fluß Cherwell und verbinden so den Garten mit der sanften, welligen Hügellandschaft von Oxfordshire. Für Bauten auf dem Grundstück bediente sich Kent des klassischen Stils, aber für weiter entfernte Gebäude setzte er malerische Gotik ein. Die Praeneste Terrace, ein siebenbogiger Säulengang, ist eine Anspielung auf den Fortunatempel von Praeneste, des heutigen Palestrina. Um in den vollen Genuß der idyllischen Szenenfolgen zu kommen, aus denen sich der Garten zusammensetzt, ist es wichtig, die von Kent vorgesehene Route einzuhalten. Glücklicherweise ist diese durch einen Grundstücksplan aus dem Jahre 1738 und einen Brief des Gärtners aus dem Jahre 1750 bekannt. Aus letzterem geht klar hervor, daß man Rousham zuerst als *ferme ornée* plante, als einen Bauernhof, der der Unterhaltung dienen sollte: mit Pfaden die an Hecken aus Sträuchern und krautigen Pflanzen vorbeiführen, und mit einem hinter einem Schirm aus immergrünen Pflanzen verborgenen Garten. Die erste Bank wurde so plaziert, daß man den Blick auf das Haus im gotischen Stil jenseits des Grabens (*ha-ha*) über das Weideland hatte. Der Pfad schlängelt sich dann durch den Wald zur Cold-Bath-Lichtung und am Fluß entlang zum Temple of Echos. Den Höhepunkt des Rundgangs bildete das Venustal, ein langes, mit einer Reihe von Weihern durchzogenes Tal, dem man sich von unten nähern sollte, um so einen *trompe-l'oeil*-Effekt von Wasserfällen, die den Hügel hinunterströmten, zu erzeugen.

'Capability' Brown

Mit seinem Mangel an praktischer Erfahrung war Kent das Gegenteil von 'Capability' Brown, seinem Nachfolger. Lancelot Brown („Tauglichkeits"-Brown genannt, weil er immer von der Tauglichkeit eines Geländes, über das er zu Rate gezogen wurde, sprach) wußte schon einiges über Hausbau und Gartenanlagen, als Lord Cobham 1740 auf ihn aufmerksam wurde; Lord Cobhams Gärten zählte man damals zu den schönsten des Landes. 1741 wurde Brown sein Obergärtner, und innerhalb kurzer Zeit avancierte er auch zum Bauleiter und Zahlmeister. Bei der Ausführung von Kents Plänen für Gebäude und Gartenanlagen – bei denen Cobham selbst wahrscheinlich das letzte Wort sprach – machte sich Brown Kents Theorien und seine Konstruktionsmethode zu eigen. Auch James Gibbs, ein Architekt, der mehr als 20 Jahre in Stowe gearbeitet hatte und für einige der über diesen großartigen Landschaftspark verstreuten Bauten verantwortlich war, beeinflußte Browns Schaffen.

Vor seinem Tod im Jahre 1749 hatte Cobham Brown mit Empfehlungen an Freunde und Verwandte weitergeholfen. Um 1750

Chiswick House am Rande Londons war die einflußreiche palladianische Villa, mit deren Anlage man 1752 für Lord Burlington begann. Die Orangerie, hier in einem Gemälde von Pieter Andreas Rysbrack von ca. 1729-30 gezeigt, war Teil der neuen romantischen malerischen Landschaft der Umgebung.

war Brown der neue Meister des Landschaftsstils, der nicht nur in der Lage war, die Pläne zu liefern, sondern auch die nötigen Anweisungen für deren Ausführung zu geben. Obwohl er sich weiterhin an Popes Grundsatz hielt, daß der Erfolg einer Landschaft von den „Kontrasten, dem geschickten Umgang mit Überraschungseffekten und dem Verhehlen von Grenzen abhing", war Brown dennoch kein bloßer Imitator seiner Vorgänger. Bei seinen Landschaften, die er mit kühnen, weitausholenden Strichen in Größenordnungen entwarf, die Kents Anlagen bei weitem übertrafen, machte er sich den Effekt weiter Wasserflächen und von Gruppenpflanzungen mit Tausenden von Bäumen zunutze.

Zu den frühesten Arbeiten Browns gehören Petworth House in West Sussex und Warwick Castle in Warwickshire. Im Fall von Petworth, das Brown für Lord Egremont entwarf, während er noch in Stowe arbeitete, gehört zu den dominierenden Elementen ein großflächiger See. Neuere Untersuchungen bestätigen, daß die meisten Bäume schon dort waren, als Brown seine Arbeit aufnahm. Er dünnte sie nur aus, ordnete sie neu an und ergänzte die Pflanzung.

Das Ergebnis seiner Arbeit in Warwick Castle, wo Brown 1740 von Lord Brooke angestellt wurde, fand Horace Walpoles enthusiastische Anerkennung, und so gelangte Brown landauf, landab zu vielen Aufträgen. Der formale Garten „außerhalb der Burgmauer", den Königin Elisabeth bei ihrem Besuch 1576 vorfand, wurde entfernt, das Gelände neu geformt, indem man den Hügel und die Aussicht auf den Burgpark in das Konzept miteinbezog. Man pflanzte Bäume in Gürteln und Grüppchen, besonders Zedern aus dem Libanon. Eine neue Kutschenauffahrt entstand, auf dem eingeebneten Hof wurde Rasen gesät; die schottischen Kiefern darauf rundeten das Bild ab. Um 1750 führte Brown auch Verbesserungen am Schloßpark durch und leitete den Fluß Avon hindurch; fertiggestellt wurde der Park jedoch erst um 1780.

35 Jahre lang war Brown der führende Landschaftsplaner, und seine zahlreichen Aufträge zwangen ihn um 1760 dazu, zwei technische Zeichner einzustellen. In vielen Fällen konnten seine Landschaften nur verwirklicht werden, wenn man die bestehende Anlage völlig zerstörte oder sie drastisch veränderte. In Chatsworth, Derbyshire, machte er fast den ganzen formalen Garten, eines der berühmtesten Beispiele aus dem frühen 18. Jahrhundert, dem Erdboden gleich und verbreiterte und veränderte auch den Flußlauf. In Blenheim Palace in Oxfordshire entfernte Brown alle architektonischen Elemente, wie zum Beispiel den „militärischen" Staatsgarten mit seinen Bastionen und Zwischenwänden, der Vanbrughs sorgfältig geplante Architektur fortgeführt hatte. Die zwei großen Seen, die durch Aufstauen des regulierten Flusses Glyme beidseitig von Vanbrughs Brücke entstanden, gehörten zu Browns ehrgeizigsten Wasserprojekten. Sie bildeten zusammen mit einer geschickt modellierten, mit Baumgruppen bepflanzten Landschaft das, was man gelegentlich Browns Meisterwerk

Rousham in Oxfordshire war einer der ersten und gefeiertsten Landschaftsgärten in England. Er ist das alleinige Werk von William Kent. Das Venustal kommt als Höhepunkt des Rundgangs, den Kent konzipierte.

Eines von 'Capability' Browns ersten Werken, in der Mitte des 18. Jahrhunderts, war die Landschaft von Petworth House in West Sussex für Lord Egremont. Die Ansicht zeigt das Haus vom gegenüberliegenden Ufer eines weiten Sees aus gesehen, der durch die Stauung eines Flusses geschaffen wurde.

Beim Blenheim Palace in Oxfordshire wurde der kleine Fluß Glyme, der von Vanbrughs kolossaler Brücke überquert wird, in den 1720ern kanalisiert und eine Kaskade unter der Brücke geschaffen. Kaskade und Kanal wurden von den zwei großen Seen, die 'Capability' Brown 1764 schuf, wieder unter Wasser gesetzt.

nennt. Zu Anfang unseres Jahrhunderts ließ der neunte Herzog von Marlborough formale Elemente unmittelbar beim Schloß wiedererstehen, insbesondere die Wasserterrassen an der westlichen Front, die von Achille Duchêne entworfen worden waren.

Die Brownsche Formel änderte sich, auch wenn sie an die unterschiedliche Topographie des jeweiligen Geländes angepaßt wurde, während seiner Karriere kaum, wie aus einem Vergleich zwischen seinen frühen Werken mit einem seiner letzten Aufträge, nämlich Heveningham Hall in Suffolk, hervorgeht. 1781 entwarf Brown die Pläne für den damaligen Besitzer, Sir Gerard Vanneck. Obwohl durch Browns plötzlichen Tod im Jahre 1783 sein persönliches Engagement jäh beendet wurde, konnten doch viele seiner Vorschläge in die Tat umgesetzt werden, unter anderem die Anlage eines der geplanten Seen. Er war wahrscheinlich auch für die Anpflanzung mehrer Zedern verantwortlich, die den Vordergrund zu einer Orangerie mit neun Erkern bilden.

Amateure des 18. Jahrhunderts

Zu seinen Lebzeiten hatte Brown keinen wirklichen Konkurrenten auf dem Gebiet der Landschaftsplanung. Im 18. Jahrhundert aber spielten auch die Amateur-Gestalter eine wichtige Rolle, und ihnen verdanken wir einige der schönsten und interessantesten Gärten. Ein frühes Beispiel ist Studley Royal in North Yorkshire. Die Gärten wurden von John Aislabie geschaffen, der sich 1722 auf seinen Gutsbesitz zurückzog, nachdem seine unlauteren Südseegeschäfte aufgeflogen waren und ihn ruiniert hatten. Unter Einbeziehung des Flusses Skell wurde ein hervorragender architektonischer Wassergarten geschaffen, zu dem ein großer See, Grottenquellen, ein langer Kanal und die Mondweiher – einer rund und zwei sichelförmig – gehörten, neben denen der „Tempel der Frömmigkeit" steht. An dem dichtbewaldeten, steilen Hügelhang über

Zwischen 1722 und 1742 schuf John Aislabie in Studley Royal in Yorkshire einen der schönsten architektonischen Wassergärten in England. Der „Tempel der Frömmigkeit" steht am Ufer der Mondteiche, von denen einer rund und einer mondsichelförmig ist und die wie die anderen Wasserelemente vom Fluß Skell versorgt werden.

dem Wasser führt ein Aussichtsweg entlang, zu dem man über einen langen, gewundenen Grottentunnel gelangt. Die Überreste von Fontains Abbey, eine der großartigsten Klosterruinen des Christentums, gelangten in den Besitz von Aislabies Sohn, nachdem sie 50 Jahre Zeit gehabt hatten, mit der Szenerie dieser romantischen Landschaft zu verschmelzen. Man nähert sich dem Anwesen von einem kleinen Dorf aus über eine lange Allee, die auf die Türme der ungefähr 3 km entfernten Kathedrale ausgerichtet ist; der Park war ursprünglich formal angelegt. Das Haus brannte 1946 ab, aber ein großartiger Stallkomplex von Colen Campbell hat den Brand überstanden, genauso wie ein ebenfalls von ihm gebauter Bankettsaal, der Teil der Gartenanlage ist.

Zu Beginn des 18. Jahrhunderts gehörte Sir John Clerk zu den führenden Männern im politischen und künstlerischen Leben Edinburghs. Er war ein aufgeschlossener Landbesitzer, der von 1720 bis 1740 wichtige Experimente zur Gartenbaukunst am Penicuik House in Midlothian durchführte. Nach seiner Rückkehr aus London, wohin er gereist war, um die Gärten zu besichtigen, begann er damit, Penicuik in eine Art *ferme ornée* zu verwandeln. Um 1730 hatte er einen Rundgang durch sein Grundstück fertiggestellt, der in eine Grotte führte, in die Höhle von Hurley und zu dem kleinen Sommerhaus 'Claremont'. Der Schöpfer dieser poetischen Landschaft stand auch guten Freunden wie Lord Hopetoun in Hopetoun House mit Rat zur Seite.

Besser bekannte Beispiele der *ferme ornée* sind Woburn Farm in Surrey und The Leasowes in West Midlands. Erstere wurde von Philip Southcote geschaffen, der damit 1735 begann. Der Bauernhof bestand zu zwei Dritteln aus Weiden für Vieh und Schafe, und ein Drittel war Ackerland. Um die Felder herum und als Verbindung zwischen den Tempeln und Gartengebäuden führten Sandwege; auf der einen Seite ergänzten ein Kräuterbeet und verschiedene Sträucher die alte Hecke. Southcote selbst schrieb 1752: „Mein Plan war es ursprünglich, auf dem mittleren erhöhten Grund einen Garten anzulegen und einen Spazierweg, der durch den gesamten Besitz führen sollte, teils aus praktischen Gründen, teils zum Vergnügen; denn von meinem Garten aus konnte ich beobachten, was auf meinem Grund vor sich ging, und durch die Wege hatte ich einen angenehmen Zugang zu jedem Teil, in dem ich gerade gebraucht wurde."

Die meisterhaft natürliche und zugleich malerische Anlage von Painshill in Surrey befand sich zwischen 1738 und 1773 im Besitz von Charles Hamilton. Der neogotische Tempel gehört zu den zahlreichen Bauten diverser Stilrichtungen, die diesen Landschaftsgarten schmücken.

Das Gelände von Stourhead in Wiltshire wurden von Henry Hoare II. in der Mitte des 18. Jahrhunderts über einem Zeitraum von 30 Jahren angelegt. Hauptthema bildet ein See, und ein Rundgang führt in eine Grotte und zu Gebäuden, die von Henry Flitcroft entworfen wurden.

Der Urheber der Anlage von The Leasowes, William Shenstone, war bestrebt, sich mit diesem Landschaftsgarten, den er zwischen 1745 und 1763 anlegte, einen Namen zu machen. Er hatte Erfolg und zog viele berühmte Besucher an; doch er verausgabte sich durch das Projekt über alle Maßen. Seine Besucher folgten einer vorgeschriebenen Route, die eine prächtige und abwechslungsreiche Szenerie freigab. Lateinische Inschriften und Widmungen riefen klassische Assoziationen hervor, und Urnen, die der Erinnerung an Freunde gewidmet waren, verliehen dem Ganzen den beabsichtigten Hauch von Melancholie. Es gab auch Gartengebäude, eine Grotte, Brücken, Kaskaden und Wasserfälle und Ruinen.

Ein anderer Amateur, der für großzügige Gartenanlagen mehr ausgab, als sein Einkommen erlaubte, war Charles Hamilton. 1738 erhielt er die Kronpacht von Painshill in Surrey, wo er eine meisterhaft natürliche und malerische Landschaft entwickelte. Sie bestand teils aus Parkgelände, teils aus Lustgärten, die sich um einen See gruppierten, und präsentierte visuell und stimmungsmäßig formvollendete Gartenelemente; es gab einen Bacchus-Tempel in farbenfroher Umgebung, ein römisches Mausoleum in rauher, trostloser Landschaft und eine ländliche Eremitage in einem dunklen Wald. Der See erschien größer, als er wirklich war, und der Seerundgang durchlief die Hügellandschaft am Ufer, um dem Besucher die Betrachtung aus verschiedenen Blickwinkeln und Höhen zu ermöglichen.

Hamilton pflanzte viele Exoten, besonders Nadelbäume aus Nordamerika, und setzte sehr häufig die Farbwirkung von Blumen und Sträuchern ein. Die Bauten stellten eine Mischung aus klassischem, gotischem, ländlichem und orientalischem Stil dar, aber den ausgefallensten Effekt erzeugte eine Grotte aus Kristallspat. Der gesamte Garten wird derzeit restauriert.

Von allen großen englischen Landschaftsgärten des 18. Jahrhunderts, die von Amateuren geschaffen wurden, hat Stourhead in Wiltshire am besten die Zeiten überdauert, trotz der Ergänzungsarbeiten mehrerer Generationen. Das Gelände wurde seit 1743 über einen Zeitraum von 30 Jahren von Henry Hoare II. gestaltet. Der Rundgang ist etwas entfernt vom palladianischen Haus, das vom ersten Henry Hoare gebaut wurde, und führt zu einem See, der durch Aufstauung des Flusses Stour entstand. Der Abstieg vom Haus und der Rundgang um den See bieten eine Szenerie, die die Bildung und den ausgeprägten Kunstsinn von Henry Hoare II. widerspiegelt. Die meisten Bauten, die in Abständen rund um den See angelegt wurden, hat Henry Flitcroft entworfen. Das Pantheon, ein Rundbau mit Kuppel, der von einem zurückgenommenen, klassischen Säulengang beschattet wird, beherrscht seine Umgebung, während der Apollotempel auf das herabblickt, was Horace Walpole als „eine der malerischsten Szenen der Welt" beschrieb.

Der neue Meister der Landschaftsbewegung

Der Mann, der schließlich Browns Ruf als führender Landschaftsgärtner erbte, war Humphry Repton. Obwohl er keine richtige Ausbildung für den Beruf genossen hatte, den er 1788 aufnahm, war er doch ein Mann von Kultur, der sich als Laie für das

Thema interessierte. Er hatte auf seinem kleinen Besitz in Norfolk eine Menge praktischer Kenntnisse über Bäume und Gutsverwaltung erworben. Sein rascher Erfolg war nicht zuletzt auf die attraktive Art zurückzuführen, in der er den Auftraggebern seine Empfehlungen präsentierte. Seine Vorschläge in Manuskriptform waren in Leder gebunden und mit Zeichnungen illustriert, die oft mit beweglichen Klappen versehen waren, um das Gelände vor und nach der Neugestaltung zu zeigen. Gegen Ende seines Lebens behauptete er, daß er 400 dieser „Roten Bücher" (wegen des roten Leders, in das sie gebunden waren) hergestellt habe, aber weniger als die Hälfte sind nachgewiesen.

Reptons Auffassung von der Landschaftsgestaltung basierte, wie er selbst zugab, auf der Browns, aber seine Bepflanzung fiel meistens dichter aus, während die kleinen Bauten eher im ländlichen als im klassischen Stil gehalten waren. Später gestaltete er die unmittelbare Umgebung rund um das Haus formaler, indem er Terrassen mit Balustraden und Stufen oder Spalierumzäunungen für Blumenbeete einsetzte. Besondere Vorliebe zeigte er für Details wie Gartenhäuschen und kleine Hütten, Treibhäuser und „Winter galleries", überdachte Spazierwege für Schlechtwetter. Seine Pläne waren jedoch selten so umfangreich wie die von Brown.

Bei Stourhead bezieht die Ansicht vom Pantheon aus über den See eine fünfbögigen Brücke von 1762 mit ein, die Kirche von Stourton und das Dorf bilden den Hintergrund. Alles zusammen ergibt, was Henry Hoare ein „bezauberndes Gaspardbild" nennt.

Oft bestanden seine Aufträge darin, zusätzliche Elemente in eine Landschaft zu integrieren, die einige Jahre zuvor von Brown geschaffen worden war. In Holkham Hall in Norfolk legte er einen neuen Lustgarten an, und in Wimpole Hall in Cambridgeshire wurde ein kleines Stück Land vor der Nordfront einbezogen.

Von den vielen Aufträgen, die Repton ausführte, bereiteten ihm zwei besondere Befriedigung. Einer war die Anlage für Woburn Abbey in Bedfordshire, für die 1802 ein ungewöhnlich großes und hübsches „Rotes Buch" hergestellt wurde. Sein Plan sah eine Vergrößerung des Flusses vor, um einen gewundenen Flußlauf zu schaffen, einen Privatgarten für die Familie als „dressed flower garden", einen Amerikanischen Garten (mit aus Nordamerika eingeführten Pflanzen) sowie zusätzliche Anpflanzungen im Park. Weitere Änderungen betrafen den Ersatz einer bereits vorhandenen Brücke durch eine von bescheideneren Proportionen und die Errichtung einer ländlichen Stätte der Ruhe und Zuflucht, die als „Thornery" bekannt wurde. Repton konnte später erklären, daß seine Vorschläge „nirgendwo so genau ausgeführt wurden wie in Woburn Abbey".

Sowohl das Haus als auch die Landschaft von Sheringham Hall in Norfolk entstanden nach Plänen von Humphry Repton und seinem Sohn John Adey Repton. In dem „Roten Buch", das man für den Besitzer Abbot Upcher im Jahre 1812 zusammenstellte, bemerkte Repton sen., daß das Gelände „mehr von dem besaß, was mein Vorgänger 'Tauglichkeit' zu nennen pflegte", als irgendein anderes, auf das er gestoßen sei. „Das", so fügte er hinzu, „kann als mein Lieblingswerk gelten." Das alte Haus am Dorfrand wurde aufgegeben, und die „einem Gentleman angemessene Wohnstatt", die einige Monate nach Humphry Reptons Tod 1818 fertiggestellt war, vor den mehr malerischen Hintergrund eines bewaldeten Hügels mit Aussicht aufs ferne Meer gestellt.

Humphry Repton war für die Planung von Haus und Garten bei Sheringham Hall in Norfolk verantwortlich. Wie in anderen Fällen, so präsentierte er auch hier ein „Rotes Buch" mit Ansichten des Vorher und Nachher. Links eine östliche Ansicht vor und oben dieselbe Ansicht nach der Verbesserung.

Vielfalt des 18. Jahrhunderts

Ein kurzlebiges Phänomen war um die Mitte des 18. Jahrhunderts der Rokokogarten. Es handelte sich um eine kleine, bis ins winzigste Detail geplante Anlage mit Felsgestein und Muscheldekor, einfachen ländlichen Elementen und manchmal in Mustern angelegten Blumenbeeten. Der führende Rokokogärtner war Thomas Wright, der unter anderem in Badminton arbeitete. Gärten dieser Art gibt es heute noch in Bowood, Hampton Court und Painswick.

Die Architektur spielte in den Parks des 18. Jahrhunderts eine wichtige Rolle, und die damals führenden Architekten bedienten sich einer großen Palette von Stilrichtungen, vom Mittelalter bis zur Antike, von China bis zur ländlichen Idylle. Sowohl die Gotik als auch die griechische Klassik kamen in der Gartenbaukunst erneut in Mode. Bauten wurden wegen ihrer assoziativen, aber auch wegen ihrer dekorativen Wirkung eingesetzt. Zur künstlerischen Ausstattung gehörten Skulpturen und Brücken, von denen die prächtigsten die palladianischen Brücken von Prior Park, Stowe und Wilton waren.

Kew

In der zweiten Hälfte des 18. Jahrhunderts gehörte William Chambers zu den bekanntesten Gartenarchitekten. Er war zweimal (1744 und 1748) in China gewesen, zu einer Zeit, da die Chinoiserien zunehmend in Mode kamen. Im Jahre 1757, als er gerade den Botanischen Garten in Kew anlegte, veröffentlichte er seine „Designs for Chinese Buildings". Zu den zahlreichen Gebäuden, die er für Kew entwarf, gehörten nicht nur Beispiele im chinesischen Stil, sondern auch eine Moschee, eine palladianische Brücke, 20 klassische Tempel und Great Stove, damals das größte existierende Glashaus; sie alle kann man in „Plans of the Gardens and Buildings at Kew" (1763) abgebildet finden. Von denen, die heute noch stehen, sind eine zehnstöckige Pagode und ein verfallener römischer Triumphbogen die prächtigsten.

Die Kew-Gardens, dies sollte man noch erwähnen, entwickelten sich während der Regierungszeit Georgs III. (1760–1820) zu einem Botanischen Garten. Er bestellte Joseph Banks, Präsident der Royal Society und eine internationale Kapazität in der Botanik und in anderen Wissenschaften, zum Ratgeber in gartenbaulichen und botanischen Belangen. Nach Banks Tod ging es mit dem Ansehen des Gartens jedoch bergab, bis 1841 Sir William Hooker zum Direktor ernannt wurde. Er war der erste in einer langen Reihe von Direktoren, die Kews heutigen Ruf als eine in der Botanik führende Institution begründeten. Die wissenschaftliche Rolle der Anlage wird durch eine außergewöhnlich reiche Sammlung von lebendigem Pflanzenmaterial unterstrichen, und auf dem Gelände erinnert vieles an die lange Geschichte des Gartens. Zwei der prächtigsten Ergänzungen aus dem 19. Jahrhundert sind das Palmenhaus, um 1840 errichtet und von Decimus Burton und Richard Turner geplant, und das Warmhaus, das auch von Burton stammt und dessen Bau sich von 1860 bis 1898 hinzog.

Reaktion auf den Landschaftsstil

Humphry Repton gab ein dreibändiges Werk heraus, in dem er seine Ansichten über beinah jeden Aspekt des Landschaftsgartens genauestens darlegte. Zu seiner Überraschung wurde er in eine Kontroverse zwischen Richard Payne Knight und Uvedale Price über die Natur des Malerischen verwickelt. Die Prinzipien der Landschaftsgestaltung, denen sich Brown und später auch Repton verschrieben hatten, wurden von den beiden böse attackiert, obwohl Repton mit ihnen befreundet gewesen war. Diese bittere Kontroverse dauerte bis in das erste Jahrzehnt des 19. Jahrhunderts, obwohl die Landschaftsbewegung damals ihre Blütezeit schon eindeutig hinter sich hatte.

Uvedale Price stand bei der Gestaltung mehrerer Landschaftsgärten mit seinem Rat zur Verfügung und hielt sich dabei an die Prinzipien des Malerischen. Sein „Essay on the Picturesque" erwies sich als ein einflußreiches Werk. Zu den frühesten Beispielen wahrhaft malerischer Gärten gehörte Hafod in Wales, das von Thomas Johnes, einem Cousin von Richard Payne Knight, angelegt wurde. Das Grundstück befand sich im Flußtal des Ystwyth, wo üppig grüne Weiden von rauhen Bergen umgeben sind. Um die Wasserfälle der Gebirgsflüsse zu nützen, schuf Johnes ein umfangreiches System von Reitpfaden und Spazierwegen und pflanzte über zwei Millionen Bäume auf den Berghängen an. Er war jedoch enttäuscht, weil er seine ursprüngliche Vision von freundlichen Landleuten auf freundlichem Land nicht verwirklichen konnte, und nur wenige seiner Neuerungen existieren heute noch.

Zu den Gärten, die direkt von den Grundsätzen Uvedale Prices beeinflußt wurden, gehörte der von William Beckford. Er schuf ihn Anfang des 19. Jahrhunderts für Fonthill Abbey in Wiltshire, zu der ein berühmter Amerikanischer Garten gehört, der heute zwar verfällt, aber immer noch besteht. Mount Edgcumbe in Cornwall jedoch, eine spektakuläre Landschaft am Meer, sollte die malerischen Ausblicke optimal zur Geltung bringen und war Prices Lieblingswerk. Scotney Castle in Kent ist ein hervorragendes Beispiel für einen späten Régence-Garten, der in malerischer Weise von Edward Hussey II. unter Berücksichtigung des Rats von W. S. Gilpin angelegt wurde. Das neue Haus wurde so plaziert, das es auf die verfallene Burg, den Burggraben und ein weites, idyllisches Tal blickte. Der kühnste Effekt entstand durch die Errichtung eines Steinbruchs zwischen dem neuen Haus und der Ruine, der später mit Rhododendren, Azaleen und Japanischem Ahorn reich bepflanzt wurde.

Hawstone in Shropshire, ein malerischer Garten des späten 18. Jahrhunderts, ist gerade dort gelegen, wo sich eine Sandsteinklippe 100 m über die Ebene erhebt. Zu den weiteren Attraktionen gehörten eine Labyrinthgrotte im Inneren der Klippe und ein echter Einsiedler.

Gemischte und formale Stile im 19. Jahrhundert

Die ursprünglichen Pläne für Scotney wurden 1836 entworfen, als das Pittoreske schon wieder aus der Mode kam. Seit Beginn des Jahrhunderts hatten immer mehr Autoren die Zerstörung der formalen Gärten durch die Landschaftsgärtner des 18. Jahr-

Bei Mount Edgcumbe in Cornwall auf einem Gelände, das in Britannien fast unübertroffene schöne Aussichten zu bieten hat, entwarf der erste Earl of Mount Edgcumbe Wege und Landschaft auf eine Art und Weise, die den einflußreichen Connoisseur des Malerischen, Sir Uvedale Price, entzückte.

hunderts beklagt, und es entwickelte sich eine Strömung, die um die Erhaltung und Wiederherstellung der noch bestehenden bemüht war. Bei Levens Hall in Cumbria wurde der seltsame Formschnitt der Bäume bereits 1804 erneuert.

John Claudius London, berühmter Autor von Gartenbüchern für eine Leserschaft der Mittelklasse und Besitzer kleinerer und mittelgroßer Gärten, propagierte im 19. Jahrhundert die Rückkehr zum formalen Gartenstil. Die Auffassung, daß Gärten sich von der natürlichen, sie umgebenden Landschaft unterscheiden und als Kunstwerk erkennbar sein sollten, lieferte ihm den philosophischen Unterbau für die Geschmacksrichtung, die er sich während seiner Europareisen in den 20er Jahren angeeignet hatte. Anstelle von malerischen Gärten, so Loudon, solle man sich des „gardenesken" Stils befleißigen, des Stils also, der es jeder einzelnen Pflanze ermöglicht, sich ihrer Natur entsprechend zu entwickeln. Der von ihm geprägte Begriff wurde in der Gartenliteratur erst nach seinem Tod im Jahre 1843 üblich, dann aber gar nicht nach seiner Definition verwendet, sondern mit dem überhandnehmenden Eklektizismus und fehlender künstlerischer Einheit gleichgesetzt.

Alton Towers

Das weitaus beste Beispiel für „gardenesque" in dem Sinn, in dem der Ausdruck verwendet wurde, war Alton Towers in Staffordshire. Loudons eigenes Urteil –„Das Werk eines morbiden Geistes, der über unbegrenzte Mittel verfügt" – zeigt klar, daß er selbst mit diesem Stil nicht konform ging. Seine Pläne für den Garten waren abgelehnt worden. Die Gärten wurden zwischen 1814 und 1827 vom fünfzehnten Earl of Shrewsbury als eins Art Elysium im Churnet Tal angelegt. Unter den vielen Gartengebäuden, die vor dem steilabfallenden, romantischen Hintergrund errichtet wurden, befinden sich ein Treibhaus mit Kuppel, ein dreistöckiger neogotischer Aussichtsturm und ein gußeisener Pagodenbrunnen. Alton Towers ist heute ein Freizeitpark, aber von der ursprünglichen Anlage konnte vieles erhalten werden.

Die außergewöhnliche Beschneidungskunst, die hier auf einer Photographie von ca. 1880 gezeigt wird, bildet heute das Hauptelement von Levens Hall in Cumbria.

Biddulph Grange

Biddulph Grange, ebenfalls in Staffordshire, ist ein weiteres berühmtes Beispiel für den gemischten Stil und gehört zu den innovativsten Gärten des 19. Jahrhunderts. Die Gartenanlage von James Bateman, die nur sechs Hektar groß war, lieferte den malerischen Rahmen für die Anzucht und Sammlung von Pflanzen in großem Stil. Die einzelnen Abschnitte waren zwar voneinander getrennt, doch auf raffinierte Weise auch wieder miteinander verbunden. Ein Ägyptischer Hof mit flankierenden Sphinxen und einem monumentalen Eingang unter einer Eibenpyramide ist durch einen dunklen Gang mit dem Cheshire Cottage verbunden, von dem aus man in ein Pinetum gelangt. Von einer Höhle in einer engen Schlucht führt eine gewundene Treppenflucht in einem dunklen Tunnel zum chinesischen Garten: diese eindrucksvollste aller Gartenszenen von Biddulph beherbergt immer noch einige der Pflanzen, die Robert Fortune ursprünglich gesetzt hat. Der Garten wird derzeit vom National Trust gründlich restauriert.

Sir Charles Barry

Die Auffassung, daß alle Gartenstile ihren Wert haben und nach ihren spezifischen Maßstäben beurteilt werden müssen, wurde allmählich von der Meinung verdrängt, es gebe einen optimalen Stil für ein britisches Landhaus. Repton hatte die Ansicht vertreten, daß englische Gärten des 16. Jahrhunderts auf italienischen Vorbildern basierten, von denen sich der französische und der niederländische Stil im späteren 17. Jahrhunderts als Varianten entwickelt hätte. Alte Herrenhäuser oder deren moderne Nachbildungen wurden meist im italienischen Stil renoviert bzw. errichtet, nachdem James Wyatt in seinem Terrassengarten in Wilton House Anfang des 19. Jahrhunderts eine neuerliche Blütezeit dieses Stils eingeleitet hatte. Charles Barry sorgte für seine Verbreitung in weiten Kreisen; er ließ sich

Der Garten von James Bateman bei Biddulph Grange in Staffordshire bildete den Rahmen für eine reiche Palette verschiedener Pflanzen. Der chinesische Garten war mit Bambus und Ahorn bepflanzt und enthielt unter anderem ein Drachenparterre, einen Aussichtsturm und einen Tempel.

von authentischen Elementen noch bestehender italienischer Renaissancegärten inspirieren, und dieser Trend bestimmte die Landschaftsgärten von 1840–1860.

Sein Erstlingswerk waren die Gärten, die er 1834–1842 für den Herzog von Sutherland in Trentham Park in Staffordshire anlegte. Hier gelang ihm die Gestaltung eines schwierigen, flachen Geländes zwischen dem Haus und dem See (der von Brown beträchtlich vergrößert worden war), indem er eine Reihe von niedrigen Terrassen anlegte und mit kunstvollen Parterres aus Blumenbeeten, Brunnen, Statuen, Vasen, Steinbalustraden, Steintempeln und Pavillons ausstattete.

Cliveden und Shrubland Park

Bei vielen Aufträgen konnte Barry mit abschüssigem Gelände arbeiten, in dem sich interessante Effekte erzielen ließen. In Cliveden in Buckinghamshire befindet sich das von ihm geplante Haus mit Terrasse an einem großartigen Standort, der erstmals 1666 vom Herzog von Buckingham genutzt worden war und von dem aus man auf die Themse hinunterblickt. Unter der imposanten Terrasse befindet sich die berühmte, vom Garten der Villa Borghese aus Rom mitgebrachte Balustrade, zudem eine spätere, sehr geschmackvolle Ergänzung, die der erste Viscount Astor 1896 vornahm. Die italienischen Terrassen, die Barry um 1850 für Shrubland Park in Ipswich entwarf, sind ein weiteres Beispiel für den Gebrauch von künstlich angelegten Terrassen; eine prächtige Treppenflucht, die sich unten halbmondförmig verzweigt, verbindet einen Balkongarten und zwei Terrassen. Von einer Loggia auf der unteren Terrasse aus führen Stufen hinab zum formlos gestalteten Park.

Barry pflegte die Bepflanzung der von ihm entworfenen Gärten dem Obergärtner zu überlassen. In den großen, nach italienischem Vorbild gestalteten Gärten wie Shrubland Park und Cliveden entwickelte man ein System, bei dem die Beete zu den verschiedenen Jahreszeiten mit unterschiedlichen Blumen bepflanzt wurden. Das eindrucksvolle Parterre, das sich in Cliveden unter der Terrasse erstreckt, ist die vereinfachte Version eines Entwurfs aus dem 19. Jahrhundert. John Fleming, der nach 1849 Obergärtner beim Herzog und der Herzogin von Sutherland wurde, soll das erste

Cliveden in Buckinghamshire hat viele Änderungen erfahren, seit das Gelände in der zweiten Hälfte des 18. Jahrhunderts erstmals vom Duke of Buckingham genutzt wurde. Der Lange Garten, der Statuen und beschnittenen Buchs und Eiben enthält, wurde im späten 19. Jahrhundert vom ersten Viscount Astor geschaffen.

zweijährige Beetsystem entwickelt haben, bei dem auf Frühlingsbeete mit Zwiebelgewächsen und zweijährigen Pflanzen eine Sommerbepflanzung mit Pelargonien, Petunien, Verbenen, Pantoffelblumen und anderen nicht winterharten Pflanzen folgt.

Das imposante Parterre von Cliveden ist die vereinfachte Version eines Plans aus dem 19. Jahrhundert für den Herzog und die Herzogin von Sutherland, die das Grundstück 1849 gekauft hatten. Die gerade noch sichtbare Balustrade im Vordergrund wurde vom Garten der Villa Borghese in Rom mitgebracht.

William Nesfield

Während Barry sich für seine italienisierenden Bauten und Gärten von Renaissance-Vorbildern beeinflussen ließ, befaßte sich William Nesfield, den die Landschaftsgestaltung der Royal Botanic Gardens (1844 bis 1848) berühmt machte, mit alten, überlieferten Gartenbüchern, hauptsächlich mit Werken des späten 17. und des 18. Jahrhunderts. Obwohl die Palette seiner Stilrichtungen ziemlich breit war, waren seine Parterres im Stil des 17. Jahrhunderts am besten bekannt. Bei ihnen bevorzugte er komplizierte Muster aus Buchsbaum auf Kiesbeeten. Um 1850 wuchs sein Interesse an Tudorgärten und bewog ihn zu Experimenten mit Parterres, die er in Monogrammustern anlegte, und mit Beeten, deren Wirkung auf farbigem Kies statt auf Pflanzen beruhte. Die meisten seiner Arbeiten wurden zerstört, unter anderem auch der Garten der Royal Horticultural Society in Kensington, wo Gartenbauexperten sein Kiesdekor heftig kritisierten. Einige seiner Parterres sind jedoch in Holkham Hall in Norfolk und Broughton Hall in Yorkshire erhalten. Das Parterre des letzteren, aus Buchs und farbigem Kies, wurde um 1870 in eine Rasenfläche umgewandelt, aber um die Jahrhundertwende restauriert.

Drummond Castle

In den schottischen Gärten des 19. und 20. Jahrhunderts griff man gern auf den Stil des 17. Jahrhunderts zurück, und Drummond Castle in Pertshire ist eines der hervorragendsten Beispiele. Lewis Kennedy, der

Drummond Castle in Perthshire ist ein frühes Beispiel für die Wiederbelebung eines alten Stils und schafft gekonnt die Atmosphäre eines schottischen Gartens aus dem 17. Jahrhundert, anstatt einen selbstständigen Stil zu entwickeln. Lewis Kennedy, der zwischen 1818 und 1860 an Drummond arbeitete, scheint für Plan und Ausführung verantwortlich gewesen zu sein.

von 1818 bis 1860 in Drummond arbeitete, ist wahrscheinlich für den Grundriß verantwortlich. Der besteht aus einem langen, zwischen Schloß und Haus gelegenen Rechteck, das von Diagonalen so unterteilt wird, daß es ein stark verlängertes Andreaskreuz bildet. Der Plan wird durch ein zentrales Quadrat verstärkt, das von zwei Spazierwegen umschlossen und von einem Pfad noch einmal unterteilt wird. Die derzeit einfache Gestaltung der so gebildeten Abschnitte zeigt die zugrundeliegende Struktur ganz deutlich, aber ursprünglich waren die Beete mit einem harmonischen Durcheinander aus Sträuchern und Kräutern gefüllt.

Öffentliche Parkanlagen

Der erste, der Anfang des 19. Jahrhunderts für öffentliche Parks in den sich rasch entwickelnden Städten plädierte, war John Claudius Loudon. Um 1820 verglich er Großbritannien mit den übrigen europäischen Ländern, und dabei schnitt sein Heimatland schlecht ab: „Unsere Nachbarn vom Kontinent haben uns bisher auf diesem Gebiet des Gartenbaus übertroffen; fast jede bedeutende Stadt hat ihre Promenaden für den Bürger à cheval und auch au pied". In London gab es königliche Parks wie den Hyde Park (der Öffentlichkeit seit 1630 zugänglich) oder Richmond Park, aber im allgemeinen hatte der Durchschnittsbürger keinen Zugang zu den Parkanlagen, die ihm „eine offene, gesunde Luft und eine lange, durchgehende Promenade" geboten hätten. Was die Entstehung öffentlicher Parks förderte, war der weitverbreitete Glaube, daß sie Instrumente einer sozialen Reform sein könnten. Loudon meinte sogar, daß sie „das intellektuelle Niveau der untersten Gesellschaftsschicht anheben" würden.

Die erste öffentliche Anlage, die Loudons Kriterien eines idealen Gartens als Stätte öffentlicher Bildung erfüllte, war das Arboretum in Derby, das 1840 nach seinen Plänen fertiggestellt wurde. Das Auffälligste daran sind die geschwungenen künstlichen Hügel, die das Gelände umschließen und somit das Problem lösten, das Loudon schon zu Anfang definiert hatte: „Es gibt keine Ausblicke außerhalb des Grundstücks, die es wert wären, bei der Planung in Betracht gezogen zu werden". Derby war nach Loudons Auffassung als Pflanzensammlung ein Erfolg und entsprach seinen Vorstellungen von einer „gardenesquen" Bepflanzung.

Birkenhead Park

Auf die Pionierarbeit in Derby, die allerdings nur in kleinem Rahmen erfolgt war, folgte die erste wichtige öffentliche Anlage, Birkenhead Park in Liverpool. Sir Joseph Paxtons Plan, der sich nur im geringen Maß auf die frühere Art der Landschaftsgestaltung stützte, lieferte eine brillante Lösung für die spezifischen Anforderungen eines öffentlichen Parks (im Gegensatz zu denen eines Arboretums oder Botanischen Gartens): er sorgte für Spazier- und Fahrwege innerhalb des Parks und für ein Wegesystem, das den Park mit der Stadt verband.

Auf einem sumpfigen, abgesenkten und nicht sehr vielversprechend aussehenden Gelände legte er zwei Seeuferabschnitte an, die durch künstliche, bepflanzte Erdwälle von bis zu 10 m Höhe wirksam abgeschirmt wurden. Die Seen waren wellenförmig angelegt – im Gegensatz zu Browns schlangenlinienförmigen Gewässern –, und in jedem hatte man Inseln aufgeschüttet, um die Wasseroberfläche aus der Sicht des Betrachters zu begrenzen. Die Wege, die sich vom und zum Seeufer schlängelten, verstärkten diese Wirkung, indem sie dem Spaziergänger immer neue Ausblicke auf den See boten. Selbst an den Wegkreuzungen konnte der Spaziergänger nur ein paar Meter weit sehen, weil Felsbrocken und dichte Bepflanzung ihm den Blick verwehrten. Ein Zirkulationssystem trennte den Freizeitverkehr vom Stadtverkehr in der Weise, daß letzterer nicht behindert wurde, die Schönheit der Ausblicke im Park aber nicht beeinträchtigt wurde.

Nach diesem vielversprechenden Beginn verlief die Entwicklung öffentlicher Parkanlagen in England jedoch enttäuschend. Obwohl die meisten Bezirke in London und den nördlichen Industriestädten um 1860 über einen neuangelegten öffentlichen Park verfügten, stellte sich die unattraktive Lage des zur Verfügung stehenden Geländes meist als unüberwindbares Hindernis heraus. Die Schwierigkeiten wurden oft durch Verzögerungen beim Bau und wirtschaftliche wie politische Schwierigkeiten noch vergrößert. Der Crystal Palace Park von Sydenham (1853 errichtet), wo Paxton die neuerliche Aufstellung seines für die Große Ausstellung von 1851 entworfenen gläsernen Meisterstücks überwachte und Terrassen anlegte, ist eine der wenigen öffentlichen Parkanlagen, die es mit Birkenhead aufnehmen können.

Anlage von Beeten

Das zuerst in Privatgärten entwickelte System von Beetpflanzungen wurde bald auch in öffentlichen Gärten angewandt. Zwischen 1860 und 1880 erfreuten sich zwei weitere Bepflanzungsmethoden besonderer Beliebtheit. Für subtropische Beete benutzte man empfindliche Pflanzen (eine Entwicklung, die durch die Fortschritte in der Treibhaustechnologie möglich geworden war) mit großen, bunten oder sonstwie dekorativen Blättern, die man in lockeren Gruppen setzte; hier spielte der malerische Effekt einzelner Pflanzen eine größere Rolle als das Gesamtbeet.

Im Gegensatz dazu war beim Teppichbeet das Muster das Wichtigste. Zwerg- oder kriechende Blattpflanzen wurden in eine Fläche wie in einen Teppich eingewoben, und Zwergsukkulenten mit unscheinbaren Blüten wie *Sedum*-Arten wurden für Spezialeffekte hinzugefügt. Die ersten Teppichbeete legte man in geometrischen Mustern an, dann löste der Erfolg der schmetterlingsförmigen Beete des Crystal Palace 1875 eine kurze Modewelle mit Tier- und Emblemmustern aus. Öffentliche Parkanlagen behielten solche Pflanzsysteme bei, während sie für Privatgärten schon seit den 80er Jahren aus der Mode waren. Sie gehörten aber bis nach dem Ersten Weltkrieg zum Repertoire in öffentlichen Gärten.

William Robinson

Gegen diese formale Art der Beetgestaltung sprach sich William Robinson am energischsten aus. Er begann seine Karriere in Irland; nachdem er nach London übersiedelt war und für den Royal Botanic Garden im Regent's Park arbeitete, begann er mit der Schriftstellerei. Sein Einfluß ist im gegenwärtigen Trend einer lockeren Gartengestaltung immer noch spürbar: etwa beim Einsetzen von Zwiebelblumen im Rasen, bei der Mischung einheimischer und exotischer Pflanzen in einer Rabatte, beim sanften Gebrauch von Farben. In „The Wild Garden" (1870) ermutigte er den Leser, „ robuste exotische Pflanzen unter Bedingungen zu ziehen, wo sie ohne weitere Pflege blühen und gedeihen werden". Sein wichtigstes Werk, „The English Flower Garden", das 1883 erstmals erschien und schon zu Lebzeiten des Schriftstellers 15 Auflagen erlebte, listet zahlreiche Pflanzen für den Gärtner auf; viele davon waren erst im Laufe des 19. Jahrhunderts in England eingeführt worden. Das Buch enthielt auch Ratschläge für die Anlage kleinerer und größerer Gärten mit Zusammenstellungen geeigneter Pflanzen für bestimmte Standorte und Zwecke. Es ermunterte seine Leser zu einem naturnahen Stil.

In Gravetye Manor, West Sussex, das Robinson 1885 kaufte, gestaltete er die Gärten um das elisabethanische Haus als Musterbeispiel für seine Ideen. Vor allem durch Robinsons Einfluß setzte sich die Rabatte – die ursprünglich zur Wiederbelebung der Gärten des 17. Jahrhunderts entwickelt und mit „altmodischen" Blumen bestückt worden war – immer mehr durch.

1885 kaufte William Robinson das Grundstück von Gravetye Manor in Sussex, wo er die Umgebung eines elisabethanischen Hauses zu einem Beispiel für den von ihm bevorzugten Gartenbaustil machte. Nach Robinsons Tod wurde der Garten lange vernachlässigt.

Andere Europäische Gärten

Bernardo Bellottos Ansicht (1760) vom Oberen Belvedere, Wien, zeigt die Stadt im Hintergrund und die barocke Landschaftskunst in Österreich in ihrer Blütezeit.

Deutschland

Einflüsse aus Italien, den Niederlanden, Frankreich und England haben seit dem 16. Jahrhundert bei der Anlage deutscher Gärten eine bedeutende Rolle gespielt. Obwohl sich kein ausgesprochen deutscher Stil entwickelt hat, wurden die meisten dieser Einflüsse in einem Maße adaptiert und abgewandelt, daß die bemerkenswertesten Gärten der letzten vier oder fünf Jahrhunderte keineswegs bloße Kopien ausländischer Stilrichtungen darstellen, sondern im allgemeinen großen Einfallsreichtum und Anpassung der verschiedenen Stile an die regionalen Gegebenheiten zeigen.

Renaissance-Gärten

Im 16. und Anfang des 17. Jahrhunderts wurden deutsche Gärten besonders von Entwicklungen in Italien beeinflußt. Das lebhafte Interesse an der Botanik schlug sich in zahlreichen Schriften und in privaten Pflanzensammlungen nieder, die oft von Ärzten und Botanikern nach einem Besuch Italiens, wo sie solche Sammlungen bewundern konnten, angelegt wurden. Später verbreitete sich diese Sammelleidenschaft auch unter Handelsherren und Fürsten, und eine Reise durch Europa gehörte bald zu einer gediegenen klassischen Bildung. Zwischen dem 16. und dem 18. Jahrhundert hatte bereits jeder der zahlreichen fürstlichen Gärten in Deutschland einen Lustgarten; und auch Patrizier und Bürger schufen sich Anlagen, die kaum kleiner oder weniger bemerkenswert waren. Unter den Botanischen Gärten, die hauptsächlich Universitäten gehörten, war der des Bischofs von Eichstätt bei der Willibaldsburg am berühmtesten. Die darin enthaltenen Pflanzen sind in einem der bedeutendsten illustrierten botanischen Werke, in Basilius Beslers Hortus Eystettensis, aufgelistet, das 1613 herausgegeben wurde.

Hortus Palatinus

Der wichtigste deutsche Garten der Renaissancezeit war der Hortus Palatinus, der zum Heidelberger Schloß gehörte. Elisabeth Stuart, die Tochter des englischen Königs Jakob I., die mit dem Kurfürsten Friedrich V. von der Pfalz seit 1613 verheiratet war, beauftragte ihren früheren Zeichenlehrer, Salomon de Caus, einen neuen Garten um das Schloß zu planen. Seit 1615 wurden fünf übereinanderliegende, schmale Terrassen gebaut, die vom Neckartal nach oben verliefen. Die östliche Terrasse, die im rechten Winkel zum übrigen Garten steht und sich gegen Norden in Richtung Fluß ausdehnt, bietet eine prachtvolle Aussicht über das Tal.

Die einzelnen Terrassen waren durch Hecken und Laubengänge getrennt und von typischen Renaissance-Elementen wie einem Labyrinth, Aussichtsplattformen, Teichen, Statuen und Pflanzkübeln geziert. Die Berühmtheit des Gartens – damals wurde er als „das achte Weltwunder" gepriesen – beruhte jedoch auf seinen unzähligen Wasserspielen und Grotten. Caus hatte sie entworfen, und – einzigartig unter allen deutschen Gärten – aus ihnen erklang Musik. Die Renaissance-Terrassen gibt es immer noch, ebenso eine Reihe von Grotten und die Ruinen der Badenischen und Heizkammern. Die musizierenden Wassermechanismen haben sich jedoch als weniger widerstandsfähig erwiesen.

Versailles und der Barock

Der Dreißigjährige Krieg verheerte weite Teile Deutschlands, so daß die Gartenbaukunst zwischen 1618 und 1648 völlig daniederlag. In der zweiten Hälfte des 17. Jahrhunderts wurde der neue Barockstil aus Frankreich übernommen. Obwohl Versailles zum Vorbild für ganz Europa wurde, verspürte man in Deutschland nie das Bedürfnis, es in jedem Detail zu kopieren. Die Gärten dieser Zeit zeigen große Individualität in Grundriß und Dekor. Beim Plan für die Anlagen in Mainz wich der Erzbischof und Kurfürst radikal von der Idealvorstellung ab, indem er den Garten vor allem mit transversalen Achsen anlegte. Ein ähnlicher Grundriß wurde für Veitshöchheim benutzt. In einigen Fällen plazierte man das Haus oder Schloß in der Mitte des Gartens, z.B. beim Großen Garten in Dresden. Manche Gärten wurden sternförmig angelegt, wie z.B. das Belvedere des Herzogs Ernst August von Sachsen-Weimar in Weimar, wo die einzelnen Sektionen Tiergehege enthielten.

Karlsruhe

Der Schloßgarten von Karlsruhe, der ebenfalls sternförmig angelegt wurde, ist einer der originellsten deutschen Barockgärten. Im Sinne des bei Gründung der Stadt (1715) herrschenden Absolutismus jener Zeit sollte er mit dem streng geometrisch angelegten, sternförmigen Schloßgrundriß übereinstimmen. 32 Radialstraßen gingen vom hohen, achteckigen Turm des Schlosses aus, das von Markgraf Karl Wilhelm von Baden-Durlach gebaut worden war. Die Grenze des Gartens war durch einen Kreis festgelegt, der im Abstand von 440 m rund um den Turm verlief. Das Kreissegment zwischen den zwei Flügeln des Schlosses enthielt einen Lustgarten mit einem Parterre und einem *bosquet*, während der Hauptteil rund um den Turm als Jagdpark belassen wurde.

Weikersheim

In Deutschland gewann die Orangerie eine völlig neue Bedeutung, da sie nicht nur exotischen Pflanzen Winterschutz bot, sondern auch als Aufführungsort für Musik- und Theaterstücke diente. Dem Grundriß und Standort der Orangerien ließ man sorgfältige Überlegungen angedeihen. In Mainz ist die Orangerie das Hauptgebäude und wird von drei Pavillons auf jeder Seite flankiert. In Weikersheim, dem Stammsitz der Grafen von Hohenlohe, bildete die Orangerie den Abschluß für die Mittelachse des Gartens, mit dessen Anlage man 1708 begann. Dieses einfallsreiche Gebäude, das nach den Plänen des Architekten Johann Christian Lüttich zwischen 1719 und 1723 errichtet wurde, besteht aus zwei symmetrischen Trakten, die sich über die Gesamtbreite des

Der Hortus Palatinus wurde wegen seiner Wasserspiele und Grotten als das „achte Weltwunder" gepriesen. Salomon de Caus legte ihn für Elisabeth Stuart, Gattin des Kurfürsten Friedrich V., an.

Parterres erstrecken. Eine halbkreisförmige Aussparung in der Mitte, wo ursprünglich eine Reiterstatue des Grafen Karl Ludwig von Hohenlohe stand – in dessen Auftrag Garten und Orangerie errichtet wurden – gibt den Blick bis ins Taubertal frei.

Schwetzingen

Viele Parks hatten einen kreisrunden Grundriß, so auch der von Schwetzingen, der Sommerresidenz des Grafen von der Pfalz im 18. Jahrhundert. Karl Theodor, der 1743 Kurfürst wurde, beauftragte den berühmten Theaterarchitekten Alessandro Galli da Bibiena damit, das Schloß neu zu gestalten. Die Zirkelhäuser, die er und der Architekt Nicolas de Pigage errichteten, inspirierten den Hofgärtner, J. Ludwig Petri, zu einem kreisrunden Parterre. Der Zirkel mit der Arion-Fontäne im Schnittpunkt der Lindenalleen betont noch das höchst originelle Rund. Als spätere Ergänzungen der Gärten, die reich mit Statuen und Brunnen geschmückt wurden, kamen noch die Orangerie und das Rokokotheater von 1752, beide von Pigage entworfen, hinzu. Das Parterre wurde 1974 nach Petris ursprünglichem Plan restauriert.

Pillnitz

In vielen Fällen waren die Gartenanlagen an einem Flußufer gelegen, so auch in Pillnitz bei Dresden, wo das Wasserpalais (Indianisches Lustschloß) mit dem Gondel-Anlegesteg an der Elbe durch eine mit Sphinxen geschmückte, großartige Treppe verbunden ist. Viele der Pläne, die für August den Starken angefertigt wurden – er erwarb das Gelände 1718 – konnten nicht verwirklicht werden. 1723 wurde jedoch das Bergpalais spiegelgleich zum Wasserpalais 120 m nördlich davon gebaut. Die zwei Gebäude sind durch ein großartiges Parterre getrennt, das aus zwölf Abschnitten besteht, die um vier Teiche gruppiert sind. Der westliche Teil des Gartens besteht aus einzelnen, durch Hecken abgetrennten Bereichen, Charmillen genannt, wo die Mitglieder des Hofes sich mit Gartenspielen die Zeit vertrieben. Auf der anderen Seite eines Grabens führte eine breite Allee nach Dresden. Andere Teile des Gartens nördlich des Bergparks wurden zwischen Linden- und Kastanienalleen (noch erhalten) oder in von Hecken umschlossenen Abschnitten angelegt.

Die Neuanlage von Schloß und Garten bei Schwetzingen war das Werk von Karl Theodor, seit 1743 Kurfürst der Pfalzgrafschaft. Der originelle Garten mit seinem kreisrunden Grundriß enthielt viele Statuen und Brunnen.

Herrenhausen

Obwohl der französische Barockgarten in Deutschland am häufigsten als Vorbild herangezogen wurde, übten auch niederländische Gärten großen Einfluß aus, der besonders in der Anlage von Kanälen nachweisbar ist, die den ganzen Garten oder Teile davon umschlossen.

Der Große Garten von Herrenhausen in Hannover war das Werk der Kurfürstin Sophie, die ihre Kindheit in den Niederlanden verbracht hatte. Ihr Gärtner, Martin Charbonnier, wurde dorthin gesandt, um die Kunst des Gartenbaus zu studieren. Sophie begann 1680 mit der Planung ihres Gartens und erweiterte ihn 1692 auf seine heutige Größe von 50 Hektar. Der rechteckige Grundriß, von einem Kanal umschlossen, ist absolut regelmäßig, wobei die Zentralachse das gesamte Areal unterteilt. Zu der dem Schloß (zerstört im Jahre 1943) nähergelegenen Hälfte gehört als zentrales Element ein großes Parterre, das reichlich mit Skulpturen bestückt ist und in dessen Mitte sich ein runder Teich befindet. Hohe Hecken zu beiden Seiten des geometrischen Parterres trennen es von zwei großen Räumen: ein Gartentheater auf der einen Seite und ein Labyrinth auf der anderen. Gartentheater waren in deutschen Gärten sehr beliebt, und das von Herrenhausen ist ein wichtiges Beispiel. Die Bühne, mit vergoldeten Bleifiguren aus den Niederlanden geschmückt, ist trapezförmig, der Zuschauerraum hingegen hat die Form eines Amphitheaters. Vor der Bühne gibt es einen kleinen Orchesterraum, und Buchenhecken bilden die seitliche Begrenzung. Sandsteinstatuen umstanden früher einmal den Zuschauerraum. Das Theater wird heute wieder für Aufführungen benutzt.

Vier Teiche und mehrere kleine, von Hecken eingefaßte Gärten trennen das Parterre von der anderen Hälfte des Großen Gartens. Dieser wurde als sternförmiger Platz angelegt, in dessen Mitte und damit zugleich auf der Hauptachse des Gartens die große Fontäne steht. Ihr Wasserstrahl erreicht heute eine Höhe von 82 m, ursprünglich waren es nur 35 m. Teiche mit Brunnen liegen an den Schnittpunkten der Wege in den von Hecken umgebenen seitlichen *bosquets*. Breite Alleen führen um den gesamten Park und enden in zwei Kuppelpavillons an den südlichen Ecken.

Schleißheim

Schleißheim bei München ist ein weiteres Beispiel für einen Garten, in dem sich niederländischer Einfluß bemerkbar macht; da er nie in einen Landschaftsgarten umgewandelt wurde, zählt er nun zusammen mit Herrenhausen zu den am besten erhaltenen Barockparks in Deutschland. Max Emanuel, Kurfürst von Bayern, hatte als Generalstatthalter der Spanischen Niederlande um 1690 dort gelebt und auch den Kanalbau kennengelernt. Kanäle spielten im Grundriß der Barockgärten, die er zwischen den beiden von ihm erbauten Schlössern anlegen ließ (Lustheim, Baubeginn 1684, und Neues Schloß, Baubeginn 1701), eine wichtige Rolle. Nicht nur die Grenzen des Parks werden von

Der gefeierte Barockgarten von Herrenhausen, das bereits 1666 Sommerresidenz des Herzogs und späteren Kurfürsten von Hannover wurde, spiegelt niederländischen Einfluß wider durch einen genau rechteckigen Grundriß, der von einem Kanal umschlossen wird. Hohe Hecken begrenzen das Parterre.

Bei Nymphenburg, der Sommerresidenz des Kurfürsten von Bayern, wurde der luxuriöse Schloßgarten für Max Emmanuel angelegt. Der lange zentrale Kanal erstreckt sich über die Gesamtlänge des Gartens hinter dem Schloß und auch noch etwas vor dem Schloß in Richtung Stadt.

Kanälen gebildet, sondern auch die Mittelachse ist ein Kanal. Dieser endet in einem Wasserfall am Ende des beim Neuen Schloß gelegenen Parterres. Wasser wurde auch auf besonders originelle Weise im Garten von Lustheim genutzt: Ein kreisförmig verlaufender Kanal vermittelt den Eindruck, das Schloß samt zugehörigem Parterre läge auf einer Insel. *Bosquets*, die durch heckengesäumte Wege miteinander verbundene Gartenräume einschließen, liegen zu beiden Seiten des zentralen Kanals.

Nymphenburg

Dominique Girard, der aus Versailles geholt worden war, um Max Emanuels Park in Schleißheim zu planen, arbeitete auch an der Augustusburg in Brühl und in Nymphenburg, der Sommerresidenz der Kurfürsten von Bayern. Für Augustusburg schlug Girard ein Parterre vor, das dem von Schleißheim ziemlich ähnlich war. Eine Reihe französischer oder in Frankreich ausgebildeter Gärtner arbeitete in Nymphenburg, doch wird auch hier niederländischer Einfluß deutlich. Der lange, zentrale Kanal durchfließt die gesamte Länge des Gartens hinter dem Schloß und endete ursprünglich in einem großen Wasserfall; vor dem Schloß dehnt er sich in Richtung Stadt aus. Durch die Anordnung der Seitenkanäle entsteht auch hier der Eindruck, daß Parterre und Schloß auf einer Insel liegen. Zu beiden Seiten des Parterres, das ursprünglich in kunstvoll durchbrochenem Muster angelegt war, befinden sich *bosquets*; das Becken in der Mitte ist mit vergoldeten Statuen geschmückt. Eine Patte-d'oie-Anordnung ermöglicht den Blick auf drei in der Ferne gelegene Kirchtürme, die Grenzen des Parks blieben durch den Einsatz von Gräben verborgen. Als die Gärten für einen Landschaftspark von F. L. Sckell neu konzipiert wurden, blieben Parterre, zentraler Kanal und die Seitenkanäle vor dem Schloß unverändert.

Wilhelmshöhe

Die Wilhelmshöhe bei Kassel ist der einzige deutsche Garten im Stil des italienischen Barock. Landgraf Karl von Hessen-Kassel wählte die Hänge des Habichtswaldes als Standort für seinen großartigen Garten, den er rund um die Jagdhütte von Weißenstein anlegen ließ. 1701 begann man mit den Arbeiten nach den Plänen des italienischen Architekten Giovanni Guerniero.

Eine Reihe von Wasserfällen bildete die zentrale Achse; Vorbild für diese Hauptattraktion waren die Villen von Frascati, die der Landgraf bei seiner Italienreise von 1699 bis 1700 gesehen hatte.

In Weißenstein wurde diese Idee jedoch in gigantischen Proportionen umgesetzt: der Höhenunterschied zwischen dem oktogonalen oberen Abschlußbau am Ausgang der Wasserfälle und dem Schloß selbst beträgt über 200 m auf eine Entfernung von über 1.000 m. Eine bronzene Kopie des Herkules Farnese, des Wahrzeichens von Kassel, wurde auf eine aus dem oktogonalen Reservoir herausragenden Sockel gestellt und bildet den Gipfelpunkt der zentralen Achse. Die Wasserspiele funktionieren immer noch, aber nur das obere Drittel des phantastischen Plans für Grotten und Wasserfälle wurde verwirklicht, da sich der Geschmack bald wandelte.

Vom Rokoko zum Landschaftsstil

Um die Mitte des 18. Jahrhunderts, als sich in England der Landschaftsstil bereits zu entwickeln begann, vollzog sich in der deutschen Gartenbaukunst ein Wandel vom Barock zum Rokoko. Die Gärten der fürstlichen Residenzen sollten nun auch der Geselligkeit dienen; sie wurden in zahlreiche kleine Räume unterteilt, die normalerweise von Hecken oder Pergolen umschlossen waren. Der Grundriß dieser Gärten wirkt oft geradezu labyrinthisch.

Hofgarten Veitshöchheim

Einer der originellsten von allen in Deutschland noch erhaltenen Rokokogärten ist der Hofgarten von Veitshöchheim. Er diente zuerst als Fasanerie, Obst- und Gemüsegarten und auch als Blumengarten rund um das Sommerhaus des Fürstbischofs von Würzburg. Nachdem die Anlage Anfang des 18. Jahrhunderts neu geplant worden war und zahlreiche Änderungen erfahren hatte, wurden die Arbeiten am endgültigen Rokokogarten 1763 im Auftrag des Fürstbischofs Adam Friedrich von Seinsheim, wahrscheinlich mit Unterstützung des Meistergärtners Prokop Mayer, aufgenommen.

Das Haus steht auf einer leicht erhöhten Terrasse innerhalb eines kleinen Parterres. Der ummauerte Garten liegt an einer Seite des Gebäudes und ist nicht darauf ausgerichtet, wie sonst bei Barockgärten im französischen Stil üblich. Der Hofgarten könnte als typischer Heckengarten beschrieben werden, der von Längs- und Querachsen in Form von heckengesäumten Wegen durchkreuzt wird, die sich in rechtem Winkel schneiden; kurze diagonale Wege lassen den Garten trotz seines regelmäßigen Grundrisses verwirrend erscheinen. An mehreren Schnittpunkten wurden kleine, von Hecken umgebene Gartenräume mit chinesischen Pavillons sowie Lauben und kleine Springbrunnen angelegt.

Die Arbeit an den prächtigen Gärten im Stil des italienischen Barock, die Landgraf Karl von Hessen-Kassel anlegte, begann 1701. Nur das obere Drittel des Plans wurde ausgeführt.

Die Residenz des Fürstbischofs von Würzburg stellte ein kleines, schwieriges Gelände dar. Die Anlage von J. P. Mayer nützt Wälle, Stützmauern, Rampen und Treppenfluchten geschickt aus.

Hauptattraktion des Gartens sind die Rokokostatuen: Darstellungen von Göttern, mythologischen Gestalten, Musikern und Persönlichkeiten des Hoflebens. Auch gibt es Steinbänke in phantasiereichem Rokokostil. Im Brennpunkt des Garten, einem langen, unregelmäßig geformten Teich, dem Großen See, erhebt sich der Parnaß mit dem geflügelten Pegasus. Ein verborgenes Glockenspiel lieferte reizvolle Begleitmusik, wenn der Brunnen sprudelte.

Würzburger Residenz

Der Mayersche Plan für den fürstbischöflichen Hofgarten der Residenz von Würzburg wurde angenommen, nachdem viele andere Vorschläge für das schwierige Gelände in Betracht gezogen worden waren. Die Residenz lag direkt an den Befestigungen der Stadt, so daß nur ein relativ kleines Gelände zur Verfügung stand, dessen Form durch die zwei dreieckigen Bollwerke, die auf der Gartenseite vor dem Gebäude standen, zwingend vorgeschrieben war. Die Arbeit nach J. P. Mayers Plan begann 1774. Mit Statuen geschmückte Treppen führen zur Rampe und umschließen den Garten, der durch eine einzigartige dreidimensionale Anordnung von Stützmauern, Absätzen, Dämmen, Treppen und Rampen geteilt wird. Der Park ist mit Pergolen, Balustraden und Skulpturen ausgestattet, doch die Pläne für die Wasserfälle wurden nie verwirklicht.

Rheinsberg und Sanssouci

Weitere wichtige Beispiele für Rokokogärten in Deutschland sind Rheinsberg und Sanssouci, beide im Raum Potsdam. In Rheinsberg ließ Prinz Heinrich von 1744 bis 1778 Umbauten am ehemaligen Garten seines Bruders, Friedrichs II. von Preußen, durchführen. Eine kurze Haupt- und eine lange Querachse sollten das Beste aus dem Terrain herausholen, wobei die Querachse sich zwischen einer niedrigen Hügelkette und dem Grienericksee erstreckt. Was Rheinsberg so reizvoll macht, ist die Harmonie zwischen der großen, weiten Wasserfläche und dem Rokokopark mit seinen sanften Hügeln.

Um die Mitte des 18. Jahrhunderts bekam der Park von Sanssouci unter Friedrich II. seine Rokoko-Form. Der König ordnete die Anlage eines durch sechs Terrassen architektonisch gegliederten Weinbergs an, wobei jede Terrasse durch 28 verglaste Fenster und 16 Eibenpyramiden gegliedert wurde. Über dem Weingarten auf der Hügelkuppe steht Schloß Sanssouci, das nach Plänen des Architekten G. W. Knobelsdorff zwischen 1745 und 1747 entstand. Weinberg und Schloß bieten von ihrem Hügel herab eine herrliche Aussicht. Von diesem beherrschenden Ensemble ausgehend wurde der Garten mehrmals vergrößert. Charakteristisch für diese Periode war das chinesische Teehaus (1754–1757). Es befindet sich in einem Teil des Gartens, der in *bosquets* unterteilt ist und von zwei diagonalen Alleen mit Brunnen durchschnitten wird. Das Teehaus hat einen eigenen Garten, von dem aus man den Ausblick genießen kann.

Hauptsächlich auf Friedrich II. von Preußen ist der Rokoko-Charakter des Gartens von Sanssouci in Potsdam zurückzuführen. Der Weingarten auf sechs parabolisch geschwungenen Terrassen wurde 1744 angelegt. Verglaste Nischen gliedern die einzelnen Etagen.

Der orientalische Stil

Die Wertschätzung des orientalischen Stils war viel stärker verbreitet, als die Zahl noch bestehender Bauten vermuten läßt. In Mosigkau bei Halle wurde der alte Herrensitz, der in eine Rokokoanlage einbezogen worden war, 1774 abgerissen und statt dessen ein japanischer Garten angelegt; man benannte ihn nach dem darin enthaltenen Teehaus im chinesischen Stil. Der Rokokogarten (1752–1757) und der japanische Garten gingen verloren, als das Gelände im 19. Jahrhundert im Landschaftsstil neuangelegt wurde; doch das Schloß aus dem 18. Jahrhundert gibt es immer noch, und es beherbergt eine wertvolle Kunstsammlung.

Für sein Schloß Oranienbaum, ebenfalls in der Nähe von Halle, wo die Orangenkultur seit der Entstehung des Parks im späten 17. Jahrhundert eine wichtige Rolle gespielt hatte, ließ sich Fürst Franz von Anhalt-Dessau von Kew-Gardens in England inspirieren. Die einheitlich barocke Anlage des Parks, des Schlosses und der Stadt blieb erhalten, als der Inselgarten um 1795 in einen chinesischen Garten umgewandelt wurde; darin gab es ein Teehaus, eine fünfstöckige Pagode und mehrere kleine chinesische Brücken, die die Kanäle überspannten. Das barocke Schloß überstand die Zeit, und das barocke Parterre und der chinesische Garten konnten Anfang dieses Jahrhunderts rekonstruiert werden.

Eremitage

Ebenso wie Bauten im orientalischen Stil kamen auch vorgetäuschte Ruinen in Mode. Die Eremitage von Bayreuth ist ein hervorragendes Beispiel für einen Garten, in dem mehrere solcher Einsiedeleien locker verteilt wurden, ohne daß man versuchte, sie axial auszurichten. 1735 schenkte Markgraf Friedrich von Brandenburg-Bayreuth die Eremitage seiner Frau Wilhelmine.. Die erste davon, das Alte Schloß, war 1715 als Ort der Ruhe und Abgeschiedenheit für die Angehörigen des Hofes gebaut worden. In den umgebenden Wäldern verstreut lagen andere Einsiedeleien, die durch scheinbar planlos angelegte Pfade erreichbar waren. Die Markgräfin ließ das Alte Schloß ausbauen und errichtete daneben das Neue Schloß, das ursprünglich als Vogelhaus und Orangerie benutzt worden war. In einiger Entfernung davon befindet sich die Untere Grotte, in deren großem Bassin eine Gruppe von Nymphen steht. Sie wird an zwei Seiten von verfallenen Bogengängen umschlossen und ist mit einem raffinierten System von Wasserdüsen ausgerüstet. Unter den vorgetäuschten Ruinen befindet sich ein römisches Theater.

Sanspareil

Von ganz anderem Charakter als die Eremitage ist der andere Garten der Markgräfin Wilhelmine: Sanspareil in Bayreuth kann wohl als erster Landschaftsgarten auf dem Kontinent gelten. Die Inspiration für diesen Park lieferte in erster Linie die Umgebung, ein Birkenwäldchen mit zahllosen mächtigen Felsbrocken. Die Gestaltung dieses Wäldchens ging auf den berühmten Roman von Fénelon „Die Abenteuer des Telemach" zurück. Für Wilhelmine war das Zentrum des Wäldchens die magische Insel von Ogygia, wo Telemach auf der Suche nach seinem Vater Odysseus als Schiffbrüchiger strandete. Die Besucher sollten Telemachs Abenteuer nacherleben und so eine Läuterung durchlaufen. 1744 begann man mit der Anlage. Nur sehr wenige Gebäude wurden miteinbezogen, eines von zwei noch erhaltenen ist ein Theater, das als Ruine in eine Grotte integriert wurde.

Wörlitz

Sanspareil mag ein Vorläufer für diesen informell konzipierten Landschaftspark gewesen sein, doch im Grunde hatte er einen ganz eigenen Stil. Protagonist des englischen Landschaftsstils in Deutschland war Fürst Franz von Anhalt-Dessau. Wörlitz, der Park, den er zwischen 1765 und 1817 anlegen ließ, ist die krönende Leistung des sogenannten Dessau-Wörlitzer Kreises. Die künstliche Landschaft erstreckte sich über 25 km von Kühnau bei Dessau bis zum Rehsener See bei Wörlitz. Auf dem Damm vermitteln Beobachtungstürme den Eindruck, der Park erstrecke sich noch weiter.

Die Markgräfin Wilhelmine von Brandenburg-Bayreuth, eine Schwester Friedrichs des Großen, erhielt die Eremitage 1735 geschenkt. Unter ihrer Aufsicht wurden die Bauten, viele von ihnen imitierten Ruinen, locker über das Gelände verstreut.

Der eigenwillige Garten der Markgräfin Wilhelmine bei Sanspareil wurde im Landschaftsstil angelegt. Die Anlage des felsigen Wäldchens beruht auf Fénelons Roman „Die Abenteuer des Telemach".

Fürst Franz von Anhalt-Dessau wurde in der Anlage von Wörlitz, dem ersten Landschaftspark in Deutschland, durch englische Gärten sehr beeinflußt. Die Insel von Rousseau (1782) wurde jedoch direkt von der Ile des Peupliers bei Ermenonville inspiriert.

Fürst Pückler-Muskau

Ein anderer deutscher Adeliger, dessen Ideen zur Landschaftsgestaltung auf das Studium englischer Gärten zurückgingen, war Fürst Hermann von Pückler-Muskau. Humphry Reptons Einfluß bei der Gestaltung von Muskau, dem Park, den der Fürst 1816 anzulegen begann, ist überall deutlich Ein großer Teil davon liegt heute in Polen, doch die wichtigeren Partien befinden sich in Deutschland. Die malerische Qualität der Landschaft wurde durch geschickte Einbeziehung bereits vorhandener Bäume und durch Neupflanzungen, aber auch durch kleine, rein dekorative Bauten noch verstärkt.

Finanzielle Schwierigkeiten zwangen Pückler-Muskau allerdings bald, seinen Besitz Muskau zu verkaufen. In Branitz bei Cottbus, wohin er seinen Wohnsitz verlegte, ist der Einfluß Reptons bei der Landschaftsgestaltung weniger deutlich.

Dank seiner sozialen Stellung konnte der Fürst für den natürlichen Stil seiner Gärten und Parks auch in anderen Ländern viel Begeisterung wecken. Er führte umfassende Arbeiten in Babelsberg bei Potsdam für den späteren Kaiser Wilhelm I. durch und hatte Einfluß auf die Anlage mehrerer Parks.

Der Englische Garten von München wurde nach 1789 auf Anweisung des Kurfürsten Karl Theodor als großer öffentlicher Park im neuen Landschaftsstil angelegt.

Öffentliche Parkanlagen

Um die Mitte des 19. Jahrhunderts inspirierten die formalen Gärten der italienischen Renaissance eine Reihe von Gartengestaltern, unter ihnen auch Peter Joseph Lenné. Er war ein höchst phantasievoller Gärtner, dessen Einfluß bis ins 20. Jahrhundert andauerte. Besonders die Region um Potsdam hat er geprägt, denn dort legte er nach dem Vorbild englischer Landschaftsgärten mehrere fürstliche Parks an, die miteinander durch wunderbare Ausblicke über die Seen verbunden sind. 1833 entwarf er einen idealistischen „Plan zur Verschönerung der Insel Potsdam", der die Planung von Landschaftsgärten für die kommenden Jahrzehnte festlegte.

Lenné machte die Pläne für drei Volksgärten, der erste wurde 1824 in Magdeburg geschaffen. In München war jedoch schon lange zuvor ein öffentlicher Park, der Englische Garten, entstanden. 1789 hatte Kurfürst Karl Theodor die Anlage eines großen Parks im neuen englischen Stil angeordnet. Friedrich Ludwig Sckell arbeitete gemeinsam mit dem Amerikaner Benjamin Thompson an diesem großartigen Landschaftspark, der keinerlei Beziehung zu irgendeinem Bauwerk hatte.

Bei der Planung öffentlicher Gärten in der zweiten Hälfte des 19. Jahrhunderts spielte vor allem die idealistische Vorstellung vom Nutzen für die Gesellschaft eine Rolle. Das schlug sich auch in der Arbeit von Gustav Meyer, einem Schüler von Lenné, nieder, der 1870 zum ersten Gartendirektor Berlins avancierte. Er entwarf mit Friedrichshain 1846 den ersten Berliner Volkspark, der Humboldthain folgte 1869. Und von ihm stammt auch der endgültige Plan für den Treptower Park (1874).

Österreich

Das Ende der Belagerung Wiens durch die Türken im Jahre 1683 rief einen Sturm und Überschwang der Gefühle hervor, der in den österreichischen Barockbauten und -gärten seinen künstlerischen Ausdruck fand; rund 60 Jahre lang waren sie in Europa unübertroffen. Auf dem Gebiet der Gartenbaukunst ist das um so überraschender, wenn man die vorangegangenen trostlosen 60 Jahre in Betracht zieht, in denen die deutschen Länder durch den Dreißigjährigen Krieg und die darauffolgenden kriegerischen Auseinandersetzungen mit Ludwig XIV. von Frankreich im Westen und mit den Türken im Osten in ein völliges Chaos gestürzt worden waren.

Der Einfluß Italiens

Hellbrunn im Süden von Salzburg ist der einzige bedeutende Renaissance-Garten in Österreich und zeigt deutlich italienischen Einfluß. Markus Sittikus von Hohenems, Erzbischof von Salzburg, war ein Humanist, der in Italien gelebt hatte und mit italienischen Gärten wohlvertraut war. Er beauftragte Santino Solari mit der Planung des palastartigen Schlosses und der Gärten. Die Hauptarbeiten wurden 1613–1615 ausgeführt, die Steine für das Schloß kamen von einem Steinbruch auf dem Baugelände. Dieser wurde später in ein Amphitheater, das Felsentheater, umgewandelt; dort führte man die ersten Freilicht-Opern nördlich der Alpen auf, unter anderem Monteverdis „Orfeo".

Schon vor 1424 hatte es auf dem Areal einen Tierpark gegeben, den Markus Sittikus 1613 neu planen und gleichzeitig vergrößern ließ. Daneben legte er in der unmittelbaren Umgebung des Schlosses eine Reihe von Tempeln, Lauben und Grotten an, in denen der Besucher manch feuchtem Jux ausgesetzt war oder sich auch einfach mit hydraulischen Spielereien die Zeit vertreiben konnte. Bemerkenswerterweise ist noch manches erhalten und wird auch weiterhin liebevoll gewartet. Als Inspiration dienten die italienischen *giochi d'acqua* sowie ein technologisches Werk des 2. Jahrhunderts v. Chr., die „Pneumatica" Herons von Alexandria, das viele Ingenieure der italienischen Renaissance beeinflußt hat. Die Orpheusgrotte enthielt singende Vögel und die Midasgrotte eine Krone, die von einem Wasserstrahl emporgehoben wurde. Im rö-

Die zwei Belvedere-Schlösser von Wien sind durch einen rechteckigen Garten miteinander verbunden, der aus zwei Abschnitten besteht, die so raffiniert miteinander verbunden sind, daß sie als Einheit wirken. Diese Ansicht des Gartens, mit seinen Brunnen, Parterres, Treppen, Skulpturen und hohen Hecken, zeigt das Untere Belvedere.

mischen Theater gab es einen Steintisch mit einer in der Mitte verlaufenden Wasserrinne zur Kühlung des Weins (wie in der Villa Lante in Italien), und in den dazugehörigen steinernen Sitzen waren Spritzdüsen verborgen.

Spätere Änderungen am Garten brachten um 1730 gewisse Vereinfachungen und im späten 18. Jahrhundert die Erweiterung um einen „Englischen Park" auf einer Seite. Mitte des 18. Jahrhunderts wurde ein wasserbetriebenes Marionettentheater eingebaut.

Die Blütezeit des Barock

Von der Regierung Leopolds I. (1657–1705) bis zur Zeit Maria Theresias (1740–80) stieg das Habsburgerreich zur ersten Macht in Europa auf, und das sollte durch den Bau von Palästen und Gärten in monumentalem Stil demonstriert werden. Sie waren das Werk einer aristokratischen Elite, die ohne jeden Anflug von Bescheidenheit die Größe ihres Zeitalters wie auch die eigene zum Ausdruck bringen wollte. Architekten und Künstler wurden zuerst aus Italien geholt, um die große Bauflut nach der Niederlage der Türken zu bewältigen. Später beschäftigte man vorwiegend einheimische Architekten, unter denen Johann Bernhard Fischer von Erlach und Johann Lucas von Hildebrandt die großen, dominierenden Persönlichkeiten waren. Mit dem Tod Hildebrandts 1745 ging die große Epoche des prunkvollen österreichischen Barock zu Ende.

Das Belvedere

Die barocke Glanzzeit wird vielleicht am besten durch die beiden Belvedere-Schlösser repräsentiert, die für Prinz Eugen von Savoyen erbaut wurden, den Retter Österreichs vor den Türken. Sie liegen im Südosten von Wien, etwas außerhalb des mittelalterlichen Stadtkerns, auf einem Gelände, das seit dem Ende der Belagerung 1683 sicher geworden war. Es steigt von der Stadt aus leicht an und liefert somit einen von der Natur vorgegebenen Ausblick über Dächer und Türme; diesen Eindruck von Weite hätte man innerhalb der alten Stadtmauern nie erreichen können. Der Architekt Johann Lukas von Hildebrandt stellte das Untere Belvedere 1716, das Obere 1732 fertig; die Gärten plante er zusammen mit François Girard.

Schönbrunn, der Habsburger-Palast in Wien, sollte in bezug auf Großartigkeit mit Versailles konkurieren können. Obwohl die Anlage technisch nicht so ausgereift war wie die von Le Nôtre, war die Größe des Gartens imposant, und das Hauptparterre erstreckte sich als offenens, reich geschmücktes Rechteck, als ob es aus einem Wald herausgeschält worden wäre.

Um die beiden Schlösser gruppieren sich großartige Anlagen: der Botanische Garten des Salesianerklosters, der Haupt- und Nebengarten des Belvedere und der Garten des Palais Schwarzenberg. Der Hauptgarten des Belvedere bildet ein Rechteck, das die beiden Paläste verbindet, und besteht eigentlich aus zwei Gärten (dem oberen und dem unteren), die Übergänge sind aber derart raffiniert gestaltet, daß man meint, ein einheitliches Ganzes vor sich zu haben.

Die akribisch genaue Ansicht vom Oberen Belvedere aus, die der Maler Bernardo Bellotto (Canaletto d. J.) im 18. Jahrhundert geschaffen hat, zeigt einen bis auf den heutigen Tag fast unveränderten Anblick. Bassins, Brunnen, Parterres, Wege, Treppen, Skulpturen und hohe, makellos beschnittene Hecken bilden den Vordergrund, Himmel und Stadtbild den Hintergrund – alles zusammen ein einmaliges Schauspiel. Vor dem Oberen Belvedere befindet sich ein prachtvoller Vorhof; daneben gab es einmal einen Tierpark, dessen Tiere später den Grundstock des Schönbrunner Tiergartens bildeten.

Die Gärten des Palais Schwarzenberg sind nicht ganz so gut erhalten wie die des Belvedere, und durch die Verbreiterung der Prinz-Eugen-Straße mußte man sie auf einer Seite verkleinern. Es handelt sich bei der Anlage um einen barocken Schattengarten mit einer offenen Terrasse im höhergelegenen Teil, von der man fast die gleiche Aussicht auf die Stadt hat wie vom benachbarten Oberen Belvedere.

Der Mirabellgarten

Der Salzburger Mirabellgarten ist ein weiteres Beispiel für den Überschwang in Österreich nach dem Ende der Belagerung von Wien. Die Arbeit an dem außerhalb der Stadtmauern liegenden Schloß und den Gärten für den Grafen Thun begann im Jahre 1689, der Entwurf stammte wahrscheinlich von Fischer von Erlach. 1721–27 wurden durch Hildebrandt bedeutsame Änderungen vorgenommen, und nach einer Feuersbrunst im Jahre 1818 mußte die Anlage teilweise neu aufgebaut werden. Die Gärten wurden auf bereits bestehende Festungswälle beschränkt und sind so gekonnt angelegt, daß sie das Auge automatisch auf die Festung Hohensalzburg, eine Burg aus dem 12. Jahrhundert auf dem gegenüberliegenden Salzachufer, lenken. Im Zentrum des ursprünglichen Parterres stehen vier Gruppen von Gartenskulpturen nach Entwürfen Fischer von Erlachs. Das älteste Heckentheater nördlich der Alpen hat auf einem Wall seinen Platz.

Schönbrunn

Das kaiserliche Schloß Schönbrunn, einstmals vor den Toren Wiens, ist nicht nur wegen seines ähnlichen Bezugs zur Hauptstadt mit dem Schloß von Versailles zu vergleichen; der Auftrag zur Erstellung von Plänen, den Kaiser Leopold I. um 1690 Fischer von Erlach erteilte, zielte auf eine Anlage, die es mit dem Schloß Ludwig XIV. aufnehmen konnte. Die ersten Entwürfe waren prachtvoll. Das Gelände, auf dem 1683 eine Jagdhaus der Habsburger von den Türken zerstört worden war, war im Norden flach und stieg im Süden plötzlich an. Fischer von Erlach plante einen Palast auf dem ansteigenden Teil im Süden mit einem großartigen architektonischen Garten und einer Kaskade mit sieben Wasserfällen, die sich in die Ebene ergießen sollten – vor dem Hintergrund der in der Ferne liegenden Stadt. Die Kosten wären aber untragbar gewesen, und so wurden die Pläne verworfen; stattdessen stellte man den Palast auf die Ebene, mit Blick zum Hügel.

Im großen und ganzen sind der heutige Palast und der Park das Werk Fischer von Erlachs und seiner Assistenten. Spätere Ergänzungen, die aber das Gesamtkonzept kaum veränderten, ordnete Maria Theresia 1744 an. Der Tierpark wurde 1752 hinzugefügt und spiegelt das Interesse des Kaisers an Tieren wider. Die beherrschende Gloriette, die den ursprünglich für das Schloß vorgesehenen Platz einnimmt, wurde 1775 gebaut, und einige Jahre später errichtete man nachgemachte römische Ruinen im Garten.

Wie in Versailles scheinen die Gärten aus dem Wald herausgeschält zu sein. Der riesige Park wird durch Alleen mit spektakulär beschnittenen Bäumen in Quadrate und Rechtecke unterteilt, hie und da durchkreuzen Diagonalen das Gelände, um architektonische Elemente in den Blickpunkt zu rücken. Im Waldgebiet gibt es verborgene *bosquets*. Dem gleichen Wunsch nach Intimität entspringt auch der *giardino segreto* aus Spalier, der an den Palast anschließt. Das Hauptparterre erstreckt sich als offenes Rechteck etwa über die gesamte Fassadenlänge. Dieses lange, einfache, mit Skulpturen und Wasserelementen reich bestückte Rechteck, der von der Gloriette gekrönte Hügel in der Höhe und der blaue Himmel im Hintergrund bieten ein unvergeßliches Schauspiel. Trotz seiner imposanten Größe und Wirkung ist der Park von Schönbrunn aber keine ernstzunehmende Konkurrenz für die Gärten von André Le Nôtre in Versailles.

Fischer von Erlachs erste Pläne für Schönbrunn waren zu kostspielig. Die Gloriette, die 1775 errichtet wurde, steht auf der für den Palast vorgesehenen Stelle. Die spektakuläre Silhouette krönt die Ansicht des Parterres vom Palast aus.

Schloßhof und Schönborn

Zwei barocke Landgärten haben die Zeiten weniger gut überdauert als die vorgenannten Beispiele, deren Pracht bis heute zu bewundern ist. Schloßhof wurde 1725 von Prinz Eugen von Savoyen erworben, und er beauftragte den Architekten Fischer von Erlach mit dem Umbau und möglicherweise Johann Lukas von Hildebrandt mit der Neugestaltung der Gärten. 1755 ließ Maria Theresia Änderungen vornehmen. Eine von Bernardo Bellotto (Canaletto d. J.) 1758 gemalte Ansicht zeigt, daß die Gärten, die sich von den Wällen eines ehemals halbbefestigten Herrensitzes erstreckten, an Schönheit und Größe denen des Belvederes und von Schönbrunn kaum nachstanden.

Von Schönborn, das Johann Lukas von Hildebrandt für Friedrich von Schönborn entwarf und 1717 fertigstellte, gibt es heute noch das Schloß, die Orangerie und die meisten Alleen. Sie verlaufen nach allen Richtungen, jedoch ohne besonderes Ziel, und beweisen damit, daß die Landschaft in österreichischen Gärten keine wichtige Rolle spielt. Obwohl das eine oder andere Element geändert oder entfernt und der Garten teilweise in einen Landschaftspark umgewandelt wurde, sind die Spuren des vornehmen und interessanten Barockgartens immer noch deutlich.

Russland und die Sowjetunion

Die Gartenbaukunst auf dem Gebiet der Sowjetunion blickt auf eine lange Tradition zurück, die zumindest bis ins 11. Jahrhundert reicht, als Fürsten- und Klostergärten in Kiew von griechischen Gärtnern angelegt wurden. Zu Ende des 15. Jahrhunderts gab

Peterhof, Sommerresidenz und Park Peters des Großen am Finnischen Meerbusen, wurde zur Feier der Rückeroberung der baltischen Länder von Schweden errichtet. Die spektakuläre doppelte Kaskade fällt zum Samson-Brunnen ab, und das Wasser fließt dann über einen von Brunnen flankierten Kanal ins Meer.

es in Moskau großflächige Gärten, und ein Stadtplan aus dem frühen 17. Jahrhundert (in Amsterdam herausgegeben) deutet auf die Existenz zahlreicher Anlagen hin. Dazu gehörten auch der Apothekergarten des Zaren mit einer Allee und der große Schloßgarten, der aus dem Jahre 1495 stammt. Dieser Garten hatte einen geradlinigen Grundriß und lag gegenüber dem Kreml am Flußufer.

Die frühen Gärten waren hauptsächlich Nutzgärten, so auch die zahlreichen Gartenanlagen, die während der Regierungszeit von Iwan IV., Mitte des 16. Jahrhunderts, angelegt wurden. Vor allem Obst wurde angebaut, wie z.B. auf den Gütern Iwans in Kolomenskoje, und man erzeugte auch Getreide. Birken und Zedern dienten als Bau- und Brennholz, und es gab Fischteiche und Bienenstöcke. Bei Ismailowo, einer Sommerresidenz des Zaren in der Nähe von Moskau, legte man in der zweiten Hälfte des 17. Jahrhunderts kunstvolle Gärten an. Sie waren scheinbar zufällig über das Gelände verstreut, und ein aufgestauter Fluß diente als nicht ganz strenge, aber malerische Achse; diese Gärten waren in formalem Stil mit sinnreichen Blumenbeeten, Lauben und Brunnen gestaltet und spiegelten den Einfluß westeuropäischer Renaissancegärten wider. Innerhalb dieser formalen Anlagen baute man eine breite Palette von Früchten (darunter auch Melonen und Trauben) und Getreide an und machte interessante Versuche zur Akklimatisierung von Pflanzen.

Die gewaltigen Fortschritte, die in der Gartenbaukunst des frühen 18. Jahrhunderts gemacht wurden, sind vor allem Peter dem Großen zu verdanken. Sein aufrichtiges Interesse am Gartenbau war durch die Besuche vieler Gärten bei seinen Reisen nach England, den Niederlanden, Frankreich und Berlin noch größer geworden. Er brachte Bücher über die Gartenbaukunst und Stiche von Gärten mit nach Hause und ordnete an, daß ihm noch weitere nachgesandt würden. Außerdem beauftragte er ausländische Fachleute, darunter den Architekten und Gartenbauingenieur Jean-Baptiste Le Blond (ein Schüler Le Nôtres) sowie den Gärtner Jan Roosen mit der Schaffung neuer Gärten in Rußland und mit der Weitergabe ihrer Kenntnisse an russische Gärtner und Architekten.

Holländischer Einfluß: Peterhof

Die ersten Gärten Peters des Großen zeigen den Einfluß holländischer Vorbilder. Das gilt für den Sommergarten bei St. Petersburg (Leningrad), mit dessen Anlage 1703 begonnen wurde, und für den Garten Monplaisir in Peterhof (Petrodworez), dem Sommerpalast und Park am Finnischen Meerbusen, 30 km von Leningrad entfernt. Der Haupteinfluß ging jedoch von den formalen französischen Gärten aus. In späteren Arbeiten in Peterhof und anderen Gärten zeigt sich die Inspiration durch Versailles.

Peter der Große selbst wählte das Gelände für Peterhof, wo das Schloß eindrucksvoll auf einer natürlichen Terrasse plaziert wurde. Er hat wahrscheinlich auch den Grundriß festgelegt. Vieles an der noch bestehenden Anlage stammt von 1716–19, als Le Blond die Oberaufsicht führte, obwohl später zahlreiche Ergänzungen gemacht wurden. Viele davon hat Niccolo Michetti, Le Blonds Nachfolger, ausgeführt, und später Bartolomeo Rastrelli, der den Palast der Kaiserin Elisabeth Mitte des 18. Jahrhunderts erweiterte.

Die doppelten Kaskaden an der nördlichen, dem Meer zugewandten Fassade gehören zu den eindrucksvollsten der Welt. Das Wasser stürzt über marmorne Stufen in ein großes Becken, in dem sich ein vergoldeter Brunnen befindet, der Samson darstellt, wie er das Maul eines Löwen aufreißt. Ein Wasserstrahl von 20 m Höhe schießt in die Luft empor. Dieser Brunnen und eigentlich der gesamte Peterhof waren zur Feier der Rückeroberung der baltischen Länder errichtet worden. Der triumphale Überschwang wird durch zahlreiche vergoldete Brunnen und Statuen mythologischer Gestalten noch verstärkt, die Kaskaden und Becken zieren und den Kanal begleiten. Dieser bringt das Wasser zum Meer, Rußlands lebenswichtiger Anbindung an Europa. Peterhof verdankt viel von seiner Ausstrahlung der Nähe des Meeres, das als Hintergrund als Vordergrund und als Symbol galt.

Auf beiden Seiten des Kanals ist der Untere Park streng geometrisch mit Alleen, *bosquets*, einer großen Zahl von Brunnen, darunter auch solche mit allerlei Tricks, und zwei Wasserfällen angelegt. Es gibt außerdem noch drei Pavillons, unter ihnen Monplaisir. Der ursprüngliche Obere Park, dem Hauptschloß südlich vorgelagert, wurde um 1750 wegen der Erweiterung des Schlosses vergrößert. Das große formale Parterre zwischen dem Schloß und den Eingangstoren, mit Alleen, Grünflächen, Becken, Brunnen und Skulpturen, wird auf jeder Seite von überdachten Wandelgängen und Reihen beschnittener Bäume begrenzt.

Französischer Einfluß

Bei Ekaterintal in Estland und bei Oranienbaum (Lomonosow) und Strelna, zwei weiteren Residenzen von Peter dem Großen am Finnischen Meerbusen, dominiert französischer Einfluß. 1720 beschreibt ein Besucher von Strelna seine Eindrücke. „Nach dem Mahl gingen wir in den Versailles-Garten, der ziemlich groß ist und sich bis ans Meeresufer erstreckt. Er enthält eine Reihe von Kanälen, die ins Meer fließen, einen überdachten, mit Linden bepflanzten Wandelgang, Irrgärten, zudem viele Brunnen und andere wunderschöne Dinge. Am Meeresufer befindet sich ein von Kanälen umgebenes Wäldchen, in dem Tiere frei gehalten werden."

Einige typisch russische Elemente wurden jedoch auch in den Parks neuen Stils beibehalten, besonders die Pflanzung von früchtetragenden Sträuchern in den streng formalen Partien der Gärten und auch von einheimischen Bäumen, darunter beschnittene Tannen und Wacholder.

Mitte des 18. Jahrhunderts wurden während der Herrschaft Kaiserin Elisabeths die Paläste aufwendiger und die Gärten kunstvoller. Rastrelli baute das Schloß Jekaterininski bei Zarskoje Selo neu auf und entwarf hervorragende barocke Pavillons für die neu angelegten Gärten. Die streng geometrisch angelegten Gärten in Kuskowo, dem Landsitz der Scheremetjews, 10 km von Moskau entfernt, stammen auch aus dieser Zeit. Dieser große Paradegarten, der oft für Empfänge, Theateraufführungen, Konzerte, Feste und Feuerwerk diente, wurde von dem Architekten F. S. Argunow, einem Leibeigenen, geplant.

„Anglomanie"

Eine Tendenz weg von den formalen Gärten im französischen Stil, die sich gegen Ende des 18. Jahrhunderts abzeichnete, war vor allem auf den Einfluß Katharinas der Großen zurückzuführen. Bei Zarskoje Selo beschäftigte sie den Architekten Wassili Nejelow (der zuvor nach England geschickt worden war, um Gärten zu studieren), John Busch aus Hannover, dem in London eine

Bei Zarskoje Selo übernahm Katharina die Große den englischen Landschaftsstil mit leidenschaftlichem Enthusiasmus. Charles Cameron, ein Architekt und Landschaftsgärtner schottischer Abstammung, der ungefähr 1779 nach Rußland ging, hatte die Arbeiten hauptsächlich übernommen.

Baumschule gehörte, bevor er nach St. Petersburg zog, und Charles Cameron, einen Architekten und Landschaftsgärtner schottischer Abstammung. Sie sollten große Teile des Parks neu gestalten. Die „natürliche" Landschaft zierten bald neumodische Gartenelemente aus Westeuropa. Nejelows palladianische Brücke geht auf ein englisches Vorbild, die Brücke von Wilton, zurück, obwohl die Umgebung eher an Stowe erinnert. Viele Bauten, die von ihm, von seinem Sohn und von Charles Cameron errichtet wurden, waren im „chinesischen" Stil gehalten: das Chinesische Dorf im heutigen Alexandrowski-Park war die größte Ansammlung von Chinoiserien in ganz Europa. Der wichtigste Beitrag Camerons jedoch war die klassizistisch überdachte Promenade – Katharina gestattete ihm, sie Cameron-Galerie zu nennen.–, die an den Palast anschloß und die Grenze zwischen dem formalen und dem neuangelegten Landschaftsgarten markierte. Von dort aus konnte man die Aussicht auf beide Gärten genießen, und sie bildete in der gesamten Landschaft, die gegen Ende des 18. Jahrhunderts auch die von Cameron selbst entworfene Musterstadt Sofia umfaßte, einen unübersehbaren Blickfang.

Der Tempel der Freundschaft, der von Charles Cameron entworfen wurde und Vorläufer vieler ähnlicher Tempel in Rußland werden sollte, ist ein zentraler Punkt im Landschaftspark. Statuen ehren die hier herrschende Gottheit, Apollo, Beschützer der Täler und Wälder und Patron der Künste.

Pawlowsk

Der größte russische Landschaftspark liegt in Pawlowsk an den Ufern der Slawjanka, 25 km von Leningrad und 3 km von Zarskoje Selo entfernt. Das Schloß, das später mehrfach umgebaut wurde, hat Charles Cameron für den Thronfolger Paul und seine Frau Maria entworfen. Cameron legte auch die eher formalen Gärten in der Nähe des Hauses an und ebenso die „natürliche" Landschaft an den bewaldeten Uferhängen des Flusses. Für den Park entwarf er eine Reihe antikisierender Bauten, unter denen der Tempel der Freundschaft, eine große Rotunde mit Kuppel und dorischen Säulen, die Blicke auf sich zieht. Zu Camerons weiteren Gebäuden gehören die Apollo-Kolonnade – diese Anspielung auf den Beschützer der Täler und Wälder und Freund der Künste unterstrich die Rolle des Parks als eine Art heilige Stätte –, das Vogelhaus und der Pavillon der Grazien. An weniger auffälligen Stellen postierte ländliche Gebäude – eine Molkerei mit Strohdach, eine Einsiedlerklause und die Hütte eines Köhlers – spiegeln den sentimentalen Geschmack der Großfürstin und die gerade vorherrschende Mode in Westeuropa wider.

Vincenzo Brenna gab dem Park einen feierlicheren Anstrich, als Pawlowsk 1796 nach der Thronbesteigung von Paul I. zur Residenz wurde. Die wichtigste Ergänzung war die Alte Sylvia, eine zentrale Waldlichtung, von der 12 Spazierwege ausstrahlen. In der Mitte der Lichtung steht eine Apollostatue, und am Rande, zwischen den Wegen, befinden sich Statuen von Merkur, Venus, Flora und den neun Musen. Pietro Gonzaga, ein italienischer Maler und erfahrener Bühnenbildner, nahm die letzten großen Änderungen an der Pawlowsker Gartenlandschaft zu Beginn des 19. Jahrhunderts vor, indem er das frühere Paradegelände Pauls I. in eine Landschaft von Weiden, Wasser und bewaldeten Inseln umwandelte, in der bestimmte Baumgruppierungen besonders ins Auge stachen. Noch interessanter ist der sogenannte Anlagenteil „Weiße Birken", für die er sich die Szenerie des nördlichen Rußlands zum Vorbild nahm. Er pflanzte Baumgruppen, die wie Wandschirme in einem Bühnenbild standen, und erzielte so eine bemerkenswerte Tiefenwirkung.

SKANDINAVIEN

In der Garten- und Landschaftsgestaltung haben die skandinavischen Länder vieles gemeinsam. Natürlich gibt es in einem so großen Gebiet klimatische und topographische Unterschiede. Im Westen und Südwesten mildert der Golfstrom das Klima, doch kalte Luftmassen bringen oft strenge Winter. Statt des feuchten Festlandklimas im Zentrum herrschen im Norden subarktische Verhältnisse. Dänemarks Landschaft ist eher flach oder leicht hügelig, während im Osten Schwedens das Gelände allmählich abfällt. Norwegen und Teile von Westschweden sind gebirgig, und die Küste wird von Fjorden zerschnitten. Auch politische, soziale und wirtschaftliche Entwicklungen haben bestimmte nationale Züge zur Ausprägung gebracht, die in den Gärten jedes Landes deutlich werden.

Schweden

Der älteste uns bekannte schwedische Gartenplan, ein kleines Parterre für einen Hof im Schloß von Uppsala, zeigt nur unvollkommen die Begeisterung der Wasa-Könige für Bauten und Gärten der Renaissance. Im 16. Jahrhundert brachten Ausländer wie der Franzose Jean Allard und der Deutsche Hans Friese neue Ideen mit. 1563 wurde Allard beauftragt, den erst kürzlich von Friese angelegten Königlichen Garten (Kungsträdgården) in Stockholm zu modernisieren. Er legte einen architektonischen Entwurf vor und schuf einen wahren Lustgarten mit einer Orangerie (der ersten in Schweden). Die Entwicklung solcher Lustgärten im frühen 17. Jahrhundert zeigt den Einfluß des berühmten Hortus Palatinus in Heidelberg, der den König Gustav Adolf II. stark beeindruckt hatte. In der Regel kann man sagen, daß um diese Zeit die Gärten noch sehr einfach und einer älteren Tradition verpflichtet waren, in der Botanik und Architektur selten ein zusammenhängendes Ganzes bildeten.

Schwedens neue Großmachtstellung nach dem Dreißigjährigen Krieg gab wichtige Anstöße zum Bau von Palästen und Gartenanlagen. Die kunstbegeisterte Köni-

Schon 1665 wurde der Botanische Garten in Uppsala angelegt. Er ist eng mit dem Namen des großen schwedischen Botanikers Carl von Linné verbunden, der das binomiale System zur Klassifizierung der Pflanzen entwickelt hat.

Der königliche Palast und die Gartenanlage von Drottningholm sind ein großartiges Beispiel für den schwedischen Barock. Der Entwurf von 1681 stammt von Tessin dem Jüngeren. Das Türkische Zelt entspricht der Vorliebe fürs Exotische in der zweiten Hälfte des 18. Jahrhunderts.

gin Christina berief ausländische Architekten und Gärtner, darunter Simon de la Vallée und André Mollet, zwei Franzosen, die schon bei den königlichen Palästen und Parkanlagen in den Niederlanden zusammengearbeitet hatten. Mollets erster Auftrag war die Modernisierung des königlichen Gartens in Stockholm. Er ließ ein eindrucksvolles *parterre de broderie* anlegen, führte Pflanzen ein und baute Orangerien. Mollet hatte nicht nur dank seiner Entwürfe großen Einfluß, sondern auch durch sein 1651 in Schweden publiziertes Werk über die Prinzipien der klassischen französischen Gartenkunst („Le Jardin de Plaisir"). Seine Ideen wurden von den Architekten Nicodemus Tessin dem Älteren und Jean de la Vallée, Simons Sohn, weiterentwickelt. Nach dem Studium in Frankreich entwarfen sie Villen und Gartenanlagen. Der Graf de la Gardie, ein mächtiger Mann mit eigenen gartengestalterischen Ideen, war einer der wichtigsten Auftraggeber Vallées. Er ließ auch den französisch-italienischen Terrassengarten von Schloß Venngarn anlegen.

Der Name Tessin ist eng mit dem königlichen Palast und den Gärten von Schloß Drottningholm in Stockholm verbunden, auch das „Versailles des Nordens" genannt, das zwischen 1680 und 1700 für die Königinwitwe Hedvig Eleonora gebaut wurde. Allerdings stammt der 1681 entworfene Gartenplan von Tessins Sohn. Der Garten hat inzwischen eine 300jährige Entwicklung hinter sich, doch die Komposition von Tessin dem Jüngeren blieb erkennbar gewahrt. Die Anlage, von zwei Reihen Linden vollkommen umschlossen, umfaßt ein *parterre de broderie* (heute Rasen), *bosquets* und auf einer tieferen Ebene einen Wassergarten. Die Statuen von hoher Qualität stammen – manche als Beutestücke – aus Dänemark und Prag. Viele Einzelheiten gehen auf italienische und französische Gärten zurück: Das Parterre ist dem der Anlage von Vaux-le-Vicomte und der Wassergarten dem von Chantilly nachgebildet. Dennoch beweist

Der Garten des schlichten Landsitzes in Sandemar südöstlich von Stockholm ist eine sehr gut erhaltene schwedische Barockanlage. Die Villa wurde um 1670 erbaut. Wahrscheinlich stammt der Garten aus derselben Zeit.

Drottningholm die künstlerische Originalität von Tessin dem Jüngeren. Johann Hårleman, der oft mit Tessin zusammenarbeitete, entwarf einige der reizvollsten Gärten im französischen Stil. Der besterhaltene Garten des 18. Jahrhunderts ist der schwedische Barockgarten in Sandemar, südöstlich von Stockholm. Das aus Holz gebaute Landhaus an der Ostseeküste stammt von 1670 und ist typisch für die schlichte Architektur dieser Zeit; der Garten veranschaulicht, wie die Ideen der Epoche an bescheidenere Mittel und das rauhere Klima angepaßt wurden. Die ursprünglichen Parterres wurden vereinfacht, aber die gestutzten Kugeln des Spanischen Flieders, die Hecken, die Tannenpyramiden (heute etwas außer Form) und die weißgestrichenen Holzskulpturen – das Ganze von sechs Reihen gestutzter Lindenbäume umgeben – sind fast unverändert geblieben.

Ein weiteres guterhaltenes Landhaus mit Garten ist Sturefors in Östergötland. Der Garten, den Tessin der Jüngeren für ein 1704 von ihm gebautes Haus angelegt hatte, umfaßt ein *parterre de broderie* (jetzt Rasen), eine lange Zentralachse, Lauben und einen Irrgarten. Dieser Teil des Gartens ist von einer Reihe Lindenbäume umrahmt. Eine rechtwinkelige Querachse führt den Besucher zum Kräutergarten und zur Orangerie. Später fügte man am Ende der Hauptachse einen länglichen Teich und auf einem Hügel einen klassizistischen Tempel hinzu. Ein mitteleuropäisch beeinflußter Landschaftsgarten in kleinem Maßstab wurde zur selben Zeit angelegt. Berühmt sind hier ein chinesischer Pavillon in einer Blumenwiese und eine Nachahmung der Ile des Peupliers in Ermenonville (Grabstätte von Jean-Jacques Rousseau).

Das Zeitalter der großen Villen und Gartenanlagen ging mit den Kriegen am Anfang des 18. Jahrhunderts zu Ende. Das reiche Bürgertum strebte nicht nach königlichem Prunk. Seine Gärten hatten intimeren Charakter, obwohl die Grundprinzipien noch barock, aber nicht mehr formalistisch waren. Gute Beispiele hierfür sind Övedskloster und Osterby. Der gut erhaltene Garten von Gunnebo in der Nähe von Göteborg ist wirklich einzigartig, ein leicht italienisierender Terrassengarten vom Ende des Jahrhunderts.

Zu dieser Zeit setzte sich der nun ausgereifte englische Landschaftsgarten in Schweden durch. Fredrik Magnus Piper, der in England studiert hatte und von englischen Landschaftsgärten tief beeindruckt war, wurde zum wichtigsten Protagonisten. Nach Schweden zurückgekehrt, beauftragte ihn Gustav III., die Parkanlagen von Drottningholm und Haga in Stockholm im englischen Stil zu gestalten. Obwohl der großartige Haga-Park nie vollendet und vieles geändert wurde, trägt er immer noch Pipers Handschrift.

Im ganzen 19. und bis ins 20. Jahrhundert blieb der Landschaftsgarten wichtig. Das nach 1900 errichtete Adelsnäs in Östergötland ist ein ausgezeichnetes modernes Beispiel des englischen Parkstils.

Dänemark

König Frederik IV., der im späten 17. Jahrhundert in Dänemark die absolute Monarchie begründete, war bei einem Besuch in Frankreich von den Gärten Le Nôtres sehr beeindruckt. Schloß Frederiksberg in Kopenhagen, mit dessen Bau man 1699 begann, gab ebenso wie der Garten im französischen Barockstil der neuen Machtposition des Königs Ausdruck. Der ursprüngliche Entwurf des schwedischen Architekten Tessin des Jüngeren wurde nicht ausgeführt; Hans Henrik Scheel begann mit der Anlage eines formalen Gartens in Terrassenform, der später von Johan Cornelius Krieger vollendet wurde. Im 18. Jahrhundert wurde dieser Garten zum Naturpark im englischen Stil umgestaltet, der Barockentwurf ging verloren.

Zwei weitere königliche Residenzen hatten Gärten im französischen Barockstil. Schloß Fredensborg in Sjælland, den Sommersitz der königlichen Familie, ließ Frederik IV. im Jahre 1717 bauen. Es liegt im Zentrum einer *patte-d'oie*-Anlage mit sternförmig verlaufenden Alleen, ein *tapis vert* fällt zum See hin ab. Die ursprünglich von Krieger zwischen den Alleen gepflanzten Gehölze sind inzwischen zu mächtigen Buchenwäldern herangewachsen.

Der schönste königliche Garten wurde 1720 von Krieger entworfen und gehört zu Schloß Frederiksborg in Sjælland. Die Terrassen, die aus der der Nordfassade des Schlosses gegenüberliegenden Seite des Hügels herausgearbeitet wurden und durch Rampen verbunden sind, werden von in Form geschnittenem Buchs und Linden betont. Ein ovales, von Linden umgebenes Becken auf der obersten Terrasse speiste mehrere Kaskaden, die schließlich in den See am Fuß des Hügels stürzten. Die strenge Linienführung wird immer noch deutlich in der Wechselwirkung von Lindenalleen und dem ovalen Becken.

Der Adel orientierte sich bei der Anlage von Landsitzen an neuen Gartenidealen, wie bei vielen Anwesen zu sehen ist. Ein frühes Beispiel, wahrscheinlich von Tessin dem Jüngeren 1722 entworfen, ist Clausholm in Jütland. In den wohl bekanntesten historischen Gärten Dänemarks, die im 16. Jahrhundert für das Landhaus Egeskov in Fyn angelegt wurden, sind mehrere Stile nachzuweisen. Da gibt es einen traditionellen Bauerngarten, einen französischen Renaissance-Garten, einen englischen Garten und einen formalen Barockgarten von 1730. In anderen Anlagen fehlte es an Material und Gelände, um Terrassen und Kaskaden in Marmor zu errichten. Stattdessen bepflanzte man Erdwälle und hob Teiche aus, die mit Holz oder Findlingen eingerahmt wurden.

Das Landhaus Sturefors in Östergötland wurde 1704 nach einem Entwurf von Nicodemus Tessin dem Jüngeren errichtet. Die formalen Gärten sind im französischen Stil angelegt; ein englischer Landschaftsgarten kam später noch hinzu.

Die Gartengestaltung wurde in Dänemark wie in anderen Ländern durch den Französischen Stil beeinflußt. Schloß Fredensborg, Sommersitz der dänischen Königsfamilie aus dem 18. Jahrhundert, ist der Blickfang einer patte d'oie-*Anlage von Alleen.*

Der im späten 18. Jahrhundert entstandene Rokokogarten von Liselund in Møn zeigt einen Wandel des Schönheitsideals. Der durch die Ideen Rousseaus beeinflußte Entwurf umfaßt einen angestauten Bach, der Teiche, einen Wasserfall und einen See bildet. Von den Wegen, die sich durch den Buchenwald schlängeln, bietet sich immer wieder der Blick aufs Meer. Künstliche Grabstätten, Hügel und dämmrige Pfade wurden mit der unberührten Landschaft aus Steinen und Wasserfällen kombiniert, um abwechselnd Gefühle von Traurigkeit und Glück zu vermitteln.

Im 19. Jahrhundert wurden viele Gartenanlagen für Schlösser und Villen im Stil englischer Landschaftsparks errichtet. Manchmal gingen dadurch, wie bei Schloß Frederiksberg in Kopenhagen, wertvolle Barockgärten verloren. Die Anlage Glorup in Fyn ist ein klassisches Beispiel für die Entwicklung der Gartenkunst innerhalb von 400 Jahren. Die verschiedenen Phasen sind heute noch sichtbar. Ursprünglich als Barockgarten großen Stils angelegt, wandelte sich die Anlage in einen romantischen Garten, wobei ein Teil in der zweiten Hälfte des 19. Jahrhunderts von H. A. Flindt als Landschaftsgarten gestaltet wurde. Flindt und sein Vorgänger als Hauptinspektor der Königlichen Gärten, Robert Rothe, sind die Begründer des dänischen Landschaftsgartens. Der im späten 19. Jahrhundert entstandene Landhauspark von Gisselfeld in Sjælland wurde von dem Engländer H. E. Milner als Umfeld für das Rote Ziegelhaus entworfen, das auf einer Landenge zwischen zwei Seen steht.

Norwegen

Norwegens Gartengestaltung hatte unter dem wirtschaftlichen und kulturellen Niedergang im späten Mittelalter zu leiden. Erst als der erste lutherische Bischof von Bergen Mitte des 16. Jahrhunderts die Gartenkunst der Renaissance einführte, dämmerte eine neue Ära herauf. Der bischöfliche Garten, den ein geschickter flämischer Gärtner anlegte, wurde zum Vorbild für viele andere.

Der Architekturgarten der Baronie Rosendal in Hardanger geht auf die Zeit um 1660 zurück und gibt einen Eindruck von diesen frühen Gärten. Das wird besonders im Rosengarten mit seinen geometrischen Mustern deutlich.

Das Grundmuster des Renaissancegartens ist auch an der bemerkenswert gut erhaltenen Anlage von Luroy in Nordland an der Atlantikküste unterhalb des Polarkreises ablesbar. Der Garten von 1750 wird teilweise von einer groben Steinmauer eingeschlossen und umfaßt einen Holzpavillon und ein geometrisches Parterre mit einjährigen Sommerblumen.

Nach 1725 entstanden hauptsächlich im Südosten mehrere Repräsentationsgärten von formaler Strenge. Typisch für diese Anlagen sind die Gärten von Linderud in Oslo und Rød in Halden. Hier wird das Bemühen deutlich, die Gärten auf einer Hauptachse mit regelmäßigen Terrassen und spiegelnden Wasserbecken anzulegen. Der Einfluß des französischen Barockgartens ist unverkennbar, doch in Norwegen gab es keinen wohlhabenden und mächtigen Adel, der sich konsequent in diesem Stil gestaltete Gärten und fähige Gartenbaumeister leisten konnte. Trotzdem wurden auf einigen Besitzungen wie Jarlsberg und Hafslund im Südosten mächtige Alleen gepflanzt, und ähnliche Anlagen gibt es auch bei Trondheim, im Norden des Landes.

Die neue Oberschicht, die sich Ende des 18. Jahrhunderts herausbildete, unterhielt enge, internationale Kontakte, vor allem nach England; und bald machte man Bekanntschaft mit den neuen Ideen im Gartenbau. Das erste norwegische Beispiel einer englischen Gartenanlage ist Bogstad Manor außerhalb von Oslo. Dieser Park wurde um 1780 in einer malerischen Seenlandschaft angelegt und hat die Zeit überdauert. Doch nur wenige andere romantische Parks, die später entstanden, sind heute erhalten.

Im 19. Jahrhundert wurde das Pflanzenangebot stark erweitert, vor allem im milderen Meeresklima der Südwestküste. Die kleine Küstenstadt Molde war wegen ihrer üppigen Blumen und farbenprächtigen Gärten bekannt.

Einige öffentliche Parks entstanden in dieser Zeit, darunter der Nygård Park in Bergen mit seinen exotischen Bäumen und der Ravnedalen Park in Kristiansand, dessen steile Granitklippen beeindrucken.

Spanien und Portugal

Die bekanntesten Gärten der iberischen Halbinsel sind die der maurischen Eroberer (siehe Gärten des Islam S. 115). Allzu leicht wird vergessen, daß die Gärten der Alhambra und von Generalife, die zwar geringfügig verändert wurden, aus dem 13. und 14. Jahrhundert stammen und damit die einzigen erhaltenen Anlagen dieser Zeit in Europa sind. Die nachfolgende Entwicklung in Westeuropa hat Gartenanlagen hervorgebracht, die sich vom maurischen Stil stark unterscheiden. Dennoch bleibt dieser große Einfluß spürbar und vor allem für den Charakter von Portugals Gärten bestimmend.

Spanien

Unter den spanischen Habsburgern spielte die Gartenkunst keine wesentliche Rolle. Das läßt sich teilweise durch das strenge Hofzeremoniell erklären, das sich ganz auf den Klosterpalast konzentrierte, wo Andachtsübungen sich mit höfischen Veranstaltungen abwechselten. Der Escorial, Schloß und Kloster Philipps II., wurde zwischen 1563 und 1584 erbaut; es besitzt zahllose Innenhöfe, aber auch sie konnten die freudlose Atmosphäre dieses düsteren Bauwerks nicht mildern.

Aranjuez

Das Jagdhäuschen in Aranjuez wurde von Philipp zur ständigen Sommerresidenz umgebaut, und auch die Gartenanlage erfuhr einige Änderungen. Da er flämisch erzogen worden war, beschäftigte er stets holländische Gärtner, und er bevorzugte den holländischen Stil der kleinen Bereiche mit in Form geschnittenen Hecken. Nach arabischem Beispiel ließ er zuerst ein Reservoir errichten; um 1562 legte man dann den Garten in Quadraten und Rechtecken an. Die ursprüngliche Anlage, die nicht erhalten geblieben ist, umfaßte niedrige und auch größere Brunnen, einige mit übereinanderliegenden Wasserbecken. Man weiß nicht, ob von den heutigen Brunnen einer aus dieser Zeit stammt. Die einzigen italienischen Elemente waren mythologische Skulpturen.

Um 1580 erwog der König, die Tagus-Insel (die durch den gleichnamigen Fluß vom Palast getrennt war) und den Ria-Kanal mit der Anlage zu verbinden. Das Aussehen dieses „Jardin de la Isla", wie die Anlage heute genannt wird, ist nicht ganz klar. Der große Umbau fand Mitte des 17. Jahrhunderts statt, als Cosimo Lotti, der in Florenz die Boboli-Gärten betreut hatte, den Herkules-Brunnen, der eindeutig an Isolotto orientiert ist, inmitten eines großen Beckens schuf.

Buen Retiro

Auch einer der letzten Gärten der spanischen Habsburger, Buen Retiro, jetzt der „Parque de Madrid", wurde von dem Florentiner Cosimo Lotti angelegt. Die Arbeiten erfolgten ab 1628 in mehreren Etappen; wohl aus diesem Grund fehlt der Anlage die Einheitlichkeit und Perspektive. Das große quadratische Becken ist beispielsweise nicht auf einer Linie mit dem Palast und auch von dort nicht zu sehen. Am großen See standen jeweils quadratische Pavillons in den Ecken. Eine ovale Insel war der Mittelpunkt üppiger Festlichkeiten. Ein Kanal, der mit Gondeln befahren werden konnte, führte von der südöstlichen Ecke in andere Wasserbecken.

La Granja

In La Granja am Nordhang des Guadarrama-Gebirges bei Segovia ließ Philipp V. einen neuen Palast als Sommerrefugium erbauen. Die Gärten, die in der ersten Hälfte des 18. Jahrhunderts angelegt wurden, sollten ihn an die seines Großvaters, Ludwigs XIV. von Frankreich, erinnern. In der Wirkung aber unterscheiden sie sich wegen des hügeligen Geländes und der fehlenden Hauptachse zwischen Haus und Garten wesentlich von Versailles.

Die Springbrunnen waren die auffallendsten Elemente dieser Gärten, da aus den nahen Bergen reichlich Wasser floß. Die aus Marmor und buntem Jaspis errichtete Kaskade, an deren Ende ein aus rosa Stein erbauter Pavillon im Régence-Stil steht, war auf die privaten Gemächer des König auf einer Seite des Palastes ausgerichtet. Die die

1661 entwarf der Italiener Cosimo Lotti, der in den Boboli-Gärten in Florenz gearbeitet hatte, den Herkules-Brunnen im Jardin de la Isla in Aranjuez. Er hatte große Ähnlichkeit mit dem Isolotto in den Boboli-Gärten.

Kaskade begleitenden Wege sind abwechselnd mit Vasen und Statuen geschmückt. Die Kaskade war ein Geschenk Isabella Farneses an ihren Ehemann Philipp V., der dazu meinte: „Sie hat mich drei Millionen gekostet und nicht 3 Minuten unterhalten." Nach dem Tod Philipp V. wurden keine neuen königlichen Gärten mehr angelegt, obwohl Karl III., Sohn der Isabella Farnese, sich durch La Granja inspirieren ließ, die Gärten des Palazzo Reale im italienischen Caserta in Auftrag zu geben.

El Laberinto

Ende des 18. Jahrhunderts entstanden in den Randbezirken Barcelonas klassizistische Gärten. El Laberinto, nach einem Irrgarten aus Riesenzypressen auf der Hauptterrasse benannt, ist das einzige erhaltene Beispiel. Die auf einer höheren Ebene gelegene neue Anlage war nicht auf den alten Garten zentriert, vielmehr war das Labyrinth der Bezugspunkt für Kaskaden, Becken, Grotten und Treppen. Ein Weg, von Zypressen gesäumt, führt zu dem von einer weißen Balustrade umgebenen Wasserturm mit einem wunderschönen klassizistischen Pavillon am Ufer. Der Übergang wird von einer halbrunden Zypressenhecke markiert, die durch hohe Steinpfosten verstärkt ist. Die Terrassen jenseits der Hecke gehen in den Wald über.

Obwohl der Charme der kleinen Hofgärten damals wie heute Bestandteil vieler spanischer Häuser ist, wurde die Gartenkunst im 19. Jahrhundert kaum weiterentwickelt. Der englische Landschaftsgarten spielte hier mit Ausnahme einiger Anlagen in Aranjuez kaum eine Rolle.

Portugal

Ideen aus Ost und West bekamen eine nationale Prägung und wurden Grundlage der individuellen Gärten Portugals. Die schönsten Gebäude des Landes stammen aus dem 15. bis 17. Jahrhundert und wurden mit den in Brasilien und Ostindien gemachten Vermögen bezahlt. Eine spezifisch portugiesische Variante der Spätgotik, der Emanuel-Stil, machte üppigen Barockformen Platz. Die Einzigartigkeit der Bauwerke wird durch entsprechende Gärten betont.

Philipp V., der erste Bourbonen-König von Spanien, ließ sich La Granja als Sommerrefugium anlegen. Die Gärten sollten ihn an die seines Großvaters, Ludwigs XIV. von Frankreich, erinnern. Aufwendige Wasserspiele, die durch reiche Wasservorräte gespeist wurden, waren die besondere Attraktion.

Das Azulejo

Hauptelemente vieler portugiesischer Gärten sind Terrassen (da die Landschaft oft hügelig ist), Buchsbaumhaine, von Hecken umgebene Partien, in Form geschnittene Bäume, Brunnen und Steinornamentik. Das Besondere der portugiesischen Gärten aber ist das Azulejo, eine glasierte Kachel maurischen Ursprungs. Bis zur Mitte des 15. Jahrhunderts waren die Muster, entsprechend dem islamischen Erbe, geometrisch. Später jedoch gewann die figurative Ornamentik Italiens die Oberhand, und das Azulejo wurde typisch portugiesisch. Pavillons, Grotten, Nischen, Becken, Brunnen, Verkleidungen, Wände von Loggien – alles wurde mit Kacheln verziert. Durch seine

Der Garten des Palastes von Fronteira in Lissabon ist ein exquisites Beispiel für Anlagen des 17. Jahrhunderts. Der Wasserbehälter (oben) ist einer der prächtigsten in Portugal, und die Azulejos (rechts) sind von unbeschreiblicher Schönheit.

Detailtreue und exquisite Farbabstufung vermochte das Azulejo den Geist des Barock auf besondere Weise auszudrücken. Im 18. Jahrhundert wurde es ein bevorzugtes Mittel des Flamboyant-Stils.

Das verschwenderischste Beispiel der Azulejo-Kunst des 18. Jahrhunderts ist der Palast von Queluz in Estremadura.. Eine wunderschöne Treppe führt zu einem tiefergelegenen Garten, der durch einen heute trockenen holländischen Kanal geteilt ist. Die Seiten sind mit weißen und blauen Azulejos mit Schiffsszenen getäfelt, und die Rokokobrücken, die sich darüberspannen, zieren bunte Kacheln und Plastiken.

Wasserbauten

Ein weiteres maurisches Element, das für portugiesische Gartenanlagen übernommen wurde, ist der Wasserbehälter. Keine Anlage ist ohne Wasserbassin mit Azulejo-Verkleidung vollständig. Einer der schönsten gehört zum Fronteira-Palast in Lissabon. Plastiken und Azulejos beleben diesen außerordentlichen Garten des 17. Jahrhunderts. Auf zwei Ebenen gebaut, zeigt der obere Teil eine prachtvolle Königsgalerie, die mit schimmernden Azulejos ausgelegt ist, während auf der unteren Ebene der Behälter untergebracht ist. Auf den Wänden sind mit himmelblauen und weißen Azulejos Szenen von mittelalterlichen Rittern auf sich aufbäumenden Pferden dargestellt, die sich im Wasser spiegeln.

Ein weiterer berühmter Wasserbehälter befindet sich in Quinta da Bacalhoa bei Setubal. Das 1480 errichtete Haus und der Garten wurden in diesem Jahrhundert sorgfältig restauriert. Eine lange Blumenterrasse verbindet den Wasserbehälter mit dem Architekturgarten, der auf zwei Seiten vom Haus begrenzt wird. An der Südseite des riesigen Wasservierecks steht ein bezaubernder Pavillon, der aus drei kleinen, durch eine arkadenartige Loggia verbundenen Häuschen besteht. Von diesen Gartenhäuschen führen Verbindungstüren zum Wasser und zum Innern des Pavillons. Die winzigen Zimmer sind mit grünen, blauen und gelben Azulejos verkleidet.

Das hügelige Gelände Portugals bietet sich auch für andere Wasserelemente an. In den zahlreichen Wassertreppen und Kaskaden zeigt sich erneut maurischer Einfluß. In Klöstern findet man häufig Wassertreppen, bei denen die Plattformen auf jeder Ebene als Kreuzwegstationen genutzt wurden. Diese Mischung aus religiöser Hingabe und der Liebe zu Wasserspielen ist eine portugiesische Besonderheit.

Castelo Branco

Castelo Branco in Beira Baixa zeigt die besondere Qualität portugiesischer Gartenkunst. 1598 wurden der Palast und der bemerkenswerte Garten vom Bischof von Guarda errichtet. Erwähnenswert sind hier vor allem zwei gegenüberliegende Treppenaufgänge mit einer Prozession von Statuen gekrönter Könige, die die Balustraden herabschreiten. Die Verbindung von Architekturelementen, etwa einer Reihe von Terrassen, mit Hecken, in Form geschnittenen Bäumen, einfallsreichen Wasserspielen und einem prächtigen Wasserbehälter auf der obersten Terrasse, schöpft aus vielen Quellen der Gartenkunst und führt trotzdem zu einem einheitlich harmonischen Gesamteindruck.

Englischer Einfluß

Ein oder zwei Gärten wurden im 19. Jahrhundert im romantischen englischen Stil angelegt, z.B. die Gärten vom Pena-Palast und Monserrate. Sie wurden auf den Sintra-Hügeln von Estremadura angelegt und zeigen eine reiche Sammlung verschiedenster Sträuchern und Bäume. Diese Art der Gartengestaltung setzte sich in Portugal allerdings nie richtig durch. Pflanzen aus China und der Neuen Welt dagegen, besonders Kamelien und Rhododendren, konnten sich im milden Klima Zentral- und Nordportugals gut entwickeln und bilden dort prächtige Waldungen.

Nordamerika

Im 18. Jahrhundert waren die Gärten von Williamsburg in Virginia mit Parterres und kunstvoll geschnittenen Hecken und Bäumen geschmückt, wie es der holländisch-englischen Gartentradition entsprach.

Gärten der ersten Siedler

Die Entdecker der Neuen Welt erzählten von der fruchtbaren Erde, vom nicht endenden Frühling, vom Überfluß an Wildfrüchten, vom Reichtum an Bau- und Brennholz und von Unmengen Fisch. Aber ehrlicherweise hatten sie auch von extremen Klimaunterschieden, Insektenschwärmen und dem Fehlen von Gold berichtet. Die „Gärten", die die frühen Entdecker an der nordamerikanischen Küste vorfanden, gehörten den Indianern, die Klippen und Weiden besiedelten. Daß die Siedler dieses kultivierte Land als „Gärten" bezeichneten, weist auf gärtnerisches Geschick der Eingeborenen, aber auch auf die Wünsche der Siedler hin. Denn im frühen 17. Jahrhundert, als Amerika kolonisiert wurde, waren „Gärten" Symbole des Überlebens.

Als die Siedler in der Neuen Welt ihre Gärten anlegten, machten sie es ebenso wie in ihren Heimatländern. Die ersten Berichte aus Neuengland zeigen, daß es sowohl Zier- als auch Nutzgärten waren, die Gewürz- und Heilkräuter enthielten.

Sie mußten so angelegt werden, daß sie praktisch und gut zu bewirtschaften waren. Damit das Vieh grasen konnte, waren Umzäunungen notwendig. Die Häuser, die entlang den Hauptstraßen gebaut wurden, hatten auf der einen Seite einen Garten, auf der anderen Obstbäume. Diese Anordnung zog sich oft meilenweit hin. Wo Häuser um einen Anger errichtet wurden, legte man Gärten und Obstgärten hinter dem Haus an. In der neuholländischen Siedlung (heute New

York), die durch die Holländische Westindien-Gesellschaft 1624 gegründet wurde, glichen die Gärten den kleinen Stadt- oder Bauerngärten der Niederlande. Obwohl sie vorwiegend auf das Nützliche ausgerichtet waren, zeigten diese Gärten manchmal kunstvolle Blumenbeete, wie sie Ende des 16. Jahrhunderts im nördlichen Europa durch das Musterbuch von Hans Vredeman de Vries populär waren. Die ehrgeizigsten dieser Gärten waren die der Gesellschaft und ihres Generaldirektors Peter Stuyvesant (1646–1664). Der Garten seiner Villa auf der „Battery" in Manhattan wurde 1658 angelegt und erinnert an einen einfachen holländischen Entwurf mit Blumenbeeten und Obstbäumen zu beiden Seiten der Zentralachse.

Im 18. Jahrhundert bewahrte Williamsburg, die Hauptstadt von Virginia zwischen 1699 und 1781, noch die holländisch-englische Tradition der Parterres und des geometrischen (an Stelle des figürlichen) Baumschnitts. 1926 begann man in Williamsburg mit der Restaurierung der Gebäude und Gärten und verwendete nur Pflanzen, von denen man wußte, daß sie damals in Kultur gewesen waren. Eine weitere Restaurierung eines der frühesten Gärten in Neuengland erfolgte in Whipple House Garden in Ipswich, Massachusetts.

*Als man 1926 begann, Williamsburg zu restaurieren, verwendete man nur Pflanzen, die schon in der Gründerzeit in Virginia bekannt waren. In den größten Gärten wie dem des Gouverneurspalasts, Palace Green, bildete ein Laubengang aus amerikanischer Buche (*Fagus grandifolia*) eine Querachse.*

Gouverneurspalast in Williamsburg

Die größten Gärten in Williamsburg sind die des Gouverneurspalastes Palace Green. Der obere Garten, gleich hinter dem Ballsaal, ist symmetrisch um eine Zentralachse angeordnet, die nordwärts vom Haus verläuft, und besteht aus 16 rautenförmigen Blumenbeeten, 12 zylindrischen Formbäumen und einem Dickicht von Immergrün und Efeu. Die Formbäume sind *Ilex vomitoria* und nicht wie üblich Buchs. Der Garten des Ballsaals zu beiden Seiten des Hauses ist ebenso einfach und geometrisch in der Anlage. Der untere Garten wird durch eine breite Ost-West-Achse vom oberen getrennt. Die Gestaltung ist ähnlich, die Bepflanzung allerdings farbenfroher, mit roten Tulpen im April und mit Staudenrabatten. Die abschließende Querachse wird durch eine Buchenlaube (*Fagus grandifolia*) und Aussichtstürme an jedem Ende markiert. Der Irrgarten hinter dem Nordtor ist eine Nachbildung des Irrgartens in Hampton Court, aber mit Stechpalmen (*Ilex opaca*) statt Eiben bepflanzt. Dann gibt es noch einen kunstvollen Wall, der das Eishaus isolierte, und weiter westlich einen Kanal. In den Gartenanlagen der Bürger wurden die Ziergärten diesem Vorbild nachempfunden, allerdings war ein großer Teil für Gemüse und Kräuter reserviert.

John Bartram

Die Siedler lernten sehr schnell, die schönen Pflanzen und Bäume ihrer neuen Heimat in ihre traditionellen Gärten miteinzubeziehen. John Bartram war einer der aktivsten amerikanischen Pflanzensammler, und Linné lobte ihn als einen besonders fähigen Feldbotaniker. Zwischen 1736 und 1766 machte er mehrere Expeditionen, um die Flora des Landes zu erforschen. Er nahm rund 200 neue Pflanzenarten in Kultur. Durch regelmäßige Lieferungen an Peter Collinson und andere Pflanzenzüchter in England wurden viele Arten auch in Europa bekannt. Die Baumschulen, die er auf dem Familiengut einrichtete und die seine Söhne weiterführten, waren bald Hauptlieferanten für Bäume und Sträucher. Noch früher, nämlich 1737, wurden von Robert Prince die Prince-Baumschulen auf Long Island gegründet. Lange Zeit galt diese Baumschule als Hauptexporteur amerikanischer Pflanzen nach Europa und wichtiger Importeur aus allen Erdteilen.

ENTWICKLUNG DES AMERIKANISCHEN STILS

Zwei Amerikanern verdankt das Land die Entwicklung eines ausgeprägten eigenen Stils; beide, George Washington und Thomas Jefferson, spielten während der Revolution eine entscheidende Rolle bei der Gestaltung der Vereinigten Staaten. Zu ihren vielen Interessensgebieten gehörten auch Architektur, Gartenbau und Landwirtschaft. Besonders Jefferson begeisterte sich schon in jungen Jahren für den Gartenbau und setzte sich später besonders für den Anbau amerikanischer Pflanzenarten ein. Als Architekt und Gartengestalter entwarf er sein eigenes Haus, Monticello in Virginia, die Universität von Virginia, auf die Monticello herabblickt, und Häuser und Gartenanlagen seiner Freunde. Um die kleine, klassizistische Villa Monticello dem Gelände anzupassen, ließ er die Hügelspitze abtragen und

Die ordentlichen Gärten von Williamsburg sind ein hübsches Beispiel für Architektur im schlichten häuslichen Maßstab.

Der Pflanzensammler John Bartram hatte einen, wie George Washington ihn nannte, „Botanischen Garten“ auf eigenem Grund in Kingsessing bei Philadelphia. Unter der Leitung von Bartrams Söhnen war die Baumschule führend in der Anzucht von Bäumen und Sträuchern. Durch Neuplanung und Neupflanzung konnte dieser Garten so restauriert werden, wie es seiner Bedeutung für die Geschichte der amerikanischen Gartenkunst entspricht.

konnte so ein riesiges Panorama übersehen. Für den Anbau von Gemüse und Früchten bestimmte Terrassen schlossen sich an ein kurzgeschnittenes, ovales Rasenstück an. Dieses umgab ein Pfad, der zwischen vier großen ovalen Strächerbeeten verlief. Jeffersons Briefe verraten, daß dieser Pfad eigentlich von Blumen eingefaßt werden sollte. Kleine ovale Beete mit einer Fülle von duftenden Blumen waren aus dem Rasen hinter dem Haus ausgeschnitten. Die von Jefferson entworfene Familiengruft lag in einem Wäldchen auf der Rückseite des Hügels. Die Gärten von Monticello waren nach Jeffersons Geschmack angelegt worden; die der Universität von Virginia sind von den Anlagen Ludwigs XIV. in Marly beeinflußt.

George Washington war ein begabter Gärtner und verantwortlich für den Entwurf und den Bepflanzungsplan von Mount Vernon auf einer Anhöhe über dem Potomac. Vom Herrenhaus aus blickt man auf den Fluß, dahinter liegt eine glockenförmige Terrasse, deren Umrisse von zwei gewundenen Auffahrten bestimmt werden. Die Terrasse ist auf einer Seite von einem Blumengarten, auf der andern von einem Gemüsegarten flankiert. Der Blumengarten liegt an der Seite des Hauses mit dem angebauten Salon und dem Gewächshaus, die beide von Washington entworfen wurden. Die Obstbäume in beiden Gärten und die immergrünen Blütensträucher und -bäume an der gewundenen Auffahrt und in den ovalen Sträucherbeeten sollen von Washington selbst gepflanzt worden sein.

Jefferson hatte großes Interesse an der Kultur amerikanischer Pflanzen. Viele wurden im Garten von Monticello, den er selbst entworfen hatte, angebaut. Von der kleinen, klassischen Villa blickt man auf die Universität von Virginia. Unterhalb des Hauses sind Terrassengärten für Gemüse und Obst angelegt.

Die Plantagengärten an der Küste und an den Flüssen von Maryland bis South Carolina waren eine typisch amerikanische Entwicklung des 18. Jahrhunderts. Auf der James-River-Plantage in Virginia z.B. wurden die Häuser und ihre eindrucksvollen Gärten so angelegt, daß man die Aussicht über den Fluß hatte. Stattliche Terrassen (in Charleston, South Carolina, nannte man sie „Falls") sahen vom Fluß aus wie Aufhängungen für das Haus aus. Sie waren architektonische Elemente, gleichsam hochragende Throne zum Aufenthalt im Freien und um die meilenweite Aussicht zu genießen. Diese Terrassen wurden nicht vollgepflanzt, aber große Bäume säumten die Einfahrten, und vom Fluß aus schien es, als wären die Häuser eingerahmt. Meist wurde an einer Seite des Gartens eine hohe Mauer gezogen; das so geschützte Areal umfaßte quadratische Blumen- und Sträucherrabatten, die von breiten Wiesenwegen durchzogen waren.

Als man 1803 Louisiana und damit das gesamte Mississippi-Tal bis zu den Rocky Mountains den Franzosen abkaufte (wodurch sich die Fläche der USA verdoppelte) weckte dieses Gebiet das Interesse amerikanischer und europäischer Gärtner und Botaniker. Die Häuser und Gärten der Händler am Mississippi waren ganz anders als die der Pflanzer an der Ostküste, wo die Besitzer neben den Lagerhäusern und inmitten ihrer Tabakfelder wohnten. In Natchez z.B. schlossen sich die Besitzer der ausgedehnten Baumwoll- und Zuckerrohrplantagen in blühenden Siedlungen zusammen. Große Stadthäuser waren von gepflegten, urbanen Gärten umgeben, die, obwohl sie mit der Zeit einfacher geworden sind, noch immer Gediegenheit ausstrahlen.

André Parmentier

Obwohl die Gartengestaltung der Amerikaner sich viele Jahre nach den geographi-

schen Gegebenheiten, den jeweiligen Bedürfnissen und dem persönlichen Geschmack richtete, waren sie neuen Ideen gegenüber durchaus aufgeschlossen. Seltsamerweise brachte ein Belgier, André Parmentier, den natürlichen Landschaftsentwurf, die sogenannte Englische Schule, nach Amerika. Der Sprößling einer angesehenen europäischen Gärtnerfamilie kam nach New York und fing 1824 mit einer Baumschule an. Er schuf eine kunstvolle Anlage auf einer nicht besonders vielversprechenden, steinigen Landzunge in Brooklyn mit Blick auf den Hafen von New York. In kürzester Zeit hatte er einen prächtigen Garten, eine Baumschule und einen Weinberg. Aufgrund eines Artikels, in dem er seinen neuen Stil beschrieb, wurde ihm die Einführung des Landschaftsgartens in der Neuen Welt zugeschrieben. Herbeiströmende Besucher seiner Baumschule waren von dem „malerischen" Stil entzückt, der

Zu den stattlichen Häusern der Pflanzer auf dem Lande und den hübschen Stadthäusern von Charleston in South Carolina gehören vielfach Gärten, die den Charme des 19. Jahrhunderts bewahrt haben.

„das angenehme Gefühl von Natürlichkeit und Harmonie mit der Landschaft" vermittelte. Rustikale Sitzplätze und Lauben aus gedrehten Baumstämmen wurden später als schmiedeeiserne Repliken verewigt. Die von

Frederick Law Olmsted und Calvert Vaux haben Manhattans Central Park entworfen. Olmsted verstand den öffentlichen Park als eine Art demokratischer Institution, die die Moral der Bürger zum Guten beeinflussen sollte.

Parmentier geschaffenen natürlichen Landschaften waren der Gestaltung früherer ländlicher Friedhöfe nicht unähnlich. Bei den ersten Siedlern war es in ländlichen Gemeinden üblich, den Friedhof auf einem ausgewählten Platz, meist einem Hügel, anzulegen.

Angeregt durch den von Dr. Jacob Bigelow 1820 angelegten Mount-Auburn-Friedhof in Boston, der sich der Landschaft anpaßte, aber auch einen „Experimentiergarten" für heimische und exotische Gehölze umfaßte, begann man, „ländliche Friedhöfe" zu entwerfen. Sie lieferten bald Beispiele für die Übernahme des „Englischen Stils" in den USA.

Andrew Jackson Downing

Ländliche Friedhöfe wie der von Mount Auburn führten zur Idee des öffentlichen Parks, wie ihn Andrew Jackson Downing Mitte des 19. Jahrhunderts propagierte. Downings Einfluß auf die Entwicklung amerikanischer Gärten ist kaum zu überschätzen. Der ehemalige Baumschuler und Gartenexperte, der die Anlage Newburgh Garden für sein Haus am Hudson entworfen hatte, war, was Architektur und Gartenplanung anging, sehr belesen. Er brachte auch John Claudius Loudons Ideen zur Gartengestaltung mit den amerikanischen Erfordernissen und Bedingungen in Einklang. Downing beschrieb malerische Gärten auf eine den amerikanischen Lesern verständliche Weise, er verkleinerte die Maßstäbe so, daß diese Gärten auch für kleine Parzellen und bei schmalem Budget erschwinglich waren. Die Idee der öffentlichen Parks kam ihm angesichts der Popularität, die ländliche Friedhöfe als Ort der Erholung genossen. Als er 1852 starb, waren seine Ideen noch nicht verwirklicht, doch sein Assistent Calvert Vaux, den er 1850 bei einer Reise nach England angestellt hatte und der ihm auch bei den Gartenanlagen des Capitols, des Weißen Hauses und des neuen Smithsonian Institut zur Hand gegangen war, wirkte später bei der Entwicklung des Central Park in New York mit. Nach Downings frühem Tod erschienen mehrere Bücher von überzeugten Anhängern, die seine Ratschläge zur Landschaftsgestaltung weitergaben. Man ging davon aus, daß jeder Amerikaner ein eigenes Haus haben sollte und wollte und seinen Garten nach eigenen Vorstellungen auf angemessene Weise zu gestalten wünschte. In seinem 1870 erschienenen, Downing gewidmeten Buch beschreibt Frank J. Scott seine Sicht des amerikanischen Vorstadtgartens; sie ist bis heute bestimmend für die Landschafts- und Gartengestaltung amerikanischer Kleinstädte. Die Besitzer benachbarter Grundstücke sollten Rasenflächen vor den Häusern so anlegen, daß das gepflegte Grün ununterbrochen über eine ganze Häuserzeile oder einen Stadtteil reichte. Die Hausbesitzer sollten ihren eigenen Gartenstil nur hinter dem Haus verwirklichen und dort ihr Privatleben genießen. Scott war der Meinung, es sei „unchristlich, die Schönheiten der Natur, die wir zu unserem Glück bewahren und gestalten dürfen, vor anderen zu versperren."

Downings Ideen zu öffentlichen Parks wurden von Frederick Olmsted und seinem Partner Calvert Vaux, Downings früherem Mitarbeiter bei der Planung für den Central Park, weiterentwickelt. Olmsted war von Downings Ideen begeistert, aber auch der Birkenhead Park hatte ihn bei einem Besuch in England 1850 nachhaltig beeindruckt. Er

Das Biltmore House in North Carolina für George W. Vanderbilt ist im Stil eines französischen Schlosses aus der Zeit Franz I. erbaut und der Garten dem Le Nôtres in Vaux-le-Vicomte nachempfunden.

erkannte, daß „im demokratischen Amerika nichts von vergleichbarer Wichtigkeit sein sollte als der 'Garten des Volkes'".

Obwohl der Central Park an malerische englische Gartenanlagen erinnert, lag es eigentlich in Olmsteds Absicht, diesen öffentlichen Park als Teil einer großzügigen Stadtplanung anzulegen.

DIE ZEIT DER LANDSITZE

Olmsted bekam den Auftrag, die Gartenanlage für Biltmore House in North Carolina zu entwerfen. Der Besitzer George W. Vanderbilt gehörte zur steinreichen Oberschicht, die zwischen 1880 und 1920 einen Teil ihrer riesigen Vermögen auf den Bau von Landhäusern und üppigen Gartenanlagen nach europäischem Muster verwendete. Olmsted, der auch bei der Beschaffung von Land für Vanderbilts Anwesen behilflich war, zeigte sich an dessen Bestrebungen zur Förderung der Forstwirtschaft im gebirgigen Gelände von Biltmore interessiert. Die Villa wurde zwischen 1891 und 1895 im französischen Stil Franz I. gebaut, der für den Eklektizismus dieser Landhaus-Ära typisch war. So legte man eine große Fläche streng nach Vaux-le-Vicomte in Frankreich an, es gab einen von Spalieren umgebenen Englischen Garten, einen Italienischen Garten mit Wasserbecken, einen Rosengarten und ein Gewächshaus für Orchideen.

Für spätere Landsitze wurde allerdings die italienische Villa dem französischen Château als Quelle der Inspiration vorgezogen. Charles A. Platt, einer der vielen Amerikaner, die Italien bereisten, schrieb begeistert über die glückliche Verbindung von Architektur und umliegendem Gelände bei italienischen Villen; er war einer der Exponenten im Landhausbau nach italienischem Vorbild.

Eine getreulichere Übernahme von Renaissance-Villen, wie das Platt praktiziert hatte, entwarf mit Vizcaya in Florida James Deering zwischen 1912 und 1916. Die Architekturgärten um den cremegelben, als Winterresidenz gedachten Palazzo blicken über die Biscayne-Bucht. Wie alle echten Italienischen Gärten ist die Anlage nicht besonders farbenprächtig. Der Effekt liegt vielmehr im künstlerischen Entwurf und wird durch die sorgfältig beschnittenen Pflanzen noch verstärkt.

Die prachtvolle Anlage von Old Westbury Gardens, die 1906 für John S. Phipps gestaltet wurde, geht wie andere Gärten dieser Zeit auf verschiedene europäische Vorbilder zurück.

Longwood in Pennsylvania, das Pierre S. du Pont 1906 kaufte, umfaßt 400 Hektar hügeliges Gelände. Der Garten nimmt fast ein Drittel der Gesamtfläche ein.

Andere große Anwesen der Zeit vor Ausbruch des Ersten Weltkriegs sind Old Westbury Gardens in New York und Longwood Gardens in Pennsylvania. Old Westbury Gardens wurden 1906 von George Crawley für John S. Phipps angelegt. Mächtige schmiedeeiserne Tore und eine Allee, die ursprünglich von 286 Buchen flankiert war, künden von einer Mischung der unterschiedlichsten Stile. Breite, von großen Rhododendron-Hainen begleitete Stufen führen zu einem kleinen See, einem Buchsbaumgarten am hinteren Ende und, dahinter, einem von Mauern umgebenen Italienischen Garten. Daran grenzen der „Geisterweg", ein Laubengang aus Hemlockstannen, der dem von Battle Abbey in England nachempfunden ist, und ein Pinetum. Der englische Rosengarten und der Schlüsselblumenweg führen zum Garten für die Kinder mit vier Spielhäuschen. Daran schließt sich der große South Lawn mit einer prachtvollen Lindenallee gefolgt von Schwimmbecken und großem See sowie dem von Wildblumen gesäumten Waldweg an.

Pierre S. du Pont kaufte 1906 die Longwood Gardens vor allem, um das 1798 begonnene Arboretum zu retten. Die Gärten machen weniger als ein Drittel des bewaldeten hügeligen Geländes aus. Heute sind die Gärten mit den ausgedehnten Gewächshäusern eine gartenbauliche Attraktion. Gegenüber den Gewächshäusern befinden sich der Brunnen-Garten und das Freilicht-Theater. Außerdem gibt es einen italienischen Wassergarten, strenge und zwanglose Gärten für Zwiebelblumen, einjährige Pflanzen und Stauden, einen Rosengarten, einen gewaltigen Steingarten, Seerosenteiche, einen Gemüsegarten und Waldpromenaden.

Die Gärten des Islam

Der Koran, das heilige Buch des Islam, verspricht jenen Gläubigen, die ein rechtschaffenes Leben führen, daß „die Gärten des Paradieses sie gastlich aufnehmen werden, damit sie für immer dort wohnen können und sich nie fortwünschen werden". In der monotheistischen Religion, die von Mohammed im 7. Jahrhundert n. Chr. begründet wurde, läßt sich die Vorstellung vom Paradies auf das Bild einer Oase in der Wüste zurückführen. Der Koran spricht von „Schatten verbreiten", von „Früchten und Brunnen und Granatäpfeln", von „Brunnen und fließendem Wasser" und „kühlen Zelten". Dieser Lebenswelt liegt als wichtigstes Element das Wasser zugrunde, ein Lebensspender, der auch Geist und Körper erfrischt. Es ist daher nicht überraschend, wenn die Vorstellung vom Paradies auf irdische Gärten übertragen wurde – ein Vorgeschmack auf die versprochene Belohnung im Jenseits.

Die königlichen Jagdgründe und Lustgärten Persiens beeinflußten die Entwicklung der islamischen Idee vom paradiesischen Garten wesentlich. (Das deutsche Wort „Paradies" geht auf das altpersische *pairidaeza* zurück, was soviel wie „geschlossenes Grundstück" oder „Park" bedeutet.) Ihr Einfluß beschränkte sich nicht auf die bloße Vorbildwirkung als üppig-grüner Rückzugsort. Die Perser teilten mit anderen Völkern den Glauben an die Symbolkraft der Zahl Vier, und in ihrer Tradition, die bis 2000 Jahre v. Chr. zurückreicht, stellte der Garten ein abgeschlossenes Quadrat dar, das durch Wassergräben in vier gleiche Teile geteilt wurde. Das Bild des zentralen Lebensbrunnens, der sich in vier Flüsse aufspaltet, findet man sowohl in der buddhistischen Ikonographie als auch in der biblischen Genesis, wo geschrieben steht: „Und es ging aus von Eden ein Strom, den Garten zu bewässern, und teilte sich von da in vier Hauptarme." Der *chahar bagh* (wörtlich „Vierergarten") des Islam stammt jedoch direkt von den vierteiligen Gärten Persiens ab. Die persische Tradition war besonders auf dem Gebiet des heutigen Iran und im Indien der Mogulkaiser wichtig. Bei Samarkand in Usbekistan bauten die Timuriden, Nachfahren von Tamerlan dem Großen (Timur Leng), viele reichbewässerte Gärten, deren Vorbilder der persischen Tradition entstammten und die den ersten Mogulkaiser, Babur, beeinflussen sollten.

Die Bekehrung der Ungläubigen führte zur Verbreitung des Islam, und heilige Kriege brachten den mohamedanischen Glauben nach Nordafrika, Südeuropa und Südasien. Der islamische Garten reiste mit. Obwohl jede Anlage einmalig war, gab es doch eine bemerkenswerte Übereinstimmung im Konzept, die sich in den Gärten von Südspanien bis Nordwestindien über einen Zeitraum von tausend Jahren widerspiegelt.

Der erste Mogulkaiser, Babur, war ein großer Gartenerbauer, und seine Gärten in Kabul und Agra stützten sich auf persische Traditionen,wie aus dieser Miniatur von ca. 1625 hervorgeht.

Die Form war fast immer rechteckig, und eine den Garten umschließende Mauer wurde von einem Tor durchbrochen, das zur Hauptachse überleitete. Diese bildete oft ein Wasserlauf mit einer oder mehreren Nebenachsen, die im rechten Winkel verliefen. Wassergräben und Bassins wurden von Pfaden und Terrassen flankiert, die immer geradlinig ausgerichtet waren und oft an genau begrenzte Bereiche mit Blumen, Sträuchern und schattenspendenden Bäumen anschlossen. Die Bepflanzung lockerte die sonst streng geometrische Ordnung auf. Ein Pavillon diente meist als zentraler Blickfang, alle Ausblicke wurden von einem weiteren Pavillon, einem Tor oder einer Wandvertiefung begrenzt. Beim Bau der Kanäle ließ man sich von Prinzipien der Bewässerungstechnik leiten.

Zu den frühesten islamischen Gärten gehörten Anlagen in Bagdad, dem Sitz der Abbasiden-Dynastie. Die Stadt wurde 762 n. Chr. auf fruchtbarem Boden am Tigris gegründet, wobei man das Wasser vom Fluß und auch aus unterirdischen Kanälen oder *qanats* ableitete. Paläste mit Terrassengärten thronen über dem Fluß; in einigen gab es silberne Bäume und mechanische Vögel. Als Bildungs- und Wissenschaftszentrum (auch die Gartenbaukunst galt als Wissenschaft), das an einem Haupthandelsweg lag, übte Bagdad großen Einfluß aus, obwohl seine Macht im Sinken war, lange bevor die Mongolen 1258 einfielen und die Stadt dem Erdboden gleichmachten.

Islamische Gärten traten in Nordafrika zum ersten Mal im 19. Jahrhundert in Tunis in Erscheinung. Kairo, in der zweiten Hälfte des 10. Jahrhunderts gegründet, hatte Gartenpaläste und Innenhöfe, und diese traditionellen Höfe haben sich in vielen Privathäusern bis heute erhalten. Etwas früher, aber im gleichen Jahrhundert, kamen die Mauren nach Sizilien, wo sie neue Bewässerungstechniken einführten, öffentliche Bäder bauten und das Element Wasser in vielfältiger Form in Gärten und Innenhöfen nutzten.

In der Türkei, die sich im 10. Jahrhundert zum Islam bekehrte, war der Kiosk ein frühes Element der osmanischen Periode, die im späten 13. Jahrhundert begann. Im großen Palast der osmanischen Sultane, Topkapi Sarayi in Istanbul, haben rund 10 Kioske die Zeiten überdauert. Der Bau am Palast auf dem Gelände der alten Akropolis von Byzanz begann im 15. und dauerte bis ins 19. Jahrhundert. Da es in der Türkei häufiger regnet als in vielen anderen Teilen der islamischen Welt, sah man dort bei der Gartengestaltung von der Anlage von Bewässerungsgräben als formalen Achsen häufig ab.

Auf der arabischen Halbinsel regnet es dagegen sehr selten. Im Süden und Westen gibt es nur in unregelmäßigen Abständen Niederschläge; Gartenbau wurde dort schon sehr früh praktiziert. Der Name der Stadt Riad verweist auf das Vorhandensein von Gärten, obwohl dort kaum noch Spuren von frühen islamischen Gärten zu finden sind. Gärten und Obstgärten umgaben die frühere Omajjaden-Hauptstadt Damaskus im heutigen Syrien, eine Stadt, die selbst für ein irdisches Paradies gehalten wurde.

Obwohl die Gestaltung islamischer Gärten im wesentlichen einheitlich war, paßte man sie doch individuellen Bedürfnissen und Gegebenheiten an. Der Garten konnte zum Zufluchtsort einiger weniger Priviligierter oder zum Schauplatz von zeremoniellen Feiern werden. In bescheidenerem Maße gehörte der von einer Mauer umgebene Innenhof nicht nur zu Palästen und Residenzen, sondern auch zu Bazaren und Karawansereien. Er wurde den Bedürfnissen von Moscheen und Koranschulen ebenfalls angepaßt. In diesem Fall war Wasser als Symbol der Reinheit für rituelle Waschungen unverzichtbar, und da das Paradies bekanntlich Wasser im Überfluß hatte, wurden die Reservoirs bis zum Rand gefüllt.

Trotz der Sinnenfreuden, denen man sich in diesen Gärten mit ihrer Abgeschiedenheit, kühlem Schatten, duftenden und farbenfrohen Blumen, mit glitzernden Bassins und murmelnden Brunnen hingeben kann, ist es doch der geistige Aspekt, der ihnen ihren einzigartigen Charakter verleiht.

Der Paradiesgarten als Schauplatz des höfischen Lebens oder als privater Rückzugsort ist ein ständig wiederkehrendes Thema in der Mogul-Kunst, wie man diesem Fliesenbildnis aus der Regierungszeit von Schah Abbas entnehmen kann.

Maurische Gärten in Spanien

Der Myrtenhof oder auch Bassinhof in der Alhambra ist einer der beeindruckendsten Anblicke des maurischen Spanien.

Die islamische Kultur der Mauren, die sich im 8. Jahrhundert n. Chr. in Spanien zu etablieren begann, stand auf einer viel höheren Entwicklungsstufe als die westgotische Kultur, an deren Stelle sie getreten war. Sie hinterließ Spuren, die, lange nachdem die Mauren die Zügel ihrer politischen Macht im späten 15. Jahrhundert aus der Hand gegeben hatten, überdauerten. Die Mauren mit ihren wissenschaftlichen und architektonischen Fähigkeiten brachten Gartenbautechniken mit, die sie in Spanien während ihrer gesamten Herrschaft weiterentwickelten. Im 9. Jahrhundert war Bagdad eine Hauptquelle neuen Wissens und neuer Ideen gewesen, da es als Hauptstadt der Abbasiden Zentrum von Bildung und Wissenschaft war. Im 10. Jahrhundert wurde Córdoba selbst zum Mittelpunkt botanischer Forschung. Die Anwendung dieses Wissens ist u.a. in den Abhandlungen von Ibn al-'Awwam („Buch der Landwirtschaft“, spätes 12. Jahrhundert) und Ibn Luyun („Abhandlung über die Landwirtschaft“, 1348) festgehalten. Im 10. Jahrhundert war die Umgebung Cordóbas von einem ausgedehnten Bewässerungsnetz durchzogen, das Wein- und Obstgärten sowie Ziergärten versorgte.

In ihrer geometrischen Anlage und durch die Art, wie Wasser als zentrales Element privater Abgeschiedenheit genutzt wird, gleichen die maurischen Gärten Spaniens anderen Gartenanlagen der islamischen Welt. Der Anbau von immergrünen Pflanzen, besonders Zitrusfrüchten und duftenden Blumen, war weit verbreitet.

Neben der Moschee, mit deren Bau Yusuf II. 1171 begann und die zur heutigen Kathedrale von Sevilla wurde, liegt der Patio de los Naranjos, den man am besten von der Giralda aus betrachtet, dem Minarett der angrenzenden Moschee. Bewässerungsrinnen versorgen die einzelnen Orangenbäume.

CORDOBA UND SEVILLA

Einer der hervorragendsten Gärten in der Region von Córdoba war Medina Azahara, der vom ersten Herrscher aus dem westlichen Omajjaden-Kalifat von Córdoba gebaut wurde. Beim Bau der Palaststadt von 'Abd-er-Raham II., die in Terrassen auf den hohen Hügeln der Sierra Morena gebaut und von Architekten aus Konstantinopel entworfen worden war, führten byzantinische und möglicherweise ägyptische Handwerker die Aufsicht. Die Gärten, mit deren Anlage 10.000 Arbeiter über einen Zeitraum von 40 Jahren beschäftigt waren, bestanden aus Wassergräben und Brunnen, die sich unterhalb einer marmornen Terrasse erstreckten. Unter einer Kuppel befand sich ein mit Quecksilber gefülltes Porphyrbecken, das das Auge magnetisch anzog. Der Garten ist nun eine überwachsene und malerische Ruine; Ausgrabungen haben eine einfache Vierteilung ans Tageslicht gebracht, der Kreuzungspunkt der Achsen wurde von einem Pavillon markiert. Ein riesiges Bassin spiegelte den Palast wider.

Patio de los Naranjos in Córdoba

Ein noch existierendes, obwohl etwas abgewandeltes Beispiel für frühe omajjadische Gärten in Córdoba ist der Patio de los Naranjos. Ein Text aus dem 11. Jahrhundert beschreibt ihn als wunderschönen Innenhof aus weißem Marmor mit einem von Bäumen gesäumten Wassergraben. Der Patio, der außer den seitlichen, hufeisenförmigen Torbögen kaum Zierat aufweist, mißt 120 m x 60 m und ist in drei Rechtecke unterteilt. Alleen von Orangenbäumen setzen die Säulenreihen im Inneren des Gebäudes fort. Die Bäume sind untereinander durch enge Bewässerungsrinnen verbunden, die mit dem aus Brunnenbecken überlaufenden und heraussprudelnden Wasser versorgt werden. Die Bögen wurden nach der Eroberung von Córdoba durch die Christen im Jahre 1236 mit Mauerwerk geschlossen.

Patio de los Naranjos in Sevilla

Sevilla, die spätere maurische Hauptstadt, hatte ebenfalls malerische Gärten, über deren Aussehen vor dem 12. Jahrhundert aber nur wenig bekannt ist. Neuere Ausgrabungen haben ergeben, daß im Palast von Qasr al-Mubarak die Umrandungen abgesenkter Blumenbeete anscheinend mit Stuckarbeit versehen und bemalt waren, ein Dekorationsstil, der allerdings weniger gepflegt wurde als die Fliesendekoration, die zur Verbreitung der Azulejos in Portugal beitrug. Der Patio de los Naranjos, der an die Moschee anschloß und 1171 von Yusuf II. begonnen wurde, hatte eine ähnliche Anordnung wie der in Córdoba.

Der Alkazar

Der Garten des Alkazar in Sevilla ist die größte noch existierende Gartenanlage in Spanien, deren maurischer Charakter erhalten blieb. Sogar nach dem Fall Córdobas und Sevillas im 13. Jahrhundert dauerte der maurische Stil fort und vermischte sich mit spanisch-christlichen Formen zum Mudéjarstil. Das ursprüngliche Gebäude aus dem 12. Jahrhundert wurde zerstört, aber den Palast der Herrrscher von Sevilla bauten maurische Architekten im 14. Jahrhundert neu auf. Der Garten besteht aus mehreren Arkaden-Höfen mit je einem niedrigen Bassin in der Mitte und einem großen zentralen Compartiment, dessen acht Abteilungen durch beschnittene Hecken voneinander getrennt sind. Vieles wurde geändert und hinzugefügt, darunter ein Pavillon, den Karl V. im 16. Jahrhundert bauen ließ und der u.a. mehrere Scherzbrunnen (*burladores*) enthielt und auch andere Einflüsse italienischer Renaissancegärten aufgenommen hat. Dennoch ist der maurische Charakter des Gartens gewahrt geblieben, was sich in der geometrischen Anordnung, erhöhten Wegen, Brunnenbecken und glasierten Fliesen zeigt. Niedrige Bänke, vertiefte Fenstersitze, glitzerndes Wasser, Ziegelpflasterung und unglasierte Terrakotta, Zypressen, Orangen und Zitronen sowie exakt geplante Aussichtspunkte tragen zum Reiz dieses Gartens bei.

GRANADA

Bis zu seiner Eroberung 1492 blieb Granada der letzte Rückzugsort des muselmanischen Spanien. Hier wurden die Gärten auf Hügeln angelegt, und von Terrassen oder durchbrochenen Mauern aus bot sich die

Die Bepflanzung des Patio de Daraxa (oder Patio de Lindaraja) in der Alhambra ist jüngeren Datums, das Becken ist jedoch arabisch, und der Innenhof hat seinen maurischen Charakter erhalten können.

Aussicht auf die nahegelegene Stadt. Die Gärten der Alhambra und der Generalife haben, wenn auch oft abgeändert, immer noch islamischen Charakter.

Die Alhambra

Die Alhambra oder Rote Burg wurde um die Mitte des 13. Jahrhunderts als königliche Residenz von Mohammed ben Al-Ahmar errichtet. Der Burgkomplex steht östlich der Stadt auf einem Plateau über dem Darro, der ihn mit Wasser versorgt, wobei die Gärten Teil der Außenumgrenzungen sind. Innerhalb der Alhambra gibt es drei Haupt-Innenhofgärten. Der Patio de la Alberca – heute unter dem Namen Patio de los Arrayanes (Hof der Myrten) bekannt und von Yusuf I. Mitte des 14. Jahrhunderts gebaut – überrascht, nach den schmalen, dämmrigen Höfen, durch die man vom Haupteingang aus gehen muß, durch seine sonnige Helle. Die Wasseroberfläche im langgestreckten, rechteckigen Teich, die sich nur wenig unter der Ebene des Pflasters befindet, reflektiert am nördlichen Ende den mit Zinnen befestigten, massiven Torre de Comares. Unter diesem Turm befindet sich eine herrliche Arkade – die mit kunstvoller Filigranarbeit über den Bögen verziert ist – mit einer von bunten Ziegeln bedeckten Hinterwand. Am südlichen Ende des Teiches gibt es eine dazu passende Arkade, während der Hof im Osten und im Westen von den zweistöckigen Seitenflügeln des Palastes begrenzt wird, die bis auf gelegentliche Stuckarbeiten über einer Tür oder einem Fenster sehr schlicht sind. Die beschnittenen Myrtenhecken zu beiden Seiten des Beckens sind jüngeren Datums.

Der Patio de los Leones (Löwenhof), den man von der südöstlichen Ecke des Patio de la Alberca betritt, wurde 1377 von Mohammed V. begonnen. Der Name dieses Innenhofs rührt von dem Brunnen in der Mitte her – ein 12eckiges Becken, das von 12 steinernen Löwen getragen wird, aus deren Rachen dünne Wasserstrahlen spritzen. Im Gegensatz zu der Einfachheit der Löwenfiguren steht die reiche Dekoration der übrigen Architektur. In den vier Himmelsrichtungen

Die Becken und Brunnen der Alhambra und der Generalife werden vom Fluß Darro versorgt, der im Tal unter der Roten Burg und dem Sommerpalast der Sultane vorbeifließt. Ihre Lage wird durch den Hintergrund der schneebedeckten Sierra Nevada vervollkommnet. Auf der Abbildung werden die Gärten des Partal in der Alhambra gezeigt.

befinden sich hinter einer Arkade mit schlanken, reichverzierten Alabastersäulen vier Räume mit vergoldeten Stalaktitendecken. In den Räumen, die nach Norden und Süden weisen und vor jenen, die nach Osten und Westen gerichtet sind, perlt Wasser aus kleinen Brunnen auf Bodenhöhe und fließt in enge Rinnen; diese teilen den Innenhof in vier Abschnitte und treffen sich an der sechseckigen Basis des zentralen Brunnens. Der Beckenrand trägt als Inschrift eine Ode von Ibn Zamrak, die die Schönheit der Alhambra und ihrer Wasserquellen besingt. Der Innenhof ist kaum bepflanzt, aber es ist wahrscheinlich, daß der Boden früher einen Meter tiefer lag, so daß

Sträucher und Blumen die Architektur nicht verdeckten.

Vom Patio de los Leones aus kommt man in den letzten der größeren Innenhöfe, den Patio de Daraxa, manchmal auch Patio de Lindaraja genannt. In ihm ist die frühe maurische Atmosphäre erhalten; das herausgehobene, geriefte Bassin des zentralen Brunnens ist arabisch. Die Bepflanzung mit Buchshecken, Zypressen und Orangenbäumen erfolgte später. In der Nähe befindet sich ein weiterer kleiner Innenhof, der Patio de la Reja oder de los Cipreses, der einen Brunnen und vier große Zypressen umfaßt.

Trotz permanenter Reparaturen und beträchtlicher Änderungen an Gebäuden und Gärten stellt sich die Alhambra mit ihren wohlproportionierten Innenhöfen, die soviel Phantasie, Sicherheit und Können im Umgang mit dem Element Wasser verraten, bis heute als ein Meisterwerk maurischer Bau- und Gartenkunst dar.

Der Name Löwenhof in der Alhambra kommt von den Tieren, die den zentralen Brunnen stützen. Die reich verzierten Räume im Osten und Westen werden mit dem Innenhof durch Wasserrinnen verbunden.

Der Haupteingang zur Generalife führt durch den Hof des langen Teiches. Obwohl viel der gegenwärtigen Form relativ jüngeren Datums ist, erinnert er noch an die islamische Auffassung eines Paradiesgartens.

Die Generalife

Bauten und Gärten der Generalife, einstiger Sommerpalast der Sultane, liegen auf einem steilen Hügel auf der Cerro del Sol mit Blick auf die Alhambra und die Stadt Granada im Westen. Der ursprüngliche Palast wurde Mitte des 13. Jahrhunderts gebaut. Die wiederhergestellten Gebäude sind stark abgeändert worden, und ihr Dekor hat unter der Vernachlässigung sehr gelitten; die Gärten aber konnten ihren Charme bewahren. Der Anblick und das Geräusch von Wasser, das vom oberen Flußlauf des Darro kommt, ist überall gegenwärtig, und Blumen, beschnittene Hecken, Orangen- und Zypressenbäume gedeihen üppig.

Hauptthema des Gartens ist der Patio de la Acequia. Dieser ist etwa 50 m lang und liegt zwischen zwei dreistöckigen, mit Säulengängen versehenen Pavillons. Wasser perlt aus dem lotusförmigen Becken und versorgt den zentralen Kanal, der von lockeren Blumenrabatten, beschnittenen Myrtenhecken und Orangen- und Zypressenbäumen gesäumt wird. Die feinen Wasserstrahlen ergießen sich bogenförmig über den Kanal, aber all das sind späte Ergänzungen. Der ursprüngliche Garten lag einen halben Meter niedriger.

Auf der westlichen Seite des Gartens befindet sich ein Arkadengang, von dem aus man eine prachtvolle Aussicht auf die Alhambra und die Stadt hat, der nördliche Mirador zeigt den Albaicin und die Sacromonte-Hügel. Auf der Ostseite, unter dem schmalen Dienstbotenflügel, befindet sich der obere, wahrscheinlich nach 1319 geschaffene Garten. Der erste Abschnitt, der Patio de los Cipreses, der von Zypressenbäumen umschlossen und im Norden von einem zweistöckigen Wandelgang aus dem 16. Jahrhundert begrenzt ist, enthält ein U-förmiges Becken mit Wasserdüsen. Der Wasserfall im Camino de los Cascades, der sich auf einer höheren Ebene befindet, fließt einen in die Balustrade integrierten Kanal hinunter. Kleine Becken mit winzigen Wasserdüsen beleben jeden Treppenabsatz, während sich über dem Besucher ein Bogen von dichtem Blätterwerk spannt.

Indien und Pakistan

Die Subtilität mogulischer Gärten wird oft in Miniaturen hervorragend wiedergegeben, wie dieses Beispiel aus dem späten 17. Jahrhundert zeigt.

Lange vor der Entstehung des Kaiserreichs der Moguln gab es in Indien eine alte Tradition des Gartenbaus. Für den Buddhismus ist der Garten als ein Ort des Rückzugs und der Meditation wichtig. Das spiegelt sich auch in der Zahl der Gärten wider, die buddhistischen Klöstern und Schulen angeschlossen waren, und auch in den Wohnsitzen der Aristokratie. Viergeteilte Grundrisse gab es bereits in hinduistischen Tempelgärten; den Gärten im Süden stand ausreichend fließendes Wasser zur Verfügung.

Tatsächlich wurden muselmanische Formen schon eingeführt, bevor die Moguln politisch etabliert waren, aber in die Zeit ihrer Herrschaft fiel die wahrhafte Blütezeit der Gärten. Die große Epoche des islamischen Gartens begann in Indien in der ersten Hälfte des 16. Jahrhunderts mit Babur, dem ersten Kaiser, und dauerte bis Anfang des 18. Jahrhunderts. Obwohl die Dynastie erst 1857 zu Fall kam, war der letzte Herrscher, der Gärten von Rang anlegen ließ, Aurangzib – er starb 1707.

Die ersten drei Mogulkaiser

Vorfahren dieser Dynastie waren die Mongolen aus Zentralasien, die in direkter Linie von Dschinghis Khan und Tamerlan abstammten. Im 13. und 14. Jahrhundert eroberten sie Territorien, die lange Zeit zum persischen Kaiserreich gehört hatten; zugleich übernahmen sie die Kultur der Perser, etwa die persische Tradition des Symbolismus und des viergeteilten Gartens oder *chahar bagh*. Die Gartenarchitekten der Mogulkaiser waren jedoch nicht nur Imitatoren. Sie paßten ihre Gärten den Anforderungen des Klimas und des Geländes an und bedachten sehr wohl den Unterschied zwischen dem trockenen iranischen Hochland, dem üppigen, wohlbewässerten Kaschmirtal und den heißen Ebenen Nordindiens.

Der erste Mogulkaiser, Babur, liebte es, sein ganzes, von unaufhörlichen, aber erfolgreichen Kriegen geprägtes Leben lang Gärten anlegen zu lassen und die Künste zu pflegen. Im Alter von 14 Jahren nahm er Samarkand im Sturm, eine Stadt, von der er tief beeindruckt war und die sein Vorfahre Tamerlan gegründet hatte. Seine ersten Gärten ließ er in Kabul in Afghanistan anlegen, das als Basis für die Invasion Indiens dienen sollte. Nach seinem entscheidenden Sieg bei Panipat 1526 verlegte er die Hauptstadt von Delhi nach Agra, wo sein Hof bald eine Reihe von Gärten am Flußufer des Jumna gegenüber dem Fort Agra anlegen ließ. Zumindest drei Gärten in Agra werden Babur selbst zugeschrieben – Zahara Bagh, Dehra Bagh und Ram Bagh, von denen nur der letzte (auch Nur Afshan genannt) noch heute in erkennbarer Form existiert. Dieser ist, trotz vieler Änderungen, höchstwahrscheinlich der älteste noch bestehende Mogulgarten und zeigt viele Merkmale, die sich auch in späteren Beispielen wiederfinden. Wichtige Elemente waren ein großer Ziehbrunnen, ein Aquädukt und Bewässerungskanäle. Zur traditionellen Anlage gehörten geometrische Wege und Terrassen, die hier um etwa 3 m angehoben waren und damit auf gleicher Höhe mit den Blüten der sie umgebenden Obstbäume lagen. Die Bäume wurden aus schmalen Rinnen bewässert, die in der Mitte der Wege verliefen. In den Ecken befanden sich *chabutras*, kleine, quadratische Erhöhungen, auf denen man rasten und die Aussicht genießen konnte. Es gab schöne Pavillons mit Blick über den Fluß, und auch für Wohnhäuser und heiße Bäder waren Vorkehrungen getroffen. Die ursprüngliche Bepflanzung mit Obstbäumen und Blumen wuchs später mit Waldbäumen zu.

Babur, der erste Mogulkaiser, der hier in einem Garten gezeigt wird, war ein höchst erfolgreicher Krieger, aber auch ein großer Kunstliebhaber und begeisterter Gartenerbauer. Er hat Kabul immer als seine Heimat betrachtet, aber nach seinem Einmarsch in Indien legten er und seine Hofgesellschaft eine Reihe hervorragender Gärten an, hauptsächlich an den Ufern des Flusses Jumna in Agra.

Humayun, der zweite Mogulkaiser, trug vergleichsweise wenig zur Entwicklung des Gartenbaus bei, aber sein Grabmal in Delhi ist der erste Mogulgarten, der fast unverändert geblieben ist. Er wurde von seiner Witwe angelegt und 1573 fertiggestellt, obwohl die umgebende Anlage wahrscheinlich schon wesentlich früher in Angriff genommen wurde. Falls das der Fall ist, hätten wir hier ein frühes Beispiel der Mogultradition vor uns, bei der der Grabmalgarten zu Lebzeiten des Besitzers als Vergnügungsgarten genutzt und der zentrale Pavillon nach seinem Tod zum Mausoleum umfunktioniert wurde. Das Gelände ist eben, und die Anordnung, ein *chahar bagh* mit einem komplizierten Muster von Quadraten, die rund um ein imposantes Mausoleum angelegt wurden, zeugt mit den schmalen Rinnsalen und den seichten Becken von persischem Einfluß.

Der dritte und größte Kaiser, Akbar, der von 1556 bis 1605 herrschte, war an Gärten wenig interessiert, aber der Anschluß von Kaschmir – das er einmal seinen Privatgarten nannte – im Jahre 1586 war von größter Bedeutung für die spätere Geschichte der Gartenbaukunst; denn Wasserreichtum,

Bei Amber, der Hauptstadt des mächtigen Radschputenreiches Jaipur, enthält ein Garten in den Frauengemächern des alten Palastes komplizierte Steinparterres, die in den Details eher radschputisch als mogulisch sind.

strahlende Sonne, fruchtbarer Boden und eine dramatische Szenerie boten seinen Nachfolgern ausgezeichnete Möglichkeiten.

Die tolerante Politik, die er verfolgte förderte die Entwicklung neuer Ideen in der Gartengestaltung und führte zu einer Verschmelzung von hinduistischen und islamischen Traditionen. Eine gartenbauliche Glanzleistung dieses Radschputen-Stils kann man in Amber bewundern, das von 1037 bis 1728 Hauptstadt des mächtigen Radschputen-Staates Jaipur war. Zwei Gärten, der eine gehörte zu den Frauengemächern des alten Palastes, der andere war ein Seegarten, zeigen komplizierte steinerne Bereiche mit Sternmuster auf.

Das goldene Zeitalter der Mogulgärten

Die herausragenden Gärten Indiens zur Mogulzeit, darunter einige der schönsten Gärten der Welt, wurden in der ersten Hälfte des 17. Jahrhunderts von Akbars Sohn Jahangir und von seinem Enkel Shah Jahan geschaffen. Jahangir, der von 1605 bis 1627 regierte, entwickelte eine lebenslange Zuneigung zu Kaschmir, das er das erste Mal in Begleitung seines Vaters besuchte. Er heiratete später die Perserin Nur Jahan, und gemeinsam förderten sie die Gartengestaltung in Kaschmir. Ihrem Beispiel folgten Mitglieder des Hofes; es wird behauptet, daß zu Lebzeiten Jahangirs nicht weniger als 777 Gärten an den Seeufern des Dal inmitten des Kaschmirtals angelegt waren.

Vernag

Drei von Jahangirs Kaschmirgärten gibt es heute noch: Achabal und Vernag, beide in der Nähe von Islamabad, und Shalamar Bagh bei Srinagar. Der Lieblingsgarten des Kaisers und seiner Gemahlin war Vernag. In diesem heiter-besinnlichen und abgelegenen Garten wollte der Kaiser begraben werden. Er starb jedoch auf der Rückreise von Kaschmir, und sein Leichnam wurde nach Lahore überführt. Die Anlage besteht aus einem achteckigen, von bogenförmigen Vertiefungen umgebenen Bassin, von dem aus ein Kanal von beinahe 300 m Länge zum Fluß führt. Ein kleinerer Kanal bildet die Querachse. Es gibt kaum irgendwelche Spuren von dem Palast, den Jahangir erbauen ließ, oder von anderen Gebäuden, die Shah Jahan anfügte, aber die Lage und besonders der Gegensatz zwischen den ebenen Anlagen und den steil ansteigenden Hügeln im Hintergrund verleiht dem Garten einen romantischen Reiz.

Achabal

Achabal liegt dort, wo das Kaschmirtal endet und die Berge beginnen. Auch hier gibt es eine alte Quelle, Akshavale, die mit großem Druck am Fuße der Hügel hervorsprudelt. In keinem anderen Mogulgarten wurde das Element Wasser in solcher Fülle genutzt. Der Plan, der meist der Kaiserin Nur Jahan zugeschrieben wird, stammt von 1620.

Nur einige wenige der mehreren hundert mogulischen Gärten, die einst die Ufer des Dal-Sees im Kashmir-Tal säumten, existieren heute noch. Von diesen ist Nishat Bagh der größte. Man näherte sich ihm ursprünglich auf einem Boot vom inneren See aus, und seine 12 Terrassen stiegen gegen den phantastischen Hintergrund einer Bergsilhouette an.

Der große Wasserfall am höchsten Punkt des Gartens, der früher von hinten beleuchtet wurde, weitet sich nach unten in aufeinanderfolgende Becken aus, in denen Springbrunnen stehen. Ein Inselpavillon, der durch Brückenstege zu erreichen ist, befindet sich im ersten Becken. Danach fließt das Wasser unter dem Hauptpavillon durch und schießt über zwei Wasserrinnen oder *chadars* auf eine andere Ebene hinunter; schließlich erreicht es den Fluß. Auf beiden Seiten des Gartens führen zwei weitere Kanäle einen rauschenden Wasserstrom, der über große Wasserrinnen hinunterschießt und dann fast in Bodennähe verläuft. Große Bäume umgeben das Herzstück des Gartens, und zwischen ihnen wurden in regelmäßigen Abständen massive steinerne Plattformen (*chabutras*) gebaut, die zum Sitzen einladen und einen schönen Ausblick auf den Garten gewähren. Auf der einen Seite gibt es ein *hummum* oder Bad. Die bestehenden Pavillons stammen aus einer späteren Zeit und wurden auf die alten Mogulfundamente gebaut. Nach François Bernier, der zwischen 1658 und 1664 viel in Indien herumreiste und Kaschmir besuchte, stand der Garten einmal voller Obstbäume, und es gab „Äpfel, Birnen, Pflaumen, Pfirsiche und Kirschen".

Shalamar Bagh, Srinagar

Der Name Shalamar, der soviel wie Ort der Liebe bedeutet, wurde drei großen Mogulgärten verliehen, von denen der von Jahangir am See Dal wegen seiner vollkommenen Proportionen und der fein ausgearbeiteten Details herausragt. Ein Fluß am Kopfende des Gartens wurde umgeleitet; er bildet den zentralen Kanal, der über die drei Terrassen des Gartens floß, bevor er den See erreichte. Eine moderne Straße durchtrennt die ursprünglich herrliche Anfahrt über einen langen Kanal vom See her, die zum Diwn-i-Am führte, dem Saal für öffentliche Audienzen. Hier saß der Kaiser auf seinem schwarzen Marmorthron, um sich dem Volk zu präsentieren. Der kaiserliche Privatgarten sowie der Zenana, der Garten der Frauen, lagen dahinter. Beide hatten die Form eines Quadrats und enthielten Wasserspiele, Brunnen und Pavillons in zentraler Lage. Vom Diwan-i-Khas, der quer über dem Wasserfall in den kaiserlichen Garten gebaut wurde, steht nur noch die Basis, aber der steinerne Thron vor dem Wasserfall ist noch zu sehen. Der Zenana-Garten, dessen Eingang von zwei kleinen Pavillons bewacht wird, enthält den Schwarzen Pavillon von Shah Jahan. Dieses von einer Kuppel bedeckte Marmorbauwerk (die Kuppel ist durch ein dreistufiges Dach ersetzt worden), das völlig von Wasser und Brunnen umgeben ist, bildete den Höhepunkt des Gartens. Im Wasserfall dahinter gab es Nischen, *chini-kanas*, in die man Lichter stellte, um das fallende Wasser von hinten zu beleuchten. Die Stege zu den Pavillons wölbten sich, um dem Wasserlauf mehr Freiheit zu geben und die Illusion von größerer Tiefe zu vermitteln, obwohl das Wasser verhältnismäßig seicht war.

Dieser Garten wurde von vielen, allein durch die Kraft des Wassers betriebenen Springbrunnen belebt, die kräftige Wasserstrahlen emporschickten. Auf beiden Seiten des zentralen Kanals trennen hohe Bäume das Herzstück der Anlage vom Obstgarten nach persischer Tradition, der sich auf einer tieferen Ebene befindet. Die Welt draußen kann von zweistöckigen Aussichtshäuschen an den Ecken des Gartens beobachtet werden.

Nishat Bagh

Der einzige weitere Garten Kaschmirs aus dieser Zeit, der heute noch existiert, ist Nishat Bagh, in der Nachbarschaft von Shalamar am Dalsee gelegen. Er wird im allgemeinen Asa Khan IV., einem Bruder der Kaiserin Nur Jahan, zugeschrieben. Der dramatische Effekt dieses Gartens liegt in der Aufeinanderfolge von zwölf Terrassen, die für je ein Tierkreiszeichen standen und vom See aus aufstiegen; den Hintergrund bildeten die Berge. Mit einem Boot konnte man sich ihnen von einem inneren See aus nähern. Die gleiche Straße, die Shalamar Bagh heute durchschneidet, hat die am tiefsten gelegene Terrasse abgetrennt, und der Hauptpavillon blickt nun auf die Straße.

Da Nishat Bagh kein königlicher Garten war, mußte er nicht als Hintergrund für zeremonielle Ereignisse dienen. Er besteht nur aus zwei Teilen, nämlich dem in Terrassen eingeteilten Lustgarten und, auf höchster Ebene, aus dem Zenana-Garten, der von zwei hübschen, dreistöckigen Aussichtshäuschen flankiert wird, die einen herrlichen Blick auf die darunterliegenden Reisfelder und den Dalsee gewähren. Das wichtigste Element des Gartens ist der zentrale, durch Brunnen bereicherte Kanal. Früher floß das Wasser durch den Pavillon, um sich direkt in den See zu ergießen. Höhenunterschiede am Kanal wurden bewußt betont und durch breite Becken, Treppenfluchten oder Wasserthrone hervorgehoben; solche Throne waren große Steinplatten, die so plaziert wurden, daß man dort sitzend die Aussicht und die angenehme Kühle des darunter fließenden Wassers gleichzeitig genießen konnte. Die Gesamtgestaltung des Gartens wird auch von großen Bäumen und Obstgärten bestimmt.

Chasma Ahahi

Der luxuröse Hof von Shah Jahan (1628 bis 1658), der von seinem Sohn Aurangzib entthront wurde, nahm Gartengestalter und hervorragende Handwerker aus Europa und Asien in seine Dienste. An Bauten und Gärten machte sich persischer Einfluß bemerkbar. Während die größten von Shah Jahans Projekten auf flachem Gelände in den indischen Ebenen ausgeführt wurden, leistete er selbst auch seinen Beitrag zu den Gärten bei Shalamar, und wahrscheinlich war er für die Anlage von Chasma Shahi bei Srinagar, 1632, verantwortlich. Ein kleiner, abgeschlossener Garten (Garten der Königlichen Quelle) macht sich auf effektvolle Weise die Höhenunterschiede eines steilen Geländes hoch über dem Dalsee zunutze. Wasser von einer reichen Quelle, die dem Garten seinen Namen gab, schoß in ein herrliches Lotusbecken (das verlorengegangen ist) im oberen Pavillon, bevor es über einen kleinen Wasserfall und einen Kanal in ein großes rechteckiges Becken floß, in dem sich der Hauptpavillon spiegelte. Dieser befand sich auf einer hohen Stützmauer, und das Wasser wurde über einen steilen Wasserfall geleitet, um einen weiteren darunterliegenden Wassergarten zu versorgen. Viele Änderungen hat man hier vorgenommen, aber die Aussicht auf die Umgebung, den Dalsee mit seinen Inseln und den Hügeln im Hintergrund, ist immer noch atemberaubend, besonders wenn alles in die späte Nachmittagssonne getaucht ist.

Shalamar Bagh, Lahore

Einer der großartigsten Mogulgärten war Shalamar Bagh bei Lahore, der Ausgangspunkt für die kaiserlichen Reisen nach Kaschmir. Der Garten, um 1642 fertiggestellt, wurde anläßlich der Errichtung eines Kanals zur Lösung des Wasserversorgungsproblems der Stadt angelegt, und zwar auf drei Ebenen. Auf der mittleren Terrasse befand sich ein enormes Reservoir von über 70 m Breite, in dem die aus mehr als 100 Brunnen schießenden Wasserfontänen in der Sonne glitzerten und in dessen Mitte eine marmorne Plattform war. Der Garten war ursprünglich mit großem Luxus ausgestattet, mit marmornen und achatenen Pavillons, verziertem Mauerwerk, Wasserfällen, die in der Nacht von hinten angestrahlt wurden, und goldenen, tagsüber mit Blumen gefüllten Vasen. Der Garten war auch mit Bädern versehen. Obwohl die Gärten noch in gutem Zustand sind, existieren nur wenige der ursprünglichen Bauwerke. Der heutige Eingang führt die Besucher entgegengesetzt zur ursprünglich beabsichtigten Richtung durch die Anlage.

Der Shalamar Bagh von Lahore, hier etwas naiv dargestellt, wurde zur Feier der Fertigstellung eines Kanals erbaut, der Lahore mit Wasser aus dem Fluß Ravi versorgte. Die luxuriösen Gärten wurden vom Kaiser Schah Jahan ungefähr 1642 feierlich eröffnet.

Rotes Fort

In Shah Jahans neuer Stadt Delhi bestand des Rote Fort, das auf drei Seiten von einem Graben umgeben war, aus einem Komplex von Häusern, Palästen und Gärten, die alle mit fließendem Wasser versorgt wurden. Zwei Gärten – Hayat Baksh, der lebensspendende Garten, und Mahtab Bagh, der Mondlichtgarten – waren in eine große, gemeinsame Anlage eingeschlossen. Sie wurden in Kontrastfarben bepflanzt, der Hayat Baksh in glühendem Rot und Purpur, der Mondlichtgarten in blassen Farben. Der Mahtab Bagh ist verschwunden, aber der Hayat Baksh hat teilweise überdauert. Er war als Wassergarten mit einem großen, zentralen Badebecken geplant; im 19. Jahrhundert wurde ein roter Sandsteinpavillon angefügt. Wie andere Teile dieses Komplexes kann man sich auch diesen Garten ohne Wasser nur schwer vorstellen.

Taj Mahal

Das Grabmal und die umgebenden Gärten waren ein Denkmal für Shah Jahans Lieblingsfrau, Mumtaz Mahal, die 1631 nach der Geburt ihres vierzehnten Kindes starb. Der Plan hielt sich an die klassische Vierteilung des Paradiesgartens, aber das Grabmal ist nicht zentral plaziert, sondern steht als Höhepunkt in weißem Marmor am Ende des Gartens auf einer erhöhten Terrasse und blickt über den Fluß Jumna. Roter Sandstein wurde für die anderen Gebäude des Komplexes benutzt – für das Pförtnerhäuschen, die umgebenden Mauern, die Moschee und die Versammlungshalle, die das Grabmal flankieren, und auch für die beiden Pavillons an den Enden der Querachse. In der Mitte liegt ein angehobenes Bassin, das den Marmor reflektiert. Der Garten war früher in ein kompliziertes Muster von Quadraten eingeteilt. An den Promenaden standen höhere, schattenspendende Bäume. Die Stege sind leicht angehoben, um die Bewässerung des Gartens zu ermöglichen. Die hohe Qualität der Handwerkskunst ist noch ersichtlich, aber der Charakter des Gartens wurde besonders durch Pflanzung hoher Bäume verändert, die dem Garten ein eher europäisches als mogulisches Aussehen geben. Die Sternmuster der Parterres entlang den Kanälen sind immer noch sichtbar, aber Blumen und Früchte sind verschwunden. Grabmal und Garten wurden in 22 Jahren errichtet, und nach seinem Tod wurde Shah Jahan hier neben seiner Frau begraben.

Der bekannteste Grabgarten des mogulischen Indien ist derjenige, der das Taj Mahal umgibt. Die Bepflanzung, die hier in einer Ansicht aus dem 19. Jahrhundert gezeigt wird, hat dem Garten seinen europäischen Charakter verliehen.

IRAN

Der Madrassa Mader-i Schah bei Isfahan, der im frühen 18. Jahrhundert erbaut wurde, ist das bewundernswertes Beispiel eines Innenhofgartens, der von einer Koranschule umschlossen wird.

Obwohl die persische Tradition für die Entwicklung der islamischen Gartenbaukunst eine so wichtige Rolle spielte, gibt es im Iran heute keinen Garten, der viel älter als 500 Jahre ist. Die arabischen Invasoren, die den Islam im 7. Jahrhundert n. Chr. auf der iranischen Hochebene verbreiteten, kämpften um eine Region, die so unfruchtbar war, daß das Anlegen von Gärten beinahe einem Wunder gleichkam. Mit Ausnahme der Küste des Kaspischen Meeres mit ihren milden Temperaturen, häufigen Regenfällen und intensiver Landwirtschaft gibt es im ganzen Iran kaum Oberflächenwasser, und auf Sommer mit sengender Hitze folgen oft bitterkalte Winter. Die natürliche Vegetation dieses ungastlichen Landes ist sehr kärglich. Die Bewässerung der Hochebene erfolgt durch *qanats*, unterirdische Kanäle, die mittels vertikaler Schächte belüftet und durch die Schneeschmelze auf den Bergen mit Wasser versorgt werden.

Sichtbare Beweise eines frühen Gartenbaus sind spärlich gesät, doch Stiche und Schriftstücke, Miniaturen und Teppiche bezeugen eindrucksvoll die Freude am Gartenbau, die durch die gesamte Geschichte Persiens nachzuverfolgen ist. Bewässerung war für die Anlage von baumbeschatteten, kühlen Orten der Zuflucht vor der heißen und staubigen Welt draußen unabdingbar. Früchte, Blumen, Vögel und Fische verliehen persischen Gärten eine Heiterkeit und Lebendigkeit, die die Künstler in hinreißenden Illustrationen festgehalten haben. Das Bewässerungssystem, das nötig war, um die-

Der Chehel Sutun verdankt seinen Namen den 20 Säulen, die das große Portal stützen und in dem Becken vor dem Pavillon reflektiert werden. Er befindet sich in einem Garten, der geometrisch unterteilte Parterres enthält.

sen Teil der Wüste zum Leben zu erwecken und das Abbild eines irdischen Paradieses zu schaffen, ist vielleicht das wichtigste Erbe der alten persischen Gärten.

Schah Abbas und die Gärten von Isfahan

Isfahan, eine der ältesten Städte des iranischen Hochlands, profitierte von wichtigen öffentlichen Bauten, die der Safawiden-Herrscher Schah Abbas I. (1587–1628) ausführen ließ, als er sie zu seiner Hauptstadt machte. Die Hauptelemente des Stadtplans gibt es immer noch, obwohl ihr ursprüngliches Aussehen stark verändert wurde. Der Majdan (Garten der Ebene), einer der größten öffentlichen Platze der Welt, umfaßt großartige Monumente der safawidischen Architektur. Im Norden befinden sich der Eingang zu Isfahans großem Basar, im Süden die Königsmoschee, im Osten die Lutfullah-Moschee mit ihren blauen Fliesen und im Westen das Ali Qapu oder Tor des Ali.

Der riesige Komplex der königlichen Gebäude, der von Bäumen, Teichen, Brunnen und Gräben mit fließendem Wasser umgeben ist und zu dem dieses monumentale Tor führte, wurde inzwischen stark verändert. Das sechsstöckige Gebäude jedoch mit seinen reichdekorierten privaten und öffentlichen Gemächern ist erhalten. Unter einem großen, von 18 schlanken Holzsäulen gestützten Portal befindet sich ein marmornes Becken mit 3 Brunnen, die einst von Wasser gespeist wurden, das Ochsen auf eine höhere Ebene ziehen mußten.

Von diesem Portal aus konnte der Schah auf das bunte Treiben des Majdan hinunterblicken. Der Platz wurde von einer zweistöckigen Galeriewand mit einer Reihe von Nischen umschlossen. Im unteren Geschoß beherbergten diese Nischen Händler, die an Markttagen unterschiedliche Waren auf dem Majdan feilboten. Rund um den riesigen Platz gibt es heute noch Händler, und auch die monumentalen Gebäude stehen noch. Die jetzige Bepflanzung hat allerdings das ursprüngliche Aussehen des Platzes völlig verändert; er wurde zu Schah Abbas' Zeiten für die Vorführung von Reiter- und Schützenkunststücken und zum Polospielen verwendet.

Die Hauptachse von Schah Abbas' Plan für Isfahan war die Chahar-Bagh-Allee, die in Nord-Süd-Richtung westlich des Majdan verlief und in der aus dem 17. Jahrhundert stammenden Allahverdikhan-Brücke über den Zajandeh-Rud endete. In diesem Gebiet, am Ufer des Flusses, gab es früher weitere königliche Gärten. Die Chahar-Bagh-Allee selbst wurde als schattenspendende Promenade angelegt und von Palastgebäuden und hübschen Kiosken mit dahinterliegenen schattigen Gärten gesäumt. Ursprünglich war sie 75 m breit, mit einem von einer Steinkante eingefaßten Kanal, den Pappeln und Platanen säumten und der in der Mitte verlief. Ein leichtes Gefälle ermöglichte die Anlage von Wasserfällen; auch gab es viele Becken und Brunnen. Der zentrale Kanal von damals ist verschwunden, zusammen mit den meisten Pappeln.

Der nördliche Endpunkt der Chahar-Bagh-Allee, Hazar Jerib, war der Platz, wo die drei ostwestlich verlaufenden Alleen die zwölf nordsüdlich verlaufenden kreuzten. Dort gab es Pavillons, verschieden geformte Becken, Fontänen und viele Blumen.

Gegen Ende des 16. Jahrhunderts wurde ein königlicher Pavillon, Chehel Sutun (Vierzig Säulen), am nordwestlichen Ende des Majdan gebaut. Später ließ ihn Schah Abbas II. erweitern, und nach einer Feuersbrunst zu Beginn des 18. Jahrhunderts wurde er restauriert. Er ist das bemerkenswerte Beispiel eines Bauwerkes, das mit dem angrenzenden Garten eine perfekte Einheit bildet. Das Dach des teilweise umschlossenen großen Portals wird von 20 gerieften Zedernsäulen gestützt. Sie spiegeln sich im langen Becken vor dem Portal wider und haben dem Pavillon zu seinem Namen verholfen. Auf gleicher Höhe mit dem Terrassenboden befindet sich ein weißes Marmorbecken, und aus den Rachen von vier Marmorlöwen ergoß sich früher einmal Wasser; die Löwen spiegelten sich in den winzigen Spiegelfliesen im bemalten Holzmosaik an der Decke. Der Garten, in dem der Pavillon steht, enthält geometrisch unterteilte Parterres und viele Bäume. Ursprünglich gab es mehr als nur ein Bassin, viele Brunnen und Eingangspavillons; abgesehen von dem zentralen Becken sind alle verschwunden.

Aus einer späteren Epoche stammt das Werk von Schah Abbas I., ein wunderschöner Innenhofgarten, der an eine theologische Unterrichtsstätte angeschlossen wurde. Den Bau von Madrassa Mader-i Schah, Anfang des 18. Jahrhunderts angelegt, betritt man von der Chahar-Bagh-Avenue durch ein marmornes, gefliestes Eingangsportal, das mit vergoldeten Medaillons und verschlungenen Arabesken verziert ist. Der Innenhofgarten wird von einem zweistöckigen Arkadengang umgeben, hinter dem sich die Räume der Schüler befinden. Im Mittelpunkt des Gartens gibt es einen langen, von Stufen gesäumten Kanal, der das Eingangsportal mit einer gewölbten Wandvertiefung am Ostende verbindet; in der Mitte der Südseite liegt eine heilige Stätte. Das Becken für symbolische Waschungen ist mit dunklem Wasser randvoll gefüllt, und mehrere alte Platanen werfen ihre Schatten.

ANDERE GÄRTEN IM IRAN

Die meisten anderen Gärten, die heute noch bestehen, stammen aus dem 18. und 19. Jahrhundert und sind in oder in der Nähe von Shiraz, Täbris und Teheran anzutreffen. Den Bagh-i-Fin findet man jedoch 6 km vor Kashan. Im 16. Jahrhundert errichtete Schah Abbas I. Bauwerke rund um die das ganze Jahr sprudelnde Quelle dieser Oase, aber sie sind nun alle verschwunden. Der jetzige Garten, auch als Bagh-i Schah (Königsgarten) bekannt, stammt aus dem frühen 19. Jahrhundert. Die Quelle von Fin versorgt verschiedene Kanäle, die mit grünen Fliesen ausgelegt sind, und ein großes Becken vor einem zentralen Pavillon ununterbrochen mit Wasser. Es gibt viele Brunnen, und im Blumengarten säumen schattenspendende Platanen und Zypressen die Wege.

Bagh-i-Takht

Ein früher Garten von Shiraz, Bagh-i Takht (Garten des Throns), hat bis in unser Jahrhundert überdauert, wenn auch in schlechtem Zustand; aber das Gelände wird nun für Wohnungen verwendet. Der Garten wurde von einem lokalen Herrscher im 11. Jahrhundert angelegt. Erst in der zweiten Hälfte des 19. Jahrhunderts erhielt er seinen jetzigen Namen. Ein europäischer Reisender aus dem 17. Jahrhundert schreibt: „Er ist voll fruchttragender Bäume, und Rosensträucher sieht man im Überfluß. Am Ende des Gartens an einem Hügel steht ein prächtiger Bau und ein großes Becken liefert das Wasser.“ Dieses Wasser, das den Garten am Hügel und einen künstlichen See mit kleinen Booten darauf versorgte, kam aus einer Quelle im Felsen. Der natürliche Wasserdruck war sogar hoch genug, um Fontänen erzeugen zu können, die nach Belieben ein- und ausgeschaltet wurden.

Haft Tan und Chehel Tan

Zwei kleine Shiraz-Gärten, die beide wahrscheinlich aus dem späten 18. Jahrhundert stammen, verdanken ihr Bestehen ziemlich sicher der Tatsache, daß sie Grabstätten enthalten. Beide, Haft Tan (Sieben Leichen) und Chehel Tan (Vierzig Leichen) sind von hohen Mauern umschlossen, und in jedem der Gärten steht ein Pavillon, der sich über die volle Breite des Gartens erstreckt. Im Chehel Tan gibt es viele hohe Bäume, während sich im Haft Tan ein rechteckiges Becken auf der Terrasse vor dem Pavillon befindet.

Bagh-i-Eram

Für die iranische Gartenkunst und -architektur des 19. Jahrhunderts ist der Bagh-i Eran (Paradiesgarten) typisch, der am Fuß einer Bergkette im nordwestlichen Shiraz angelegt wurde. Ein Weg führt vom Eingang aus in nördlicher Richtung zu einem Pavillon, der auf die Zentralachse gestellt wurde. Ein Kanal mit Wasser verläuft durch einen mit Fliesen geschmückten Raum auf der unteren Ebene des Pavillons. Davor befindet sich ein großes Becken, in dem sich die Umgebung spiegelt und von dem ein schmaler Kanal mit mehreren Verzweigungen ausgeht. Diese Anlage mit hohen Bäumen und geraden Wegen bietet interessante Perspektiven. Es gibt zahlreiche Sträucher und Blumen und einen Rosengarten.

Naresjestan-i-Qavam

Ein viel kleinerer Garten, Narenjestan-i Qavam (Qavam = Orangenwäldchen) liegt an einer belebten Verkehrsader im östlichen Teil der Stadt Shiraz. Diesen rechteckigen Garten, der von Arkaden gesäumt wird, betritt man durch einen Vorraum, der ihn vom Lärm und der Geschäftigkeit draußen abschirmt. Ein enger, mit blauen Fliesen ausgelegter Kanal verläuft in der Gartenmitte und weitet sich in regelmäßigen Abständen zu Becken von unterschiedlicher geometrischer Form aus. Von den Haupträumen eines zweistöckigen Hauses, das sich über die volle Breite des Geländes erstreckt, blickt man über den Garten hinweg gen Süden. Vor dem Haus befindet sich eine erhöhte Terrasse mit einem rechteckigen Becken in der Mitte. Der Garten ist dicht bepflanzt, und an den Seiten stehen Palmen.

Qasr-i Qajar

Die Ausdehnung des modernen Teheran hat viele Teile der einst typisch orientalischen Stadt verändert. Qasr-i Qajar (Burg des Qajars), die von Fath Ali Schah zu Beginn des 19. Jahrhunderts gebaut wurde, war von Gärten umgeben, die es noch bis Mitte des 20. Jahrhunderts gegeben hat. Die meisten waren auf ebenem Grund angelegt und wurde von geradlinigen Wegen in regelmäßige Rechtecke unterteilt. Ein kleineres, ummauertes Gelände stieg in Terrassen den angrenzenden Hügel hinauf, an dessen Fuß sich ein Becken befand. Eine alte Beschreibung erwähnt Pappeln, Weiden und Obstbäume sowie viele Rosen und schließlich auch das Schloß selbst mit feinen Arbeiten in Ebenholz und Elfenbein, dazu Mosaiken und Malereien, Bassins und Kanäle.

Der Narenjestan-i Qavam bei Shiraz, der im 19. Jahrhundert erbaut wurde, hat seinen islamischen Charakter beibehalten, obwohl er eine Beplanzung nach europäischem Vorbild über sich ergehen lassen mußte.

Fernöstliche Gärten

Keine Kultur hat eine längere Tradition in der Gartenbaukunst als die chinesische. Von Schriftzeichen auf Orakelknochen aus dem zweiten Jahrtausend v. Chr. wissen wir, daß die Fürsten im alten China weite Landstriche zur Jagd und für militärische Übungen nutzten. Nach der Überlieferung wurde dieses Land dann später durch künstliche Seen und Terrassen verschönert. Gegen Ende des 4. Jahrhunderts v. Chr. hat ein königlicher Garten, der in einer Gedichtsammlung aus dem Süden beschrieben ist, die gleichen scharlachroten Balkone, vergitterten Pavillons, gewundenen Wasserläufe und Ausblicke auf ferne Berge, wie man sie heute, im Yi He Yuan, nordwestlich von Peking, noch bewundern kann.

Im späten 19. und frühen 20. Jahrhunderts, als der Sommerpalast zweimal von europäischen Truppen zerstört und jedes Mal wiederaufgebaut wurde, bestand Chinas wichtigster Beitrag zur westlichen Gartenbaukunst nur noch im Export neuen Pflanzenmaterials. Sammler nahmen aus der reichen natürlichen Flora des Landes viele Pflanzen von hohem gartenbaulichem Wert mit nach Europa, die für dortige Gärten bald unentbehrlich werden sollten. Gärtner und Reisende aus dem Westen können oft gar nicht verstehen, daß die Chinesen, denen ein solcher Pflanzenreichtum zur Verfügung steht, im allgemeinen nur ein sehr begrenztes Repertoire eingesetzt haben.

Doch es gibt zwei Erklärungen dafür. Als erstes sollte man wissen, daß Pflanzen nicht die wichtigsten Elemente des chinesischen Gartens sind. Was mehr als alles andere zählt, sind Felsen und Wasser, danach die Architektur, und erst dann kommen Bäume, Sträucher und Blumen. Zweitens wird in China die Pflanze vor allem nach ihrem überlieferten symbolischen und literarischen Wert eingestuft und nicht nach ihrer Schönheit oder Rarität. Die Lotusblume, die sich im Sommer als neue, sanftgewellte, blaugrüne Fläche unmittelbar über der Wasserfläche des Gartenteichs wiegt, symbolisiert das Aufsteigen der buddhistischen Seele, mit den Worten von Zhou Tunyi aus dem 11. Jahrhundert „unbesudelt von Schlamm, bescheiden über dem klaren Wasser ruhend, innen hohl und außen glatt". Bambus, der sich im Wind biegt, aber nicht bricht, ist das Symbol des ehrlichen Menschen, die Orchidee das des wahren Edelmannes, weil ihr Duft sich in einem Raum so zart verbreitet, daß er einem erst beim Verlassen des Raumes auffällt. Der Pfirsich verspricht noch immer Fruchtbarkeit und Unsterblichkeit; die Pfingstrose Reichtum und Eleganz. Die Chrysantheme, wahrscheinlich die älteste Kulturblume Chinas, symbolisiert den Herbst. Eine klassische Kombination in chinesischen Gärten besteht aus den „Drei Freunden des Winters" – Kiefer, Pflaume, Bambus.

Chinas lange Gartenbautradition kam in zahlreichen kaiserlichen Residenzen am besten zum Ausdruck, wozu auch der Yuan Ming Yuan gehört, der auf dieser Ansicht aus dem 18. Jahrhundert abgebildet ist.

Die Bedeutung, die an bestimmte Pflanzen geknüpft wird, ist typisch für die Assoziationen, die einzelne Elemente des chinesischen Gartens auslösen. Der Garten ist nicht nur ein Ort „zur Erfrischung des Herzens"; er soll auch den Intellekt anregen und Gedanken über die Welt und den Platz des Menschen darin zum Ausdruck bringen. In der bemerkenswert homogenen Kultur, ist der Garten ein Ort, in dem sich alle Künste treffen. Er braucht einen Planer und Maler, um ihn zu gestalten, einen Dichter, um ihn zu verewigen, und einen Kalligraphen, um seine Schönheit festzuhalten. In jedem Gartenbesucher sollten diese Qualitäten idealerweise vereint sein. Die heute noch sichtbaren Huldigungen füherer Besucher, Gedichte, die auf den in Gartenmauern eingelassenen Steintafeln festgehalten sind, bilden einen unabdingbaren Teil des Ganzen.

Der Westen hat lange gebraucht, den besonderen Wert chinesischer Gärten und einer Kultur, die ohne sie undenkbar wäre, schätzen zu lernen. Der Engländer William Temple, auf den gelegentlich die Entwicklung des englischen Landschaftsstils zurückgeführt wird, verwendete im späten 17. Jahrhundert das Wort „sharawadgi", um die Schönheit chinesischer Gärten zu definieren („einzelne Abschnitte ohne Plan und Ordnung"); diese Auffassung aber ist Ausdruck europäischer Denkweise und förderte die Entwicklung eines ungeordneten Landschaftsgarten – der chinesischen Realität entsprach sie nicht. Eine ähnliche Fehlinterpretation führte dazu, daß man scheinbar authentische Bauten errichtete, die dann als „chinesischer Stil" in Mode kamen und westliche Gärten im 18. und 19. Jahrhundert zierten. Die Vorliebe für Chinoiserien nahm erstaunliche Ausmaße an; sie hatten aber mit den Formen und der Atmosphäre chinesischer Gärten und ihrer Bauwerke nur wenig gemein.

In Japan konnte man die chinesische Kultur besser würdigen, ihr mehr Verständnis entgegenbringen; und so hielt auch ihr Einfluß länger an. Mindestens seit dem 7. Jahrhundert n. Chr. hat es immer wieder Phasen gegeben, in denen kultivierte Japaner auf chinesisches Kunst- und Gedankengut zurückgegriffen haben, und auch wenn die Verbindung weniger eng war, hat es doch immer einen Ideenaustausch zwischen dem Reich der Mitte und Japan gegeben. Die überwältigende Wirkung der übernommenen Kultur spiegelt sich in der japanischen Gartengestaltung wie auch in allen anderen Kunstbereichen und Handwerkszweigen wider. Die typisch japanische Tradition ländlicher Gärten ist allerdings unverwechselbar. Mit ihrer Perfektion und dem vollendeten Kunstsinn gehören sie zu den bedeutendsten Ausdrucksformen der nationalen Kultur.

Glücklicherweise sind uns die kaiserlichen Parkanlagen, aber auch düstere, der inneren Sammlung gewidmete Zengärten in verhältnismäßig gutem Zustand erhalten. In China hat man inzwischen mit der Restaurierung oft lange vernachlässigter Gärten begonnen.

Der Garten war in China oft Treffpunkt für gebildete und gelehrte Männer. In diesem Detail einer Rolle aus dem späten 16. oder frühen 17. Jahrhundert wird die Szene von einem phantastischen Taihu-Felsen beherrscht.

China

Der Wang Shi Yuan – locker, verwinkelt, fröhlich und lebendig angelegt – ist einer der kleinsten der berühmten Gärten, die in Suzhou, dem „Venedig des Ostens", wiederhergestellt wurden.

Die chinesische Form der Gartengestaltung – die sich im Verlauf einer langen Geschichte, ganz im Gegensatz zur Entwicklung im Westen, kaum verändert hat – wird von der Tradition und von den beiden wichtigsten philosophischen Lehren beeinflußt, dem Konfuzianismus und dem Taoismus.

Die Wahl des Geländes für ein Bauwerk oder für einen Garten war von der uralten geomantischen Kunst des *feng shui* abhängig. Dessen Grundprinzip besagt, daß Ströme von „Lebensgeist" oder „kosmischem Atem" (*ch'i*) je nach Topographie und Erdzusammensetzung durch den Boden verlaufen. Diese Ströme beeinflussen das Geschick der Menschen und ihrer Nachfahren, je nachdem, wie ihr Haus gelegen ist und wie sie ihre Gräber in bezug auf Wind (*feng*), Wasser (*shui*), Hügel (*kan*) und Täler (*yu*) der Landschaft, in der sie leben, ausrichten. Da nach der Überlieferung Eingriffe in die Landschaft sich auf den Fluß von *ch'i* auswirken, entwickelte man ein komplexes System von Regeln und Prinzipien, um die Bautätigkeit der Menschen zu lenken. Obwohl sich verschiedene Schulen entwickelten, ging die übereinstimmende Meinung doch dahin, daß die ideale Behausung nach Süden ausgerichtet sein, in Zweidrittelhöhe eines Hügels auf trockenem Untergrund stehen und beschützende Hügel im Osten und Westen haben sollte. In einem Becken unterhalb der Behausung soll sich Wasser sammeln, das als Reservoir wohltuender Einflüsse wirkt, die aber davongetragen werden könnten, wenn Wasserströme zu schnell am Haus vorbeifließen. Da böse Einflüsse (*sha*) sich geradlinig ausbreiten, zog man gewundene Mauern und Straßen, die der Oberflächengestaltung des Geländes folgten, den geraden vor. Die Abschirmungen aus Mauerwerk oder „Geistermauern", die gleich hinter dem Eingang errichtet wurden, vermitteln nicht nur den Eindruck von Privatheit und Intimität, sondern sollten auch die geraden „Pfeile" des Bösen zurückwerfen und über das Glück der Familie wachen.

Bevor man einen Garten planen konnte, wurde ein *feng shui*-Bewanderter zu Rate gezogen, um das Gelände, die Umgebung, den Fluß und das Vorhandensein von Wasser zu überprüfen; danach wurde der Garten dann entsprechend ausgerichtet. In Betracht zu ziehen war auch die Ausgewogenheit von *yin* und *yang*. Die chinesische Überlieferung besagt, daß diese zwei elementaren Kräfte hinter der gesamten Schöpfung stehen. *Yang*, aktiv, hell und stark, steht für das Männliche, *yin*, dunkel, ruhig und schwach, für das Weibliche. Diese grob vereinfachte Formel kann jedoch die tiefe Bedeutung dieser Begriffe nicht umreißen. Auf günstigem Gelände sind die gegensätzlichen Kräfte im Gleichgewicht, und in der Planung des Gartens mußte diese Gegensätzlichkeit sichtbar zum Ausdruck kommen; höhergelegene Stellen führten zu tieferen hin, schattige Plätze leiteten zu sonnigen über, Weite mündete in Enge.

Nach herkömmlicher chinesischer Ansicht besteht der augenfälligste Gegensatz in einem Garten zwischen den Felsen, die „die harte knochige Struktur der Erde", das rauhe und unbewegliche *yang*-Element symbolisieren, und dem Wasser, dem weichen, reflektierenden *yin*. Die „falschen Berge" (*jia shan*), Hügel aus aufeinandergetürmten Felsen, die seit der Han-Dynastie (206 v. Chr. bis 220 n. Chr.) einen festen Bestandteil des chinesischen Gartens bilden, stehen für *yang* und werden immer in der Nähe von Wasser angelegt. Obwohl sie die ungezähmte Natur darstellen sollen, wurde die Form dieser künstlichen Hügel stark von der chinesischen Landschaftsmalerei beeinflußt. So zielen sie nicht darauf ab, natürliche Formen en miniature zu imitieren, sondern sollen im Betrachter eine Folge von Gefühlen auslösen. Sie sind denen ähnlich, die er empfindet, wenn er die Berge durchwandert oder den gemalten Gestalten in der Landschaft eines Rollbildes folgt. Das Bedürfnis der Chinesen, einzelne bizarr geformte Steine (*shi feng*) aufzustellen, seien sie nun groß oder klein, scheint sich seit der Tang-Dynastie (618–907) nicht nur erhalten, sondern sogar verstärkt zu haben.

Gemäß den Prinzipien des *feng shui* sollten die Gärten hinter einem Haus oder östlich davon liegen. Wenn der Platz so begrenzt war, daß man den Garten im Westen anlegen mußte (was als der schädlichste Standort gilt), wurde in die Ostwand des Hauptgebäudes ein Tor integriert, um einen Innenhof oder sogar einen Gang in Richtung Osten zu schaffen.

Mauern waren wichtig, um für eine friedliche Atmosphäre des Gartens zu sorgen und um die guten Einflüsse zu erhalten. Diese Mauern, so dachte man, sollten nicht von großen Toren oder niedrigen Fensteröffnungen (*lou chuang*) durchbrochen werden, sonst könnte die im Raum angesammelte Lebenskraft wieder entweichen. Geschwungene Mauern innerhalb des umschlossenen Gartens erhöhten nicht nur den Reiz und den Eindruck friedlicher Abgeschirmtheit, sondern konnten auch, so glaubte man, die guten Einflüsse verstärken. Alte Bäume wurden geehrt und gepflegt, weil sie malerisch aussahen, vor allem aber, weil in ihnen *ch'i* ruhte. In einigen Gärten wurden bestimmte Pflanzen wie Holzäpfel, Magnolien und Begonien gepflanzt, deren Namen und Aussehen man mit Glück und Wohlstand in Verbindung brachte. Auch Wasser symbolisierte Reichtum, aus diesem Grund leitete man es durch die Gartenlandschaft und sammelte es in Becken vor dem Hauptpavillon. Sein Verschwinden jenseits der Gartenmauern sollte jedoch so unauffällig wie möglich sein und wurde oft durch felsige Hügel verdeckt. In der späten Ch'ing-Periode legte man nur wenige Höhlen in diesen künstlichen „Bergen" an, aus Angst, böse Geister, die man bei der Planung des Gartens übersehen hatte, könnten sich in ihrem dunklen Schlund sammeln.

Chinesische Dynastien

Shang	ca. 1600–1027 v. Chr
Chou	1027–256 v. Chr.
Ch'in	221–206 v.Chr.
Han	206 v. Chr–220 n. Chr.
Nördliche und Südliche Dynastien	317–580
Sui	589–618
Tang	618–907
Fünf Dynastien	907–960
Nördliche Sung	960–1127
Südliche Sung	1127–1279
Yüan (Mongolen)	1279–1368
Ming	1368–1644
Ch'ing (Mandschu)	1644–1911
Republik	1911–1949

Konfuzianismus und Taoismus

Die Einstellung gegenüber der Natur und dem Garten im Konfuzianismus und im Taoismus, beides Lehren, die auf das 5. Jahrhundert v. Chr. zurückgehen, traf sich mit den überlieferten Auffassungen. Während sich der Konfuzianismus mehr auf die Beziehung des Menschen zum Mitmenschen konzentrierte, ging es im Taoimus vor allem um den Platz des Menschen im großen Universum. Das „Tao" war die „Gesamtheit aller Dinge" – vergangen, gegenwärtig und zukünftig – im dauernden Zustand der Veränderung, im Strom der Zeit. Die Taoisten, die den Menschen als unverrückbaren Teil dieses Ganzen ansahen, wollten sich auf diese Veränderungen so vollkommen abstimmen, daß sie mit den treibenden Kräften eins würden. Taoisten zogen sich oft bewußt aus dem Leben in der Gesellschaft zurück, aber ihre Lehre, die im Gegensatz zur Betonung von Riten und Pflichten im Konfuzianismus steht, erwies sich mit der Zeit doch als notwendige Ergänzung zu diesem. Der Taoismus bot die Befreiung vom Zwang, ein „besserer Mensch" zu sein, wie dies die konfuzianischen Prinzipien verlangten. Die ungeheuer praktisch veranlagten Chinesen fanden beide Philosophien nützlich. Die taoistische Liebe zur Natur und die konfuzianische Ermunterung zur Selbstzucht – beides liegt der Planung und Anlage chinesischer Gärten zugrunde. Formalität und Ordnung des klassischen chinesischen Hauses mit seiner symmetrischen Aufeinanderfolge von rechteckigen Innenhöfen spiegeln den konfuzianischen Wunsch wider, zwischenmenschliche Beziehungen zu regeln. Die Zwanglosigkeit der chinesischen Gärten, mit ihren unregelmäßigen, gewundenen Wasserläufen, den Felsenhügeln und den von Bäumen fast kaschierten Pavillons, entspricht dagegen dem taoistischen Prinzip der Harmonie mit der Natur. Das gilt für beide Hauptformen des chinesischen Gartens – für die großen kaiserlichen Gärten und für die Privatgärten, die manchmal von Geschäftsleuten angelegt wurde, aber vor allem von gelehrten Beamten, die die Elite

Oben links: *Kieselböden* (luan shi pu di) *enthielten neben Kieselsteinen manchmal auch Porzellanbruchstücke und schräg aufgestellte Ziegel und Fliesen. Der Grundriß kann geometrisch sein oder aber auch Tiere oder Pflanzen darstellen.*
Oben rechts: *Seitlich offene, überdachte Gänge* (lang) *verbinden die verschiedenen Teile des Gartens und verlaufen oft, besonders im Süden, zickzackförmig.*
Unten links: *Eine Öffnung in einer Gartenmauer* (lou chuang) *kann als offener Rahmen fungieren, einfach geometrische oder eine phantastische Form haben und eine Ansicht umschließen. Manchmal ist die Ansicht durch verschlungene Gitter halb verborgen.*
Unten rechts: *Chinesische Bonsai* (peng jing) *werden oft in speziellen Sammlungen zur Schau gestellt oder für die Dekoration von Tischen und Ständern in Gärten verwendet.*

des alten China bildeten. Beide Gartentypen gehen letzten Endes auf die Vorstellung zurück, daß die Natur im harmonischen Kontakt mit den Menschen eine Ausweitung erfährt. Beinahe ebenso wichtig waren auch zwei uralte Vorstellungen, die in chinesischen Gärten thematisiert wurden: zum einen ist der Garten als Mikrokosmos dargestellt; zum anderen versuchte man, die magischen Inseln der Unsterblichen nachzubilden.

Der Garten als Mikrokosmos

221 v. Chr. einte Chin Shi Huang von der kurzlebigen Ch'in-Dynastie zum ersten Mal die alten chinesischen Staaten. Im Shanglin-Park außerhalb seiner Hauptstadt begann er, seltene Tiere und Pflanzen, die er als Tribut aus allen Teilen des eroberten Reiches bekam, zu sammeln. Sie wurden als mächtige Symbole kaiserlicher Macht angesehen, und die Han-Kaiser, die ihm folgten (206 v. Chr. bis 220 n. Chr.), setzten diese Sammeltätigkeit fort. Angesichts der Beschreibungen ihrer Parks in großartigen Prosagedichten – in denen sich Mythos und Realität vermählen, um das bezaubernde Porträt eines Miniaturreiches zu zeichnen – könnte einem in den Sinn kommen, daß der Garten nicht einfach ein kunstvoll gestaltetes Stück Natur ist, sondern ein Mikrokosmos, der alle Reichtümer und die Vielfalt des Universums repräsentiert. Dank der Konzentration vieler Effekte auf kleinem Raum und all der komprimierten Schönheit in chinesischen Gärten gilt diese Auffassung bis heute ihre Gültigkeit behalten.

Die Inseln der Unsterblichen

Der Han-Kaiser Wudi war der erste, der auf der Suche nach Unsterblichkeit Gärten anlegen ließ. Von den sagenhaften Unsterblichen wurde angenommen, daß sie teils in den Bergen des Westens, teils auf schwimmenden Inseln im Meer des Ostens lebten. Diese Inseln, Penglai, Fangzhang und Ying zhou, lösten sich – wie die Unsterblichen selbst – im Nebel auf, sobald ein Mensch sich ihnen auf seiner Weltreise näherte. Schon Ch'in Shi Huang hatte eine erfolglose Suchexpedition ausgesandt; Han Wudi aber baute Nachbildungen dieser magischen Inseln im großen See seines Parks und dachte, er könnte die Unsterblichen dadurch verlocken, im Vorüberflug auf den Rücken der Störche herabzusteigen und ihm ihre Geheimnisse zu enthüllen.

Hangzhous Westlicher See, Xi Hu, der von sanften Hügeln umgeben ist, versinnbildlicht das chinesische Ideal von „Hügel und Wasser". Er wird von mit Weiden bepflanzten Dämmen in drei verschieden große Abschnitte unterteilt.

Kaiserliche Lustgärten

Kaiserlichen und privaten Gärten in China sind bestimmte Konventionen und Charakteristika gemein: z.B. architektonische Elemente wie der Pavillon (*ting*) als Aussichts- oder Rastplatz und der einseitige, offen überdachte Wandelgang (*lang*); auch bauliche Details wie dekorative, mondförmige Tore (*di xue*) oder das raffinierte Einbeziehen „geborgter Aussichten" (*jie jing*) von jenseits der Gartengrenzen in die Komposition. Bei kaiserlichen Anlagen sind diese gemeinsamen Wesensmerkmale offensichtlich und vor allem in den Gärten-in-Gärten-Anlagen erkennbar, die oft direkt von berühmten Privatgärten inspiriert waren. In den Dimensionen unterscheiden sie sich jedoch, und man kann die kaiserlichen Gärten folgerichtig als eigene Gruppe betrachten.

Luoyang

Im großen Park des Kaisers Yangdi, des zweiten Kaisers der Sui-Dynastie (589–618), in Luoyang ging es um drei Hauptthemen, die in allen kaiserlichen Gärten eine Rolle spielen: eine durch architektonische Elemente bereicherte natürliche Landschaft, den symbolisierten Reichtum des Kaiserreiches und die nachgebildeten Inseln der Unsterblichen. Außerdem kamen allerlei extravagante Spielereien hinzu, um die kaiserlichen Gäste zu erheitern; zum Beispiel eine einzigartige Sammlung von luxuriös gekleideten mechanischen Figuren, die in Booten über speziell dafür konstruierte Kanäle segelten und 72 Szenen aus der chinesischen Geschichte aufführten. Ein Bericht vermerkt, daß im Winter die kahlen Parkbäume mit Seidenblumen geschmückt wurden; im Sommer ergänzte man die echten Lotosblumen durch künstliche Blüten, die ständig erneuert wurden. Eine Million Menschen soll bei der Entstehung des Parks mitgearbeitet haben, von denen ein Fünftel dabei starb. Schon Mencius (372–289 v. Chr.), der erste chinesische Philosoph, der sich für eine „humane Regierung" aussprach, hat von Exzessen der Herrscher berichtet – wie z.B. vom legendären König Qieh von Hsia (2000–1600 v.Chr.) –, die „ihre Parks und Terrassen grenzenlos ausdehnten", bis sich ihr ganzes Reich in Chaos auflöste. Er hat die Zügellosigkeit solcher Herrscher mit dem vorbildlichen Verhalten von König Wen aus der Chou-Dynastie (ca. 1027–256 v. Chr.) verglichen, dessen königliche Seen und Terrassen der Öffentlichkeit offenstanden und für religiöse Zeremonien benutzt wurden. Yangdis Park wurde zwar in einem Aufstand, der sowohl dem Kaiser als auch der Dynastie den Todesstoß versetzte, zerstört, verstärkte aber die Meinung, Gärten seien Symbole kaiserlicher Maßlosigkeit; das aber trug nur wenig dazu bei, die landschaftsgestalterischen Ambitionen späterer Herrscher einzudämmen.

Hua Qing Gong

Xuan Zhong (712–755 n. Chr.), ein gebildeter und mächtiger Herrscher der Tang-Dynastie, ließ den kunstvollen Gartenpalast Hua Qing Gong, 20 km östlich der Stadt Xian in der Provinz Shaanxi, bauen. Dort verbrachte er jeden Winter mit seiner Lieblingskonkubine Guifei, deren legendäre Schönheit ihn so verzaubert haben soll, daß er jegliches Interesse an Staatsangelegenheiten verlor. Auf dem für seine heißen Quellen berühmten Gelände hatte es schon im 3. Jahrhundert v. Chr. eine königliche Villa für Kurzaufenthalte gegeben, die der frühere Tang-Herrscher Tai Zhong bereits zu einem Palast ausgebaut hatte. Xuan Zhongs luxuriöser Gartenkomplex, der einen ganzen Hügelrücken bedeckte, umfaßte Badebassins, Pavillons und allerlei versteckte Baulichkeiten. Eine raffinierte Konstruktion in einem der Pavillons ließ Wasser in den vier Eckpfeilern ansteigen und als kühlenden Schirm anstelle von Wänden herabfließen. Der Garten war vor allem für die Wirkung seiner riesigen blaugrünen Tannen und der jadegrünen Kiefern in der Abenddämmerung berühmt. Des Kaisers Zügellosigkeit führte schließlich zu einem Aufstand, und große Teile des Palastes wurden zerstört. Was man heutzutage immer noch die Hua-Qing-Quelle nennt, die auch ein Badebecken umfaßt, das angeblich Guifei gehörte, ist in Wirklichkeit nur ein sehr kleiner Teil des ehemaligen Palastes. Die Gebäude, die wiederaufgebaut und 1956 der Öffentlichkeit zugänglich gemacht wurden, tragen aber immer noch die Namen aus der Tang-Zeit wie „Halle des tanzenden Frostes" und „Holzapfelblüten-Bassin".

Gen Yue

Zu den berühmtesten kaiserlichen Gärten zählte Gen Yue, eine riesige, von Menschenhand geschaffene Landschaft, die zwischen 1117 und 1123 für den Kaiser Zhao Ji (Hua Tsung) von der nördlichen Sung-Dynastie angelegt wurde. Dieser Garten lag nordöstlich der Hauptstadt Bian Liang, des heutigen Kaifeng. Der Name erweckt den Eindruck, daß der Park einem geomantischen Zweck diente und nicht nur zum persönlichen Vergnügen des Herrschers gebaut wurde; *yue* bedeutet „hoher Berg" und *gen,* eines der Acht Trigramme aus dem uralten Philosphiebuch I Ging, bezeichnet normalerweise einen Berg und eine nordöstliche Ausrichtung.

Der Kaiser, ein Maler von beachtlichem Talent, scheint sich persönlich an der Planung des Parks beteiligt zu haben, doch die Oberaufsicht hatte Liang Shi Cheng. Einer seiner Mitarbeiter, der Händler Zhu Mian, wurde für seine leidenschaftliche Suche nach seltenen Pflanzen und Gesteinen um Suzhou berühmt; ein anderer, Ling Bi, sammelte 1.500 km weit entfernt im Südchina für den Park.

Im Park, der einen Umfang von beinahe 5 km hatte, gab es Wasser im Westen und Hügel und felsige Gipfel im Osten. Auf den Hügelketten, die an ihrem höchsten Punkt in der „Spitze der Tausendjährigen Langlebigkeit" gipfelten, auf der ein Pavillon stand, gab es Sammlungen von bizarren, phantastischen Steinen. Von hier blickte der Herrscher herab auf das, was wie ein Mikrokosmos im Universum aussah, mit einer Stadt und einem Park „als ob alles auf einer Handfläche Platz hätte". Rundherum wurden „Gipfel, Höhlen, alte Bäume und Gras" eins mit der Natur, „als ob alles seit der Erschaffung der Welt so gewesen sei", während Inseln, die mit palastartigen Hallen und Aussichtshäuschen geziert waren, an den Wasserstraßen lagen. Unter den unzähligen Gebäuden befanden sich auch das „Zimmer des roten Himmels", der „Saal der Blume mit grünen Kelchblättern", eine Bibliothek und ein runder Pavillon für die Unsterblichen. Fatalerweise schwächten die Ausgaben für den Bau von Gen Yue die bereits wankende Dynastie. Heute existiert davon nichts mehr außer zwei großen monolithischen Felsbrocken, einer in Shanghai und einer in Suzhou.

Beihei Park, der nordöstlich der Verbotenen Stadt im Zentrum von Peking liegt, ist der älteste und größte Park in der chinesischen Hauptstadt. Die meisten der noch bestehenden Bauten, darunter auch der elegante zweistöckige Wandelgang, stammen aus der Regierungszeit von Kaiser Qian Long aus dem 18. Jahrhundert.

Die Gärten von Hangzhou

Nach 1126 flohen die überlebenden Angehörigen der nördlichen Sung-Dynastie nach Süden, und der Hof richtete sich in der blühenden Stadt Hangzhou (früher Hang chow) in der Provinz Zhejiang ein, die zur Hauptstadt wurde. Der westliche See, Xi Hu, und das Amphitheater in den sanft geschwungenen Hügeln, die den See umgeben, versinnbildlichen das chinesische Ideal von „Hügel und Wasser". Da Überschwemmungen eine stete Gefahr für die Stadt waren, unterteilten weidenbepflanzte Dämme den See in drei ungleich große Teile. Mitglieder des Hofs bauten Paläste und Gärten an den weidengesäumten Ufern. Herrscher, die abgedankt hatten, verbrachten hier, umgeben von Malern und Dichtern, den Rest ihrer Tage mit Bootsfahrten und Festen. Als Kublai Khan 1276 schließlich die Gebiete der südlichen Sung eroberte, fielen die Paläste und Gärten dem Verfall anheim: Ihre Ruinen hat Marco Polo beschrieben. Im 17. und 18. Jahrhundert wurden noch einmal

Villen in Hangzhou gebaut – lange Aufenthalte von zwei Ch'ing-Kaisern förderten die Beliebtheit – aber auch von ihnen gibt es nur noch wenige Überreste.

Peking, Hauptstadt des Reiches

Kublai Khan machte das heutige Peking zu seiner Großen Hauptstadt (Da Du). Die Parklandschaft Beihai (Nordmeer) beherbergt die ältesten und größten Gärten der chinesichen Hauptstadt. Sie wurden zum ersten Mal zur Zeit der Liao-Dynastie im 10. Jahrhundert erwähnt als Sitz des „Kostbaren Kaiserlichen Hauses auf dem Inselchen". 1179, unter der Jin-Dynastie, wurde ein künstlicher Hügel namens Qionghua (Insel der feinen Jade) aus Erde aufgeschüttet. Darauf errichtete man den Guanhan Dian oder die Halle im Mondpalast. Das Ganze gehörte zu den Anlagen einer großen Villa, der Daning Gong, in der der Kaiser bei seinen Kurzbesuchen residierte.

Als Zhongdu im frühen 13. Jahrhundert vernichtet wurde, blieb Daning Gong unzerstört. In der neuen Stadt, mit deren Bau Kublai Khan 1260 begann, lag die Insel Qionghua im Zentrum. Sie wurde umgeformt, in den „Zehntausendjahre-Hügel" umbenannt und mit immergrünen Pflanzen und Lapislazuli verziert. Marco Polo hat sie beschrieben: „Bäume und Gestein gleichermaßen ... so grün, daß es grüner nicht mehr geht ... keine andere Farbe ist zu sehen". Unter Kublai wurde der See in Tai Yi, „Becken des Himmlischen Wassers", umbenannt, und man legte weitere Paläste, die später vom ersten Ming-Herrscher zerstört wurden, an den östlichen und westlichen Ufern an. Als die Ming-Kaiser ihren Hof 1408 von Nanking nach Peking verlegten, vergrößerten sie diesen See und bauten ihren großen Palast, die Verbotene Stadt, an seinem Ufer. Unter den Ming-Herrschern und ihren Nachfolgern, den Ch'ing, wurden noch weitere Gebäude angefügt, und seit der Mitte des 17. Jahrhunderts steht die Weiße Pagode, ein Turm im tibetanischen Stil, der wie eine Flasche geformt ist, auf der Spitze der Insel. Fast alle Bauwerke, die heute zu seinen Füßen liegen, darunter auch der elegante, zweistöckige Wandelgang, der am nördlichen Inselufer verläuft, stammen aus dem 18. Jahrhundert.

Beihai, der Park, der einst zur Erholung von dem erdrückenden Konservatismus des Ming-Hofes und der symmetrischen, geradlinigen Pracht der Kaiserstadt diente, ist nun ein öffentlicher Park, der von den Pekingern gern aufgesucht wird. Die zwei großen Wassergärten, die die südliche Verlängerung bilden, Zhonghai und Nanhai (normalerweise gemeinsam als Zhong Nan Hai, das Mittlere und das Südliche Meer, bezeichnet) sind nur teilweise zugänglich. Zhonghai wurde im späten 12. und frühen 13. Jahrhundert angelegt und gehörte früher zu Tai Yi. Nanhai ließen die Ming-Kaiser bauen. Die heutige Bedeutung dieses Komplexes aus Wassergärten liegt im raffinierten Wechselspiel zwischen der offenen Fläche von Park und See und den abgeschlossenen, kunstvoll gestalteten „kleinen Szenen" am Ufer. Ein alter Innenhofgarten am Ufer von Beihai, Jing Qing Chou, wurde 1982 renoviert und zählt zu den besten Beispielen seiner Art in Peking.

Jin Shan

Ein weiterer kaiserlicher Park, Jin Shan, der „Hügel der Landschaftlichen Schönheit", überblickt die Drei Meere und ermöglicht eine Panoramaaussicht auf die Hauptstadt und die Verbotene Stadt. Auch als Mei Shan oder „Kohlenhügel" bekannt, bildete er, bis 1950 Hochhäuser errichtet wurden, den höchsten Punkt der Hauptstadt. Der Hügel war aus Erdmassen und Schlamm aufgeschüttet, die bei der Ausgrabung von Tai Yi anfielen, sowie aus Material, das man im 15. Jahrhundert aus dem Fluß um die Verbotene Stadt herausgeholt hatte. Aus diesem Schuttplatz wurde ein kaiserlicher Garten mit Gehegen für Rotwild und Kraniche, die Symbole der Langlebigkeit. Die meisten Bauten auf dem Jin Shan stammen aus dem 18. Jahrhundert und wurden unter Kaiser Qian Long errichtet. Wan Chun Ting, der „Pavillon des Ewigen Frühlings", war eine quadratische Konstruktion mit doppeltem Dachgesims und bot vom Kaiserpalast aus eine eindrucksvolle Silhouette am Horizont.

Qian Long-Garten

Der Qian Long-Garten, der an der nordöstlichen Ecke des Kaiserpalastes liegt und für den gleichnamigen Ch'ing-Kaiser erbaut wurde, besteht aus fünf Teilen, die nacheinander an einer Nord-Süd-Achse angeordnet waren. In der Form gleicht er einem Haus

Der Konservativismus des Ming-Hofes wird auch durch die symmetrische Großartigkeit der Verbotenen Stadt dargestellt. Hinter ihren staubigen Mauern verbergen sich jedoch kleine Gärten und Pavillons, wie zum Beispiel der Fu Pi Ting, die in auffälligem Kontrast zu den Hofzeremonien vorbehaltenen Abschnitten stehen.

mit Gärten oder Innenhöfen, die die einzelnen Hallen abteilen. Zwischen den Gebäuden sind die Innenhöfe im südostchinesischen Stil angelegt und freier und poetischer gestaltet als die übrigen Teile des Palastes. Pavillons, einseitig offene, überdachte Wandelgänge, Felsen und künstliche Hügel scheinen spontan angeordnet, sind aber in Wirklichkeit sorgfältig in Beziehung zueinander gebracht und schaffen Harmonie zwischen Hoch und Tief, Vordergrund und Hintergrund, Fülle und Leere. Ein Pavillon, Xi Shang Ting, soll an eine alte Zeremonie zum Vertreiben böser Kräfte erinnern; er enthält zugleich eine Anspielung auf den berühmten Garten Lan Ting, wo am dritten Tag des dritten Mondmonats 353 v. Chr. der große Kalligraph Wang Xi Zhi sein Vorwort zur Anthologie eines Orchideenpavillons verfaßte. Wang und seine gelehrten Freunde ließen ihre Weinbecher einen gewundenen Bach hinunterschwimmen, während sie Gedichte und Prosastücke rezitierten, die später in der Anthologie gesammelt wurden. In den folgenden fünfzehn Jahrhunderten wurde ihr literarisches Spiel, bei dem jeder ein Gedicht verfaßt haben mußte, wenn der schwimmende Becher ihn passierte, zur traditionellen abendlichen Unterhaltung kultivierter Poeten. In den Boden des Xi Shang Ting ist das Muster eines fließenden Baches eingraviert.

Chang Chun Yuan

Die Herrscher der Mandschu-(Ch'ing-)Dynastie führten die Tradition kaiserlicher Palastbauten und Gartenanlagen mit viel Enthusiasmus fort. „Jeder Kaiser", so schrieb Qian Long, einer der Gebildetsten unter ihnen, „muß, wenn er sich von der Audienz zurückzieht und seine öffentlichen Pflichten beendet hat, einen Garten haben, in dem er ... sein Herz erquicken kann. Wenn er einen geeigneten Ort dafür hat, wird es seine Gefühle beruhigen und seinen Geist entspannen. Wenn nicht, wird er in Sinnenfreuden verstrickt und seine Willenskraft verlieren."

Einer der ersten Ch'ing-Gärten für eine kaiserliche Villa war Chang Chun Yuan, der „Garten der Überschäumenden Quelle". Er wurde auf einer verfallenen Anlage der Ming-Zeit am Rande der Hauptstadt unweit der heutigen Pekinger Universität errichtet, nachdem Kaiser Kang Xi um 1680 zwei Reisen in den Süden gemacht hatte. Ye Tao, ein Künstler aus dem Süden, der auf Landschaftsmalerei spezialisiert war, plante, zeichnete und überwachte den Bau. Die Felsenanlagen wurden von Zhang Ran, dem berühmtesten Steinkünstler seiner Zeit, hergestellt. Nach Fertigstellung der Villa verbrachte Kang Xi die meiste Zeit hier, und Kaiser Qian Long lebte und studierte dort von Kindheit an, bis er den Thron bestieg.

Zum östlichen Teils des Gartens, der 1860 von französischen und britischen Truppen stark beschädigt wurde, gehörten der Palast, der Hof und das kaiserliche Gartenhaus. Dahinter, im Norden, nahm ein See, der sich verengte und weitete und von Inseln und Dämmen unterteilt wurde, einen großen Teil des Geländes ein. Die Bauten, manche in Gruppen, andere wie zufällig verstreut, waren so angeordnet, daß sie sich den natürlichen Konturen der Landschaft anpaßten. Auch im westlichen Teil befanden sich Wasserflächen und dazu zwei Gebäudekomplexe, in denen die jungen Prinzen wohnten.

Yuan Ming Yuan

Der Garten Chang Chun Yuan war einmal an zwei weitere kaiserliche Gärten angeschlossen, die zusammen Yuan Ming Yuan genannt wurden, Garten der Vollkommenen Helligkeit. Der gleiche Name wird für den einen der beiden, der auch als Alter Sommerpalast bekannt ist, ebenfalls benutzt. Dieser Garten, einst ein Privatgrundstück, das einem Verwandten der Ming-Kaiser gehörte, wurde von Kaiser Yong Zhen, als dieser 1723 den Thron bestieg, zu einem kaiserlichen Garten ausgebaut; weitere Ergänzungen erfolgten unter Qian Long. Das Terrain war von Natur aus flach, und all die Hügel und Dämme darin sind künstlich angelegt. Wasser vom „Jadebrunnen der Westlichen Hügel" bewässerte den Garten, und fast ein Drittel des Geländes war von Wasser bedeckt. An manchen Stellen bildete es weite Flächen, z. B. Fu Hai, das „Meer der Glückseligkeit", das sich in der Mitte der drei Gärten dehnte, dann wieder waren es unregelmäßig geformte Wasserflächen oder auch reißende Bäche oder breite Kanäle.

Der Garten ist wegen seiner vielen kleineren Gärten berühmt, von denen jeder ein-

Der Yuan Ming Yuan, der Alte Sommerpalast, wurde im Oktober 1860 von britischen und französischen Truppen zerstört und geplündert. Sein Ruhm beruhte auf den vielen kleinen Gärten mit charakteristischer Atmosphäre, die er enthielt.

zelne seine charakteristischen Merkmale besitzt, so daß die Anlage lange Zeit „Garten der Zehntausend Gärten" genannt wurde. Es gab ungefähr 150 spezifische Szenen, von denen die 40 wichtigsten in Gedichten gepriesen und von vielen Künstlern gezeichnet wurden. In den meisten von ihnen spielte die Architektur eine wichtige Rolle. Viele der Szenen zeigten berühmte Schauplätze südlich des Yangtze Kiang: Sonnenuntergang hinter der Pagode von Hangzhou, Shi Zi Lin, der Löwenwäldchentempel von Suzhou, und der Garten von Hainin, der auch als An Lan Yuan bekannt ist, sind nur einige Beispiele. Neben einer großen Bibliothek gab es auch Buddha-Tempel und solche zum Gedenken an die Weisen, Säle für Zeremonien und Bühnenaufführungen, Bergdörfer und Imitationen von Einkaufsstraßen sowie Nachbildungen der mythischen Inselheimat der chinesischen „Unsterblichen". Die Ruinen dieses Meisterwerks der klassischen chinesischen Gartenbaukunst, die von britischen und französischen Truppen 1860 zerstört und geplündert wurden, sind seit 1956 reich mit Bäumen bepflanzt und ziehen eine steigende Anzahl von Besuchern an.

Zu Yuan Ming Yuan gehörte auch eine einzigartige Gruppe von Bauten im westlichen Stil, die für Qian Long errichtet wurden und deren Bau der Jesuit Père Giuseppe Castiglione und seine Kollegen, die dem kaiserlichen Hof dienten, überwachten. Die Ruinen und zeitgenössische Stiche zeigen, daß es sich um Barockbauten handelte, an denen aber viele Details eindeutig chinesisch waren.

Bi Shu Shan Zhung

Der Bau des größten kaiserlichen Gartens, der heute noch erhalten ist, Bi Shu Shan Zhuang, das Bergrefugium zur Flucht vor der Hitze, wurde unter Kaiser Kang Xi begonnen. Der Rehe Xing Gong, „Heißer Sommerpalast am Fluß", wie er auch genannt wird, liegt außerhalb der Großen Mauer in Chengde in der Provinz Hebei, 260 km nordöstlich von Peking. Als Kaiser Kang Xi die Region zu Anfang seiner Regierungszeit bereiste, war er vom milden Klima und den „geborgten Aussichten", die die Hügel am Fuße der umliegenden Bergkette boten, tief beeindruckt. Besonderes Merkmal des Geländes ist eine seltsame geologische Formation, die Keulenspitze, die wie eine gigantische Mörserstössel am Horizont steht. Die Arbeit am Park begann 1703 und wurde in großem Umfang 87 Jahre lang fortgeführt. Von 1711 an verlegten die Ch'ing-Kaiser ihren Hof im Sommer dorthin, um der Hitze und dem Staub der Hauptstadt zu entkommen, so daß der Ort zu einem wichtigen Zentrum wurde.

Die Hügelketten bedecken vier Fünftel des riesigen Parks; das übrige Gelände ist flach und umfaßt Seen, die von heißen Quellen gespeist werden. Das Palast-Areal in der Nähe des Haupteingangs ist formal an-

Der Ch'ing-Kaiser Kang Xi war für die Schaffung des größten heute noch bestehenden Kaisergartens in China verantwortlich, den Bi Shu Shan Zhuang, der hinter der Großen Mauer in Chengde liegt. Die Seen, mit ihren Inseln, Dämmen, Pavillons und umliegenden Hügeln, spiegeln Landschaftstraditionen aus dem Süden wider.

gelegt mit geradlinigen überdachten Gängen, die eine Folge schöngestalteter Säle und ummauerter, mit alten Kiefern bepflanzter Innenhöfe miteinander verbinden. Das Ganze wirkt friedlich und zeitlos und ist in China einmalig; Einfachheit und Eleganz der Architektur harmonieren wunderbar mit der natürlichen Landschaft.

Die Seen liegen im südöstlichen Teil des Parks nördlich vom Palast. Sie sind hie und da mit kleinen Inseln gesprenkelt und von weidenbepflanzten Dämmen durchquert und werden von einem Erddamm und niedrigen Hügeln umschlossen. Aussichtstürme und -pavillons verschönern das Bild. Zwei davon, „Mondweiß" und „Wassermelodien" genannt, auf einer zentralen Insel gelegen, wurden von der kaiserlichen Familie benutzt, um den heiteren Frieden des Sees in mondhellen Nächten zu genießen.

Die Grasflächen der Ebene, der „Garten der Zehntausend Bäume", war einmal ein Rotwildpark. Hier unterhielt der Herrscher Qian Long mongolische Prinzen und den Pantschen-Lama von Tibet mit kaiserlichen Picknicks, und dort empfing er Lord Macartney, Englands ersten Gesandten in China. Auf dieser Ebene stehen auch die Bibliothek Weng jin Ge und die „Pagode der Überreste Buddhas".

Die natürlichen Hügel des westlichen Teils, die den Großteil des Geländes bedecken, umfaßten mehr als vierzig Gartenbauten, einige davon sind kürzlich restauriert worden. Sie nutzen die „geborgte Szenerie" der umliegenden Hügel und auch die Aussicht auf die acht großen äußeren Tempel im mongolischen, tibetanischen und traditionellen chinesischen Stil.

Yi He Yuan

Zu Qian Longs Gartenprojekten gehörte auch die Neugestaltung der Landschaft um ein anderes kaiserliches Refugium, das als Sommerpalast bekannt ist. Der Name Yi He Yuan, „Garten der glücklichen Harmonie", wurde diesem großen Park, der etwa 10 km nordwestlich von Peking liegt, von der Kaiserinwitwe Ci Xi, gegeben; sie verwendete finanzielle Mittel, die für den Aufbau der Marine gedacht waren, für den Park und ließ ihn sechs Jahre, nachdem er von britischen und französichen Truppen 1860 niedergebrannt worden war, wieder aufbauen. 1900 wurde er nach dem Boxeraufstand erneut zerstört und dann 1903 wiederhergestellt. Seit der Restaurierung von 1961 ist er eines der wichtigsten Kunstdenkmäler des Landes.

Weng Shan, der „Krugförmige Hügel", war ein natürlicher Blickfang in dieser Landschaft mit einer Reihe von Quellen, die den kleinen See Weng Shan speisten. Zur Zeit der Ming-Dynastie glich die Landschaft mit ihren Dämmen und Kulturpflanzen wie Reis und Lotusblumen der beliebten und reichbewässerten chinesischen Region namens Chiangnan, „südlich des Yangtze-Flusses". Diese Landschaft hatte einst Kaiser Kang Xi, der gelegentlich dort verweilte, entzückt.

PRIVATGÄRTEN

Aus der Zeit vor der Han-Dynastie (seit 206 v. Chr.) gibt es kaum Beschreibungen von Privatgärten, und bis jetzt hat man auch keinerlei archäologische Funde. Aus der Han-Zeit gibt es jedoch Aufzeichnungen, die die Namen von Besitzern großer künstlicher Teiche und Landschaften nennen; in ihnen soll es bereits bemerkenswerte Steinarrangements gegeben haben. Von einem wird behauptet, es sei 30 m hoch gewesen, und ein anderes, Cao Wei's Duftendes Gartenwäldchen, soll acht Wassergräben und neun Flüsse enthalten haben. Aber das waren Gärten im Norden, in der Nähe der Han-Hauptstädte am Gelben Fluß (Huang He). Mit ihren großen Sälen, die durch offene Wege verbunden waren, aber auch durch Sammlungen seltener Vögel und Bäume wurde dort versucht, den Stil kaiserlicher Parkanlagen nachzuahmen.

Nachdem der Konfuzianismus als Staatsreligion anerkannt war, wurden die Gärten, noch in der Han-Dynastie, von der neuen Verwaltungselite statt von den Aristokraten angelegt. Seit Konfuzius vom moralischen Menschen gefordert hatte, er müsse dem Staat dienen, war eine Karriere im Staatsdienst in China für beinahe 2000 Jahre der einzige gesellschaftlich akzeptierte Weg zum Erfolg. Und da diese Laufbahn nur jenen zuteil wurde, die schwierigste Prüfungen über die Klassiker bestanden, war, wer wohlha-

Beim Yi He Yuan, dem Sommerpalast nordwestlich von Peking, machen das großartige Panorama des vordersten Sees und die „geborgten" Aussichten das Eigentliche des Gartens aus. Die weiße marmorne Balustrade verläuft das gesamte Ufer entlang und krümmt sich in den See hinaus, um die zentrale Achse zu betonen.

bend genug war, einen Garten zu besitzen, auch meist intelligent und umfassend gebildet. Konfuzius selbst hat die meiste Zeit seines Lebens ohne Ämter verbracht, und so umfaßten seine Lehren auch das Ideal der „Entspannung durch die Künste". Dank dieser Maxime wurde der Beamte in die Lage versetzt, seine Energiereserven wieder aufzufüllen, und konnte andererseits die Zeit optimal nutzen, wenn er in Ungnade gefallen war. Gärten wurden so zu Orten der Selbsterziehung, die im Laufe der Zeit immer mehr im städtischen Bereich gelegen waren, wo ein Mann mit der richtigen Einstellung gleichzeitig „Frieden im Herzen der Stadt" finden und seine Pflichten gegenüber Staat und Familie erfüllen konnte.

Refugium des Gebildeten

Als der langsame Verfall der Han-Dynastie zu einem Verlust der von ihr hochgehaltenen Werte führte, flüchtete sich der gebildete Mann vor der zerrütteten Gesellschaft in die Natur und in die Metaphysik. Die Sieben Weisen des Bambuswäldchens aus dem 3. Jahrhundert sind ein klassischen Beispiel. Ein berühmter Garten dieser Zeit, Jin Gu Yuan, im Nordosten der Stadt Luoyang, wurde von seinem Besitzer Shi Chong als „einfacher ländlicher Erholungsort" beschrieben. Tatsächlich jedoch war er Ausdruck großen Reichtums, und Tausende von Zypressen, zahlreiche Gebäude und ein Privatorchester waren für den Erbauer und seine Nachfahren ein Symbol luxuriösen Wohllebens.

Viele Überlebende der Han-Dynastie flohen in den bisher kaum besiedelten Süden und trafen in den reichbewässerten Ländern südlich des Chiangjiang-(Yangtze-)Flusses ideale Bedingungen an, so daß sie ihre Liebe zur Natur weiter kultivieren konnten. Dem Ideal des Refugiums für den Gebildeten wurde zum erstenmal von Dao Yuanming (378–422) in poetischer Form gehuldigt: „Ich hatte vor der wilden Natur einen Flecken Landes vom südlichen Moor gerettet/ Und, immer noch ein Landmann, kam ich zurück zu Feld und Garten ... Lang lebte ich hinter den Gitterstäben eines Käfigs. Nun bin ich wieder zu Natur und Freiheit heimgekehrt."

Seit dem 5. Jahrhundert breitete sich der Buddhismus allmählich vom Westen her in China aus und begann, die Menschen zu beeinflussen. Klöster entstanden inmitten einer Hügellandschaft und verstärkten noch die Assoziation von Natur und Vergeistigung.

Die Villa Wang Chuan

Das perfekte und immer noch gültige Beispiel für den Garten als ruhigen Rückzugsort für den Gebildeten ist die aus der Tang-Dynastie stammende Anlage der Villa Wang Chuan, eine der berühmtesten privaten Besitzungen in China. Wang Wei (699–759), Dichter, Maler, Kalligraph und Musiker und selbst ein frommer Buddhist, zog sich in diese ländliche Idylle südwestlich vom Bezirk Lan Tian in der Provinz Shaanxi zurück.Er schilderte sie in Gedichten und Malereien auf einer langen, oft kopierten Schriftrolle.

Das Wang-Chuan-Tal war das, was die Chinesen einen „sich plötzlich öffnenden Ort" nennen, ein Gelände mit teils flacher, teils hügeliger Oberfläche, mit einem Fluß, einem See und einer Insel, das Ganze umgeben von steil aufgefalteten Hügeln. Wang Wei hat 20 Ansichten entlang der felsigen Küste beschrieben, wobei er die einzelnen Sommerhäuser aus immer anderen Blickwinkeln sieht oder von ihnen aus die Umgebung ins Auge faßt. Einige dieser Häuser waren zweistöckige Hallen mit nach oben geschwungenen Dächern über offenen Balkonen. Andere, wie das Landhaus im Bambuswald oder das „aprikosenfarben geäderte Landhaus", spiegelten das Ideal ländlicher Einfachheit wider. Blühende Obstbäume, Weiden und *wu-tung*-Bäume (*Firmiana simplex*) gediehen um sie herum und machten jedes zu einer eigenen kleinen grünen Zelle, während steife Kiefern die Hügel dahinter bedeckten. Die Villa selbst lag im Süden in der Nähe des Lu Yuan oder „Hirsch-Park-Tempels", einer bunten Folge von Räumen, Pavillons und Hallen, die miteinander durch Brücken, gewundene Pfade und überdachte, einseitig offene Gänge verbunden waren. Wang Weis großartige Schriftrolle verhalf diesem Garten zu ewigem Ruhm; seinen Platz in der chinesischen Geschichte aber verdankt der Maler seiner Bildung und seinem Charakter.

Lu shan cao tang

Ein weiterer klassischer Tang-Garten ist Lu Shan Cao Tang, wörtlich das „Strohbedeckte Landhaus auf dem Berg Lu", wo der berühmte Dichter Bei Juyi von 817 bis 819 lebte. Das Landhaus, am Berg Lu in der Provinz Jiangxi gelegen, war einfach aus unterfüttertem Flechtwerk und luftgetrockneten Lehmziegeln gebaut. Davor lagen eine Terrasse und ein quadratisches Becken, das mit weißem Lotus bepflanzt und voll roter Karpfen war. Von der Terrasse aus blickte man südwärts über die von riesigen alten Kiefern flankierte Steintorschlucht. Es gab Wasserfälle und Quellen im Westen und im Osten, und ein felsiger, von seltenen wilden Pflanzen und Bäumen bewachsener Hang stieg dahinter steil an. In „Über Lu Shan Cao Tang" beschreibt der Dichter, wie er „seine Augen heben konnte, um die Berge zu beobachten, seinen Kopf beugen, um der Quelle zu lauschen, und sich zur Seite wenden, um den Bambus, die Bäume, die Wolken und die Steinanlagen zu sehen; von der Morgendämmerung bis zur Abenddämmerung gibt es stetig wechselnde Ausblicke". Den Platz, den der Garten Lu Shan Cao Tang in der chinesischen Gartentradition einnimmt, verdankte er den „geborgten Aussichten", die je nach Jahres- und Tageszeit wechselten und durch die geschickte Anlage noch verstärkt wurden.

Villa Ping Quan

Ein Refugium in viel größerem Maßstab gehörte dem berühmten Ersten Minister Li De Yu (787–850) unter der Tang-Dynastie. Die Villa Ping Quan oder „Klare Quelle" lag in der Provinz Henan nahe dem Gelben Fluß, irgendwo im Süden der heutigen Stadt Luoyang. Sie soll von einer 20 km langen Mauer umgeben gewesen sein. „Über hundert" Hallen und Terrassen sowie mehrstöckige Pavillons verschönerten die Bambuswäldchen und Flüsse. Die Berühmtheit des Gartens beruht jedoch hauptsächlich auf den Aufzeichnungen „Über Bäume und Steingärten der Villa Ping Chuan", die Li über sein eifriges Sammeln von seltenen Pflanzen aus verschiedenen Gegenden und von ungewöhnlichen Felsen hinterlassen hat.

Taihu-Fels

Die Wertschätzung der Gelehrten für Felsen und Steine, die sich während der Tang-Dynastie entwickelte, blieb bis heute ein Merkmal chinesischer Kennerschaft. Der Garten

wie auch das Studierzimmer bildete den Rahmen für die Präsentation wertvoller Objekte. In späterer Zeit wurde das Gestein von Dong Ting Shan, einer Insel im Tai-See (Taihu) in der Nähe von Suzhou besonders geschätzt. Es handelt sich dabei um graue Kalksteinbrocken, vom Grund des Sees. Sie haben durch Erosion merkwürdige Formen und Oberflächenstrukturen, weil sich in der ständigen Wellenbewegung härteres Gestein an ihnen gerieben hat; gefurchte, ausgemergelte und zerklüftete Brocken sind besonders gesucht. In der Sung-Zeit zählten sie zu den begehrtesten Objekten im gesamten Reich. Seit damals ist ein Garten ohne ein Exemplar dieser Steine nicht komplett, und die Leute von Suzhou würden „Häuser versetzen und Mauern neu aufrichten, um sie bei sich auszustellen".

Sung-Gärten

Die Zeit der Sung-Dynastie wird oft nostalgisch als Chinas Goldenes Gartenzeitalter betrachtet; vielleicht weil es in den Städten so viele Gärten gab, die bei Festen und an Feiertagen der Öffentlichkeit zugänglich waren vielleicht weil während der Herrschaft der Sung-Dynastie ganz allgemein in den Künsten große Leistungen vollbracht wurden. Das gilt besonders für die Landschaftsmalerei, die in China mit der Gartenkunst in engem Zusammenhang steht. So, wie der Kunstliebhaber eine bemalte Rolle von links nach rechts aufrollt und sieht, wie sich die Hügel und Täler um die darin reisenden kleinen Figuren heben und senken, so sollte auch der Gärtner eine Reihe miteinander verbundener Szenerien vor dem Auge des Besuchers, der durch die dreidimensionale Landschaft wandelt, entrollen. Aber die Rollbilder sind linear und die Gärten umschlossen; um aus jedem der aufeinanderfolgenden Ausblicke das Beste zu machen, schafft der Gartengestalter ein Labyrinth, in dem der vorhandene Raum durch Tore gegliedert und durch Mauern unterteilt wird,

Der Ruhm der Wang Chuan-Villa ist durch die lange (und oft kopierte) Rolle gesichert, auf der der Dichter und Maler Wang Wei sie in der Zeit der Tang-Dynastie verewigt hat. Er beschreibt 20 Ansichten, wobei er sich normalerweise auf ein Gartenhäuschen oder Sommerhäuschen konzentriert oder den Garten von einem der Häuschen aus gesehen beschreibt, von denen einige das Ideal ländlicher Einfachheit verkörpern.

die sich wie Seeschlangen oder Drachen zwischen Bäumen und Felsen winden. Jeder Garten ist eine Komposition aus Höfen: Manche sind größer, manche kleiner, manche verschwinden hinter eine Ecke, manche sind nach hinten offen, einige enden als Sackgassen, andere sind wie Teile eines Puzzles zusammengefügt. Und der Besucher wird durch sie hindurchgeführt, nicht nur auf den gemusterten Kieswegen und durch offene Tore, sondern auch durch die ständige Aussicht auf etwas Neues, Bezaubern-

Der Ji Chang Yuan, westlich von Wuxi in der Provinz Jiangsu wurde zur Landvilla des Schatzmeisters am Beginn der Ming-Dynastie. Der 1860 zerstörte Garten wurde inzwischen wieder-aufgebaut. Er ist klein, wurde aber oftmals unterteilt, was die verschiedenartigsten Effekte bewirkte.

des, das man durch ein vergittertes Fenster oder hinter den Mauern des nächsten Compartiments eher erraten muß, als daß man es sieht.

Die raffinierte Anlage der Sung-Gärten können wir nur aus Beschreibungen erfahren. In „Luo Yang Ming Yuan Ji" („Die berühmten Gärten des Luoyang"), im 12. Jahrhundert von Li Ge Fei verfaßt, sind Anlage und Geschichte von 18 Gärten und einem Marktplatz in der damaligen Hauptstadt beschrieben; dieses Werk war früher einmal jedem gebildeten Chinesen geläufig.

Ming- und Ching-Gärten

Auch in der Yüan-Zeit, im 13. und 14. Jahrhundert, spielten private Gärten eine wichtige Rolle, weil alte Familien, die den geschlagenen Sung immer noch treu ergeben waren, sich weigerten, unter der neuen mongolischen Regierung politisch aktiv zu sein. Als 1368 mit dem Beginn der Ming-Dynastie wieder ein chinesischer Herrscher auf den Thron kam, hatte das konfuzianische Ideal des zurückgezogen lebenden Gelehrten ohne Amt wieder große Anziehungskraft. Da die Ming-Dynastie äußerst repressiv war, galt es weiterhin als ideal für einen Ehrenmann, mit gleichgesinnten Freunden die geistigen Werte, Literatur und Künste in der erfrischenden Umgebung eines städtischen Gartens zu pflegen.

Seit Mitte des 16. Jahrhunderts spielte der privater Gartenbau in Peking und in vielen größeren und kleineren Städten im Süden eine große Rolle, und wohlhabende Geschäftsleute bewirtschafteten ihre Gärten ebenso wie die Gelehrten. Obwohl die Gärten der Hauptstadt steifer und formstrenger waren als die feinsinnigen südlichen Gärten von Suzhou, ist doch die Ähnlichkeit zwischen Gärten in so weit voneinander entfernten Orten wie Peking und Taipei größer, als es die Unterschiede sind. In manchen Gärten war aber auch die Tendenz zu einer eher vulgären Interpretation der alten Traditionen, eine allein auf Wirkung bedachte verschwenderische Fülle zu beobachten, die höher eingeschätzt wurde als das ausgeklügelte Detail, das dem gebildeten Besitzer eines schlichten, kultivierten Gartens Vergnügen bereitete.

Die Gärten der Ming-Zeit sind, soweit sie noch bestehen, stark verändert worden, aber eine Abhandlung über den Gartenbau, „Yuan Ye", 1634 herausgegeben, zeichnet ein bemerkenswert umfassendes Bild der Ming-Gärten. Der Autor behauptet kategorisch: „Beim Gartenbau gibt es Prinzipien, aber keine strikten Formeln", und seine Arbeit zielt darauf, durch Anregungen weiterzuhelfen und nicht durch Regeln.

Ji Chang Yuan

Ein Meisterwerk des Ming-Gartenbaus, das 1860 zerstört wurde, konnte glücklicherweise so weit rekonstruiert werden, daß es genau dem ursprünglichen Plan folgt. Ji Chang Yuan, „der Garten der Ekstase", der ein Vorbild für den Xie Qu Yuan im Sommerpalast war, wurde Anfang des 16. Jahrhunderts am Fuße des Hügels Hui Shan westlich von Wuxi in der Provinz Jiangsu angelegt. Obwohl er klein ist, hat der Garten „geborgte Aussichten" (*jie jing*) der umliegenden Hügel und der nahegelegenen Drachenlicht-Pagode, die den Ausblick erweitern. Viele *Compartimente* im Garten ermöglichen sehr unterschiedliche Effekte. Ein großer künstlicher Berg, der dem Gesteinskünstler Zhang Yue zugeschrieben wird, nimmt den gesamten nordwestlichen Teil des Gartens ein, ist aber so geschickt angelegt, daß er mit dem Hügel Hui zu verschmelzen scheint. Vom Berg herunter plätschert melodisch der „Strom der Oktave“ in einem felsigen Graben, der zu dem langen, flachen Teich an der die Ostseite des Gartens führt. Dieser verändert die Größenverhältnisse so, daß die Illusion von Tiefe und Weite entsteht: Das felsige Ufer verschwindet in kleinen Buchten, und eine winzige Halbinsel am Westufer beim Strand des Kranichschritts zieht den Blick auf das gegenüberliegende Ufer, wo sich ein offener Pavillon mit geschwungenem Dach und Balustraden übers Wasser hinauslehnt. Während sich das alles in der Nähe der östlichen Gartengrenze befindet, nutzen eine getünchte Mauer und ein überdachter, einseitig offener Gang den übrigen Raum, dessen Bäume und Felsen hinter und über den offenen Fenstern nur zum Teil sichtbar sind. Am anderen Ende des Teichs schneidet die „Brücke der Sieben Sterne“ das Wasser, und der kleine verbleibende Raum dahinter wird wiederum von Pavillons, Bäumen und offenen Gängen unterteilt, so daß die in der Nähe gelegene Mauer nicht als Barriere wirkt.

Yu Yuan

Ein weiterer berühmter Ming-Garten, Yu Yuan in Shanghei, hat einige seiner ursprünglichen Elemente behalten, obwohl er im 19. Jahrhundert stark beschädigt wurde. Er wird seit 1956 restauriert, aber selbst bei Miteinbeziehung des benachbarten Nei Yuan, eines Gartens aus dem frühen 18. Jahrhunderts, nimmt er heute nur ungefähr die Hälfte des ursprünglichen Geländes ein. Ein kommissarischer Statthalter von Setschuan, Pan Yun Duan, legte den komplexen Garten zwischen 1559 und 1577 in seiner Heimatstadt für seinen Vater Pan En an: der Name bedeutet „zum Gefallen des alten Vaters“. Während der ersten Hälfte des 19. Jahrhunderts wurde der Garten von Handwerker- und Kaufmannsgilden genutzt, und aus dieser Zeit stammen auch die feurigen Drachenköpfe, die mehrere Mauern krönen, sowie eine Reihe anderer geschnitzter Figuren. Eines der ursprünglichen Hauptelemente, die noch erhalten sind, ist ein großer, künstlicher Hügel, an dessen Fuß die elegante „Halle der Versammlung der Grazien“ aus der Ming-Zeit liegt, während auf seiner Spitze der Wang Jiang oder „Ausblick auf den Fluß“-Pavillon thront; von hier genießt man die „geborgten Aussichten“ (*jie jing*) zum Huang Po-Fluß. Dieser Hügel, der aus dem gelben, *huang shi* genannten Gestein besteht und die größte heute noch erhaltene derartige Anlage in China ist, ist das Werk eines großen Meisters der Steingartenkunst, Zhang Nan Yang, aus der Zeit der Ming-Dynastie. Der Garten enthält auch einen phantastischen, 5 m hohen aufrecht stehenden Felsblock, der „Exquisite Jade“ genannt wird und angeblich für Gen Yue bestimmt war. Von einem Teehaus, das nun außerhalb des Gartens liegt und über eine wenig durchdachte Zickzackbrücke erreicht werden kann, wird behauptet, es habe die Porzellanmaler des englischen „Weidenmusters“ im 19. Jahrhundert inspiriert.

Die Gärten von Suzhou

Zur Zeit der Ming- und Ch'ing-Dynastie wurden in der uralten Stadt Suzhou, dem „Venedig des Ostens“, das bereits auf eine lange Gartenbautradition zurückblickte, weiterhin eifrig Gärten angelegt. Die Stadt war schon im 6. Jahrhundert Hauptstadt.

Einer der gefeiertsten Gärten in Shanghai, der Yu Yuan, wurde in der Gelehrtentradition von einem Beamten der Ming-Dynastie für seinen Vater errichtet, daher der Name „zum Gefallen des alten Vaters“. Schäden und Ergänzungen haben die subtile Komplexität des Originals vergröbert, aber einiges von seinem Charakter ist erhalten geblieben, besonders dank der Restaurationsarbeiten, die 1956 begannen.

Im Süden der Stadt Suzhou gelegen, repräsentiert Cang Lang Ting oder „Pavillon der dunklen blauen Wellen“ Rekonstruktionen eines Gartens aus dem 10.Jahrhundert, die in dert Zeit der Ch'ing-Dynastie vorgenommen wurden. Bemerkenswerte Elemente des Gartens sind der künstliche Hügel und die Ausnutzung „geborgter“ Aussichten.

In den folgenden drei oder vier Jahrhunderten war sie kaum von dem Aufruhr betroffen, der in vielen anderen chinesischen Regionen herrschte, und entwickelte sich zu einer der reichsten Provinzen. Der Garten Cang Lang Ting stammt aus dem 10. Jahrhundert, obwohl die Überreste nur auf Rekonstruktionen während der Ch'ing-Dynastie zurückzuführen sind. Der Grundriß dieses Gartens ist in Suzhou einzigartig, da ein Hügel und nicht ein Teich das Zentrum der Anlage bildet. Der Name „Pavillon der dunkelblauen Wellen“ wurde ihm von dem berühmten Poeten Su Zimei verliehen, der für sich selbst 1044 einen Garten auf dem alten Gelände errichtete. Der Name bezieht sich auf ein Sprichwort, das dazu rät, die Wechselfälle des Lebens hinzunehmen: „Wenn die Zeiten gut sind, wasche ich die Schärpe meiner Amtswürde im Wasser des Cang Lang-Flusses – wenn sie schlecht sind, meine Füße.“ Im 12. Jahrhundert gehörte der Garten General Han Shizong, einem Nationalhelden der südlichen Sung-Dynastie.

Während der Yüan-Periode zogen sich eine Reihe von hohen Beamten, die sich weigerten, unter einer fremden Dynastie zu dienen, in die Stadt zurück, und auch in der Ming- und Ch'ing-Zeit gab es viele, die hier ihre Gärten anlegten. Umgeben von fruchtbarem Land, „von Fisch und Reis“ und einer blühenden Seidenindustrie, wurde Suzhou nicht nur reich, sondern auch ein wichtiges Zentrum für Gelehrte und Künstler. Aus dieser Stadt stammten mehr erfolgreiche Kandidaten für die kaiserlichen Prüfungen als aus jeder anderen in China. Nachdem sie zu politischen Ehren gekommen waren und meist ein großes Vermögen angehäuft hatten, zog es viele dieser Männer nach Suzhou zurück, wo sie ihre Gärten bestellten. Neben reichlichen Wasservorräten, einer angenehm hügeligen Landschaft, mildem Klima, den schönsten Gartengesteinen (Taihu-Felsen) in der Nähe und ausgebauten Wasserstraßen für den Import weiterer Steine bot Suzhou ihnen auch noch eine ganze Schar ausgebildeter Gartenhandwerker.

Der Zhou Zheng Yuan in Suzhou, der zwischen 1506 und 1521 erstmals angelegt wurde, ist besonders für die komplexe Anordnung unregelmäßiger und ineinander verschlungener Becken bemerkenswert, die dem Garten die verträumte Atmosphäre eines Wasserdorfs der südlichen Regionen von China verleiht, als Chiangnan bekannt.

Shi Zi Lin

Obwohl viele von Suzhous Gärten während der Taiping-Rebellion im 19. Jahrhundert zerstört wurden, zählte man um 1950 noch ungefähr hundert. Einige der größten wurden restauriert und der Öffentlichkeit zugänglich gemacht. Von diesen ist Shi Zi Lin der berühmteste, wenn auch keineswegs der beste. Ein buddhistischer Mönch, Tian Ru, ließ ihn zu Ehren seines Lehrers 1336 errichten, und er bildete ursprünglich die nördlichste Sektion des Tempels der „Strenggläubigkeit Bodhis“ im nordwestlichen Distrikt der Stadt. Dieser wurde manchmal auch „Löwenwäldchentempel“ genannt; der Name läßt mehrere Interpretationen zu. Die eine besagt z. B., daß der Lehrer Zhong Feng einst in einem Refugium bei der sogenannten Löwenklippe am Tien-Mu-Berg lebte; eine andere, daß mehr als die Hälfte des Gartens sich über einen künstlichen Berg aus Felsgestein erstreckt, dem man Ähnlichkeit mit einem Löwen zuschreibt. Das bemerkenswerteste Element des Gartens ist sicherlich sein Steingarten. Laut Aufzeichnungen waren mehr als zehn berühmte Künstler mit der Ausarbeitung des Plans beauftragt, darunter Ni Zhan, einer der größten Maler der Yüan-Periode; er hinterließ ein Rollbild in seinem unnachahmlich düsteren Stil. Von dem darauf abgebildeten Garten ist heute nur noch wenig übrig. Aus der Ferne wandert das Auge ruhelos über die merkwürdigen Felsen und Höhlen, die sich in der glänzenden Oberfläche des Sees spiegeln, aber bei näherer Betrachtung entpuppt sich der „Berg“ als ein Labyrinth mit Grotten und Höhlen. Winzige Pfade winden sich hindurch, um plötzlich einen Blick auf kantige Spalten oder hinunter auf den Garten oder andere Besucher zu gewähren, die sich auf verschiedenen Ebenen treffen. Hier werden die chinesischen „Unsterblichen“ heraufbeschworen, merkwürdig entrückt und weitab vom alltäglichen Leben.

Zhuo Zheng Yuan

Der größte von Suzhous Privatgärten, Zhuo Zheng Yuan, wurde zwischen 1506 und 1521 von dem Ming-Beamten Wang Xian Chen, der im Ruhestand lebte, angelegt. Sein Name wird ganz unterschiedlich als Garten des bescheidenen, des dummen oder des erfolglosen Politikers übersetzt. Wen Cheng Ming, einer der Vier Großen Maler der Ming-Zeit, hat hier gelebt und Aufzeichnungen darüber in zwei Alben hinterlassen. Nur der mittlere Teil des jetzigen Gartens entspricht der ursprünglichen Anlage.

Mehr als die Hälfte des Zhuo Zheng Yuan-Gartens nimmt eine komplizierte Folge von unregelmäßigen, miteinander verbundenen Becken ein, die ein Wasserlabyrinth bilden. Obwohl die Bauten besonders prächtig und exquisite Handwerksarbeit sind, wird behauptet, hier herrsche die gleiche Atmosphäre wie in den Wasserdörfern der reichen und lieblichen Gegend südlich des Chiangjiang-(Yangtze-)Flusses. Das wichtigste Gebäude ist die streng und regelmäßig angelegte „Halle der fernen Düfte“, die etwas abseits vom südlichen Seeufer in der Mitte dieses Gartenabschnittes steht. In

Wen Cheng Ming, einer der Vier Großen Maler der Ming, lebte eine Zeitlang in Zhou Zheng Yuan, und die Aufzeichnungen über den Garten, die er in zwei Alben mit Gedichten und Zeichnungen hinterließ, verhalfen dem Garten zu Berühmtheit. Er ist der größte der alten Privatgärten in Suzhou.

nördlicher Richtung schaut sie auf zwei Inseln, die mit dem „Pavillon des duftenden Schnees und der glorreichen Wolken" und mit einem kleinen Aussichtshäuschen namens „Warten auf den Frost" geziert sind.

In der nordwestlichen Ecke gibt es eine mit blühenden Sträuchern bepflanzte Halbinsel, an deren Ufern sich überdachte und offene, zickzackförmige Spazierwege hinziehen. Im Nordwesten führen weitere Wege zu einer Gruppe von abgeschlossenen Räumen und winzigen bepflanzten Abschnitten, und sie enden in einem Innenhof mit Blick auf das schattige Bassin. Der südöstliche Teil ist vom Wasser durch einen Hügel und eine geschwungene, graue, mehrere Innenhöfe umschließende Mauer getrennt; diese Höfe mit ihren eleganten Formen und schönen Böden mit Kieselmuster gehören zu den attraktivsten Elementen des Gartens. Im Norden, auf der östlichen Seite des Seeufers, steht die ungewöhnliche „Stille Bambuszuflucht", ein quadratischer Pavillon mit einer großen, runden Mondtür, die auf jeder Seite die Aussicht umrahmt.

Alle Gebäude sind danach ausgerichtet, „Aussichten zu bieten" und „Aussichten zu borgen", so daß sich für den Besucher, wenn er durch den Garten geht, solche Aussichten überall um ihn herum ergeben, mal gewollt, mal wie zufällig in der Ferne. Es gibt noch zwei andere Bereiche des Gartens, von denen der westliche der interessantere ist. Er wurde gegen Ende der Ch'ing-Dynastie angelegt und greift das Thema des Gartens Zhuo Zheng auf.

Die Komplexität des Liu Yuan, des Andauernden Gartens ist, sogar am Standard der alten Suzhou Gärten gemessen, bemerkenswert. Das Labyrinth der überdachten Gänge, Hallen und Innenhöfe und der Gartenräume sichern dem Besucher überraschend viele visuelle und räumliche Effekte in dem kleinem Raum.

Liu Yuan

Der einzige Garten in den nordwestlichen Vorstädten von Suzhou, der den Taiping-Aufstand überstanden hat, war Liu Yuan. Er wurde von einem ehemaligen Ming-Beamten zwischen 1522 und 1566 angelegt, aber mehrfach umgeändert und 1870 vergrößert. Das Herzstück der Anlage bildet das Hauptbecken, das von einem Labyrinth offener Gänge umgeben ist; östlich davon liegt ein Komplex miteinander verbundener Hallen, Innenhöfe und Gartenräume. Ein offener Komplex im Süden umfaßt die doppelte „Halle der Mandarin-Enten", von der aus man über einen kleinen Teich und einen vom Wasser abgeschliffenen Taihu-Stein, den „Wolkenbedeckten Gipfel", blickt, der ursprünglich für den kaiserlichen Sung-Garten Gen Yue bestimmt gewesen sein soll. Im nördlichen und westlichen Teil des Gartens gibt es Steingärten, und auf künstlichen Hügeln im Norden steht ein offener Pavillon mit Ausblick über den zentralen Teich des Gartens und die ihn umstehenden Bäume. Die Komplexität des Gartens mit seinen engen, gewundenen Durchgängen, geschwun-

Obwohl er eine eher geringe Größe hat, ist der Wang Shi Yuan einer der komplexesten und höchstentwickelten der alten Suzhou Gärten, und da er hervorragend restauriert und erhalten wird, konnte er die Atmosphäre eines Ortes bewahren, der seit langem innig geliebt wird.

genen Korridoren, überraschenden Ausblicken und raffinierten räumlichen Beziehungen lassen den Garten viel größer erscheinen, als er in Wirklichkeit ist.

Wang Shi Yuan

Nicht weniger kompliziert in der Anlage und von eleganter Raffinesse ist der Garten Wang Shi Yuan, einer der kleinsten Suzhou-Gärten, die restauriert wurden. Schon seit dem 12. Jahrhundert hat es auf diesem Gelände im südöstlichen Teil der Stadt einen Garten gegeben, den Shi Zhengzhi, ein gelehrter Beamter, Yu Yin oder „Refugium des Fischers" genannt hat, um seiner Neigung zu den kleinen Freuden des Lebens Ausdruck zu geben. Bis ins 18. Jahrhundert bleibt die Geschichte des Gartens unklar, dann wurde er von Song Zenghuan, einem Vizedirektor der Kaiserlichen Vergnügungen am Hof von Qian Long, neu angelegt. Er gab ihm den Namen Wang Shi, den er bis zum heutigen Tag trägt und der sein eigenes Pseudonym war: „Meister der Fischernetze", eine nette Anspielung auf den ursprünglichen Namen. Dann wurde der Garten wieder vernachlässigt und erst von Qu Yuancun gerettet, der ihn von ortsansässigen Handwerkern nach eigenen Plänen nachbauen ließ. Spätere Besitzer haben eine Komposition von mehr als zehn winzigen abgeschlossenen Gärten und einem Dutzend Sälen und Pavillons rund um das zentrale Becken geschaffen.

Man betritt den Garten von der Straße her durch ein einfaches Tor in einer hohen, getünchten Umfassungsmauer. Die Folge von Innenhöfen entrückt gleichsam Schicht für Schicht den Besucher immer weiter von der Stadt draußen. Den Höhepunkt bildet dann der kleine, von Felsbrocken gesäumte See, der viel größer wirkt, als er wirklich ist; Bäume und Sträucher verstecken fast die verstreut am Ufer liegenden Bauten. Am gegenüberliegenden Ufer steht der elegante „Pavillon des aufgehenden Mondes und des aufkommenden Lüftchens", die den Besucher weiterlocken. Ob man nun rechts oder links um den See geht, überall tauchen unerwartete und reizvolle Partien auf, die zu Höfen, Pavillons oder Hallen von unverwechselbarem Charakter führen. Viele tragen von Qu Yuancun ausgewählte Namen, und die literarischen Anspielungen geben dem Garten eine besonders amüsante Note.

Der Ou Yuan im nordöstlichen Distrikt von Suzhou besteht aus zwei Teilen, die östlich und westlich einer alten Wohnstätte liegen. Seine heutige Form erhielt er im 19. Jahrhundert. Die Raumaufteilung erfolgte so geschickt, daß eine Vielzahl ruhiger Winkel und unerwarteter Ausblicke innerhalb des raffinierten Grundrisses den Besucher erwarten.

Das Haus und seine Höfe und auch alle anderen Gebäude sind streng rechteckig, aber beim Zusammenfügen der einzelnen Bauten wurden kleine Räume ausgespart, die mit Bambus bepflanzt und mit Steinen belegt sind, wobei selbst der kleinste Winkel Licht und Luft hat.

Villa Huan Xiu

Obwohl die meisten Gebäude dieser Villa Ruinen sind, ist ein wichtiger Teil des Gartens erhalten. Die Geschichte des Geländes geht bis ins 10. Jahrhundert zurück, aber den Namen „Villa umgeben von Eleganz" bekam die Anlage von der Familie Wang, der sie Mitte des 19. Jahrhunderts gehörte. Der riesige künstliche Hügel aus Taihu-Gestein, der beinahe die Hälfte des Geländes einnimmt, zählt schon seit langem zu den besten seiner Art. Der Plan wird Ge Yu-liang zugeschrieben, einem hervorragenden Gesteinskünstler des späten 18. Jahrhunderts. Seine Kunst bestand darin, Steine auf eine Art und Weise miteinander zu verbinden, daß ihre natürlichen Kanten wie Haken ineinandergriffen. Es wird behauptet, daß seine Aufbauten mit der Zeit immer stabiler wurden. Der Hauptteil des künstlichen Hügels liegt auf der östlichen Seite des Gartens, die steilen Klippen und Spitzen sind in Form und Struktur, aber auch in der Äderung und Körnung des Gesteins wie ein natürlicher Felsenhügel gebildet. Unter dem „Berg" befinden sich Grotten und Kammern, die der häuslichen Schönheit des Garten einen Hauch von herber Fremdheit und Abenteuer geben.

Ou Yuan

Ein hoher künstlicher Berg, diesmal aus gelbem Gestein, ist das dominierende Element im östlichen Teil eines Gartens namens Ou Yuan im nordöstlichen Distrikt von Suzhou. Der Name bezieht sich auf die Zweiteilung des Gartens (*ou* bedeutet „Paar"), der östlich und westlich der Altstadtresidenz liegt. Obwohl der östliche Teil bereits in der frühen Ch'ing-Periode existierte, stammt er in seiner heutigen Form aus dem 19. Jahrhundert, als er in den Besitz des Beamten Shen Bingcheng kam. Der künstliche Berg im östlichen Garten, der den Zugang zur zweistöckigen Haupthalle mit doppeltem Dachgesims verbirgt, fällt im Osten zu einer spiegelnden Wasserfläche ab. Geschwungene Treppen schneiden in den steilen Hügel und geben dem Besucher das Gefühl, in einem tiefen Tal zu weilen. Dieser Teil des Gartens umfaßt auch einen Wandelgang mit einer Folge dekorativer Fenster und, an der östlichen Grenze, einen zweistöckigen Pavillon, der einmal eine schöne Aussicht auf den Kanal und die Stadt außerhalb der Mauern gewährte. Es gibt viele friedliche und versteckte Winkel in diesem Garten, darunter im westlichen Teil zwei Innenhöfe, von denen der erste ungewöhnliches Gestein enthält.

Yi Yuan

Der jüngste der berühmten Suzhou-Gärten ist Yi Yuan, der zwischen 1862 und 1908 von Gu Wen Bin, einem hochrangigen Beamten, geschaffen wurde. Der östliche Teil des Geländes wird seit der Zeit der Ming-Dynastie genutzt, aber die interessanteste Partie liegt im Westen. Hier schuf Gu Wen Bins Sohn Gu Cheng mit Hilfe mehrerer berühmter Künstlern einen Garten, dessen Themen und Motive er aus älteren Suzhou-Gärten übernahm. Ein doppelter überdachter Wandelgang ist wahrscheinlich von einem ähnlichen in Cang Lang Ting inspiriert; der künstliche Berg vom großartigen Steingarten in der Villa Huan Xiu; ein von Gestein gesäumter, lotusförmiger Teich von dem in Wang Shi Yuan; und ein Pavillon in Form eines Boots von einem mit Namen „Duftendes Land im Garten Zhuo Zheng Yuan". Immerhin ließ man sich gekonnt inspirieren, und es handelt sich mehr um Adaptionen als um direkte Kopien. Die Elemente sind mit großem Geschick auf vergleichsweise kleinem Raum miteinander verbunden.

Die Gärten von Yangzhou

Yangzhou, eine Stadt, die für ihre Kultur und ihren Charme bekannt ist, entwickelte sich im Gefolge des Salzhandels und aufgrund ihrer Lage am linken Ufer des großen Kanals, wo dieser in den Chiangjiang (Yangtze) mündet, zu einem blühenden Zentrum. Es gab einmal viele herrliche Gärten in der Stadt und am Ufer des Schmalen Westlichen Sees, Shou Xi Hu. In der frühen Ch'ing-Zeit sollen einige Gärten von Shi Tao angelegt worden sein, dessen tatsächliche Identität – er war Mitglied der kaiserlichen Familie – während seines ganzen Lebens verborgen blieb. Im Alter, nach jahrelangem Umherwandern als buddhistischer Mönch, ließ er sich in Yangzhou nieder, wo er für sein Geschick bei der Aufstellung von Felsgestein und für seine Leistungen als Dichter, Kalligraph und Landschaftsmaler bekannt wurde. Der ursprüngliche künstliche Berg, Ge Yuan, in einem noch bestehenden Yangzhou-Garten soll unter Shi Taos Anleitung entworfen und ausgeführt worden sein.

Ge Yuan

Gegen Ende des 18. Jahrhunderts wurde Ge Yuan auf dem Gelände eines älteren Gartens angelegt. Er gehörte einem Salzmagnaten, Huang Yingtai, dessen Beiname Geyuan auf den Garten übertragen wurde. Das chinesische Zeichen für *ge* gleicht einem Zweig mit drei Bambusblättern, und der wurde zum Symbol des Gartens. Der Hügel in seiner heutigen Form stellt Ge Yuans bekanntestes Element dar und ist Yangzhous ungewöhnlicher Beitrag zur chinesischen Gartentradition. Es ist das seltene Beispiel eines künstlichen Hügels, der aus verschiedenen Gesteinsarten besteht, um unterschiedliche Abschnitte im Garten zu unterscheiden und um die vier Jahreszeiten zu symbolisieren. Die Gegenüberstellung von Echtem und Falschem beim mondförmigen Eingangstor – nadelartige, als Steinbambussprossen (*shi sun*) bezeichnete Stalaktiten werden zwischen lebende Bambuswäldchen gesetzt – gilt als Symbol des Frühlings. Im Westen weist ein künstlicher Hügel aus Taihu-Gestein, der vom dichten Nadelkleid der Kiefern überschattet wird, auf den Sommer hin. Ein benachbartes Becken reicht unter einen felsigen Überhang und weitet sich dann in einen schattigen Raum aus, der durch vom Wasser reflektiertes Licht erhellt wird. Diese Kammer bleibt ein kühles Refugium in Yangzhous heißen Sommermonaten. Im Osten steigt ein labyrinthischer Hügel aus gelben Felsen abrupt zu steilen Spitzen an. Enge Passagen winden sich hinauf oder hindurch zu kleinen Innenhöfen und einem zentralen Höhlenraum. Ein Aussichtshäuschen auf dem Grat thront über der Miniaturlandschaft. Wenn dieser Hügel bei Sonnenuntergang rosenrot wird, soll er genau wie ein Bild der herbstlichen Berge aussehen. Der letzte der Hügel, der entlang einer Innenhofmauer mit Blick auf eine große Halle in einem Winkel des Gartens angelegt wurde, schafft durch Felsen mit weißen Spitzen den Eindruck von schneebedeckten Gipfeln im Winter.

Die Gärten von Peking

Die alten Gärten von Peking haben den Ruf, steifer und formaler zu sein als die der Region Chiangnan und des Südens. Oft sind die Becken mit behauenen Steinen eingefaßt statt mit unregelmäßigem Gestein aus dem See, und ihre einseitig offenen Wandelgänge verlaufen oft geradlinig und im rechten Winkel statt im unregelmäßigen Zickzack, den wir von Suzhou her kennen.

Ban Mu Yuan

Auf einen der berühmtesten Gärten von Peking trifft diese Verallgemeinerung jedoch nicht zu. Der Garten, der vor Huan Mi Hu Tung nahe der Nordost-Ecke der Verbotenen Stadt liegt, wurde ursprünglich um 1680 von Li Yu, einem bekannten Literaten, für einen Regierungsbeamten angelegt. Der Name Ban Mu weist auf die bescheidenen Ausmaße der Anlage hin, ebenso wie die Bezeichnung, die Li Yu für sein eigenes Haus in Peking wählte: „Der Garten so klein wie ein Senfsamen". Nachdem er oft den Besitzer gewechselt hatte, wurde Ban Mu Yuan schließlich von dem hochrangigen Beamten Lin Jian Ting erworben, der 1840 mit der Restaurierung der Anlage begann. Die Schilderung der Arbeiten, die er in Form von mit Holzschnitten illustrierten Tagebüchern hinterließ, hat die Berühmtheit des Gartens noch gesteigert, die er seinen verschiedenen Besitzern und ihren Kunst- und Gesteinssammlungen verdankte. Der Garten enthält immer noch einen Berg, der angeblich von Li selbst entworfen wurde, und es gibt auch noch anderes aus Lis Zeit. Das interessanteste Element der Anlage ist ein Pavillon in Form eines griechischen Kreuzes auf einer felsigen Insel, die den „Teich der sich kräuselnden Jade" teilt. Im Süden überblickt man von einem hexagonalen Pavillon auf einem felsigen Wall den gesamten Garten. Seine zickzackförmigen überdachten Galerien verbinden Hallen und Studierräume im Osten und im Westen die alten Felsanlagen aus gelben Steinen. Die zeitlose Schönheit alter Pekinger Gärten ist in diesem Beispiel eindrucksvoll erhalten.

JAPAN

Obwohl von China ziemlich beeinflußt, ist es Japan gelungen, eine unverwechselbare Tradition der Gartenbaukunst zu entwickeln; Beispiele kaiserlicher, privater und Tempelgärten sind noch zu sehen. Hier der Shugaku in der Kaiserlichen Villa, Kyoto.

Bei der Entwicklung japanischer Gärten wirkten chinesische Kultur und Buddhismus eng zusammen, doch schon bevor der Buddhismus im 6. Jahrhundert n. Chr. ins Land kam, gab es eine Religion, die die Verehrung der Natur mit der Freude an ihren Schönheiten verknüpfte. Der genaue Inhalt des frühen Shinto, des "Weges der Götter", ist durch spätere Wiederbelebung und besonders durch den Einfluß des Buddhismus verlorengegangen. Den Kern bildete der Glaube, daß übernatürliche Kräfte beispielsweise die Fruchtbarkeit, die Gesundheit und das Wetter kontrollierten und daß sie durch Einhaltung bestimmter Riten günstig gestimmt werden könnten. Die ersten heiligen Stätten dieser Naturreligion waren keine Tempel, sondern die Aufmerksamkeit erregende Elemente in der Natur. Eine Insel oder ein auffallender Felsen, ein Wasserfall oder eine Klippe, sogar ein besonders schöner Baum konnten zu Stätten der Andacht und der Verehrung werden, jeder mit seiner eigenen Gottheit. Die Einstellung zur Natur, die dem Shintoismus zugrundeliegt, durchzieht die gesamte Geschichte japanischer Gärten. Der Buddhismus selbst mag diese Einstellung verstärkt haben, indem er sagt, daß Teile von Verstorbenen sich mit Fragmenten anderer, die denselben Grad der Vergeistigung erreicht haben, verbinden können, um zum Beispiel zu Pflanzen zu werden.

Die Vorstellung vom Paradies

Schon vor dem 6. Jahrhundert, als die Einführung des Buddhismus den chinesischen Einfluß in Japan noch verstärkte, hatte Japan neue, fortschrittliche Ideen entweder direkt von China oder indirekt über Korea aufgenommen. Die Errichtung Naras, der ersten ständigen Hauptstadt, im Jahre 710 war Teil einer mächtigen Welle, die den chinesischen Einfluß weiter verstärkte. Auch für die noch prächtigere neue Hauptstadt Heian-Kyo (Hauptstadt von Ruhe und Frieden), das spätere Kyoto (Hauptstadt der Hauptstädte) – das 794 nach gründlichem Studium der chinesischen Geomantik angelegt wurde – nahm man sich Chang'an, die Residenz der chinesischen Tang-Dynastie, zum Vorbild. Von den Gärten, die zur ersten Hauptstadt, Nara, gehörten, gibt es keine Spuren mehr, aber es ist wahrscheinlich, daß auch hier chinesische Vorbilder bestimmend und die Hauptelemente ein großes Gewässer und eine Insel waren.

Eine wichtige Informationsquelle über die Gartenkunst und das Hofleben in der Heian-Periode stellt ein Roman aus dem 11. Jahrhundert, „Die Geschichte von Genji", dar, der von der Hofdame Murasaki Shikibu geschrieben wurde. Die Geschichte des amourösen Fürsten Genji bildete ein Hauptthema der japanischen Kunst für die folgenden Jahrhunderte, besonders bei Künstlern der Tosa-Schule.

Die Gärten der Heian-Zeit

Selbst aus den vier Jahrhunderten der Heian-Zeit, die auf die Gründung der neuen Hauptstadt folgten, ist nur wenig geblieben. Sicher ist jedoch, daß sich während dieser Epoche der Vervollkommnung in allen Kunstzweigen ein Gartentyp entwickelte, der bleibenden Einfluß auf die japanische Tradition haben sollte. In höfischen Kreisen gab es viele Anhänger der buddhistischen „Schule des Reinen Landes", die Japan von China aus erreicht hatte. Nach dieser Lehre sichert jenen, die guten Glaubens und reinen Herzens sind, die bloße Wiederholung mystischer Gebetsformeln durch die erlösende Gnade von Amida Buddha ewiges Leben im Paradies, dem Reinen Land im Westen. Die lebendige Beschreibung dieses Reinen Landes mit wunderschönen Pavillons über lotusgefüllten Becken in den amidistischen Sutras verband sich mit der Vorstellung von chinesischen Tang-Palästen und -Gärten.

Im sogenannten *shinden-zukuri*-Stil waren der Hauptpavillon (*shinden*) und die Nebenpavillons, die mit diesem durch erhöhte und überdachte Gänge verbunden waren, nach Süden zu einem See hin ausgerichtet, der groß genug für Bootsfahrten war. Ein Fluß wand sich von Nordosten zum See hin und verließ ihn in Richtung Westen. Jeder der Pavillons stellte eine abgeschlossene Einheit dar. Im Zwischenraum, *tsubo* genannt, waren Pflanzen und Gestein nach dem Geschmack des Pavillonbewohners angeordnet. Trittsteine, anfangs eine praktische Notwendigkeit, wurden später zum Klischee. Vor dem Hauptpavillon befand sich ein mit weißem Sand bestreuter Platz, der der Unterhaltung diente; zu beiden Seiten reichten sogenannte Fischerpavillons bis in den See hinaus. Die Außenwände des Pavillons hatten Jalousien, die hochgezogen und oben festgehakt werden konnten, so daß die Bewohner während der warmen Jahreszeit praktisch im Freien lebten. Genau das entsprach der Vorstellung von der Harmonie mit der Natur.

Aus dem „Genji-Monogatari", dem berühmtesten literarischen Werk der Heian-Zeit, das von der Hofdame Murasaki Shikibu in der ersten Hälfte des 11. Jahrhunderts geschrieben wurde, kann man erfahren, welch eine wichtige Rolle der Garten im Leben am Hof spielte; man bekommt eine lebendige Vorstellung von Details, die viel aufschlußreicher sind als die noch erhaltenen Überreste wirklicher Gärten.

Im fiktiven Palast des verliebten Prinzen Genji besaß jede seiner Frauen einen *tsubo*-Garten nach eigenem Geschmack. Von seinem eigenen Landhaus schreibt die Hofdame Murasaki:

„Er bewirkte großartige Verbesserungen im Aussehen des Landes durch weisen Umgang mit Hügel und See; obwohl solche Elemente bereits reichlich vorhanden waren, befand er es für notwendig, hier einen Hang anzuschneiden, dort einen Fluß zu stauen, so daß die Bewohnerinnen der verschiedenen Gärten von ihren Fenstern die Aussicht genießen konnten, die sie am meisten erfreute. Im Südosten hob er den Boden an, und auf die Böschung pflanzte er üppig

blühende Bäume. Am Fuße des Hanges machte der See einen besonders malerischen Bogen, und im Vordergrund, gerade unter den Fenstern, legte er Rabatten mit Fingerkraut, Pflaumen, Kirschen, Glyzinien, Kerrien, Azaleen und anderen Pflanzen an, die im Frühling am schönsten sind; denn er wußte, daß Murasaki (seine Lieblingsfrau) den Frühling besonders liebte."

Eine andere unschätzbar wertvolle Informationsquelle über die Gartenbaukunst dieser Epoche ist „Sakuteiki", eine Abhandlung über den Gartenbau, wahrscheinlich das älteste bekannte Dokument, daß sich mit der Anlage von Gärten befaßt. Es wird Tachibana-no Toshitsuna, einem Aristokraten des 11. Jahrhundert, zugeschrieben, der anscheinend die strenggehüteten Geheimnisse seiner Zeit über die Gartenbaukunst sammelte und durch eigene Erfahrungen ergänzte. Das Dokument enthält zwar viele Details über Tabus und religiöse Bedeutungen – es beschäftigt sich besonders ausführlich mit den Überlegungen, die man beim Arrangement von Steinen anstellen sollte – doch sind die technischen Anweisungen zur Konstruktion von Wasserfällen und verschiedenen Landschaftsbildern so präzise und gründlich, daß das Werk zum Leitfaden für japanische Gärtner geworden ist.

Zu den wenigen erhaltenen Beispielen aus dieser Periode gehören die Landgüter, die die immer wiederkehrenden Kriegswirren am besten überstanden haben. Ein Beispiel, Saga-no-in, das aus dem Jahre 823 stammt, vermittelt etwas von der Art des *shinden-zukuri*-Stils. Der Teich, Osawa-ike, ist fast vollständig erhalten, und die Inseln der Unsterblichen (ein Erbe der chinesischen Kaisergärten) sowie der Wasserfall sind noch andeutungsweise zu erkennen.

Ein weiteres interessantes Relikt aus dieser Zeit ist der Byodo-in von Uji auf halbem Weg zwischen Kyoto und Nara. Die Phoenix-Halle hat als einziges aus einer Vielzahl von Heiligtümern, die innerhalb der Klosteranlage stehen, die Zeiten überdauert; das Gelände gehörte ursprünglich zur Villa der mächtigen Familie Fujiwara, doch 1052 wurde daraus ein Kloster, als der ehemalige Besitzer, der Regent Fujiawara-no-Yorimichi, sein Leben der Religion weihte. Die neuen Gebäude wurden Amida Buddha gewidmet, und was davon übrigblieb, sind Fragmente in der Tradition des Paradieses vom Reinen Land. Der Teich vor dem Tempel ist der Schatzteich, der Tempel selbst die Schatzhalle. Die Gläubigen näherten sich dem südlichen Tor wahrscheinlich über zwei Brücken, die über die Insel zum Tempel führten, aber heute gibt es diese Brücken nicht mehr. Der Tempel enthält einen wunderbaren Buddha, der seinen Blick auf den Teich richtet und den der Bildhauer Jocho aus lackiertem, mit Blattgold überzogenem Holz geschaffen hat.

Die Phoenix-Halle von Byodo-in, Uji, ist das bemerkenswerte Relikt einer heiligen Stätte aus dem 10. Jahrhundert, von eindeutig chinesischem Stil, die dem Amida Buddha gewidmet ist. Es gibt noch Überreste eines Paradiesgartens aus der späten Heian-Periode, mit einem Schatzteich vor dem Tempel.

Die Gärten der Muromachi-Periode

Während der Heian-Zeit lag die Regierungsgewalt nicht bei den Kaisern, sondern die wahre Macht übten die Mitglieder der Familie Fujiwara aus, die als Shogune oder Militärdiktatoren im Namen des Kaisers herrschten. Als die Fujiwara aus ihrer ererbten Rolle von der Familie Minamoto verdrängt worden waren, verlegte das Oberhaupt der Minamoto, Yoritomo, die Hauptstadt nach Kamakura, das beinahe 500 km nordwestlich von Kyoto liegt. Das strenge Militärregime der Kamakura-Periode, die von 1185 bis 1333 dauerte, brachte dem Land relativen Frieden und Wohlstand, war aber der Gartenbaukunst nicht förderlich. Der Fall der Kamakura-Regierung im Jahre 1338 und die Errichtung des Shogunats der Ashikaga mit Kyoto als Hauptstadt leitete eine neue Epoche, die Muromachi-Periode, ein, in der der Stil der chinesischen nördlichen Sung-Dynastie (960–1127) tonangebend war.

In der Gartenbaukunst der Muromachi-Zeit lieferte die Vorstellung vom Paradies weiterhin das Hauptthema, aber schon früh machte sich der Einfluß des Zen-Buddhismus bemerkbar. Die Zen-Sekte, die in China entstand, etablierte sich während des 13. Jahrhunderts in Japan und übte besonders auf die Mitglieder des Kriegerstandes starke Anziehungskraft aus. Charakteristisch für den Zen-Buddhismus ist ein ausgeprägtes Mißtrauen gegenüber intellektuellen Dogmen, auch lehnt er den einfachen Weg zur Erlösung durch Hingabe an Amida Buddha ab. Der Zen-Jünger sucht mit Hilfe eines qualifizierten Lehrers und mit eigener Anstrengung die „plötzliche Erleuchtung" durch anstrengende Meditationsübungen, die sein Bewußtsein vertiefen sollen. Die Suche nach dem Wesentlichen und die Selbstdisziplin des Zen haben ihre Spuren in jedem Bereich der japanischen Kunst hinterlassen, auch in der Kunst des Gartenbaus. Ernst und Strenge sind aus späteren Kontemplationsgärten ersichtlich, den sogenannten trockenen Landschaften (*kare-sansui*), die aus geharktem Sand oder Quarz und Felsen bestehen, aus denen aber Bäume, Sträucher und Wasser verbannt sind.

Saiho-ji

Zwei Gärten, die in der ersten Hälfte des 14. Jahrhunderts von einem Zen-Priester, Muso Soseki, manchmal auch Muso Kikushi genannt, entworfen wurden, sind Beispiele für die Übergangsphase zwischen der Kamakura- und der Muromachi-Periode. Saiho-ji in Kyoto verdankt seinen zweiten Namen, Koke-dera (Moosgarten) den vielen verschiedenen Moosen, die den Boden bedecken. Sie sind beinahe zur Hauptattraktion geworden, obwohl sie erst aus dem 19. Jahrhundert stammen, als das Kloster zu arm war, um die Gärten ordentlich zu pflegen.

Der ursprüngliche Paradiesgarten erstreckte sich viel weiter an den Hängen des Berges Arashiyama hinauf, aber der See zu seinen Füßen (der „goldene Weiher") bildete immer schon das Hauptelement. Die formale Anordnung von Pavillons, die für den Heian-Paradiesgarten typisch ist, wird hier nicht eingehalten, stattdessen sind mehrstöckige Pavillons locker am Seeufer verstreut. Die mittlere Halle am Westufer wurde zum Vorbild für die Kinkaku-ji- und Ginkaku-ji-Pavillons. Der See selbst, der durch Inseln zweigeteilt wird, hat – wie in vielen Gärten dieser Zeit – die Form des japanischen Schriftzeichens für „Herz" oder „Geist". Auf einer höheren Ebene erstreckt sich eine trockene Landschaft vor einem kleinen Zen-Tempel. Der wasserlose Bach

Der Saiho-ji in Kyoto ist zwar an und für sich schon ein interessantes Beispiel für einen Zen-Garten aus dem 14. Jahrhundert, verdankt aber seinen Ruhm hauptsächlich dem Moosüberzug, der sich im 19. Jahrhundert in einer Phase der Vernachlässigung bildete. Er ist auch als der Koke-dera („Moosgarten") bekannt.

Der Kinkaku-ji („Goldener Pavillon") in Kyoto, der 1397 errichtet wurde, wurde seit seiner Zerstörung durch eine Feuersbrunst (1950) aufwendig restauriert. Die Gartenanlage, die ihn umgibt, wozu auch der mit Inseln und Felsbrocken übersäte See gehört, wurde von chinesischen Malereien aus der Sung-Dynastie beeinflußt.

Beim Ginkaku-ji („Silberner Pavillon") in Kyoto befinden sich ein oben abgeflachter Kegel aus weißen Quarzkieseln und eine unregelmäßig geformte ebene Fläche aus dem gleichen Material, die geharkt wurde und Wellen simuliert – angeblich soll ein See in China dargestellt werden. Die Szenerie war auf eine Betrachtung im Mondenschein ausgerichtet.

und der geschickte Einsatz oben abgeflachter Felsbrocken kennzeichnen den Beginn eines eindeutig japanischen Stils für Steingärten.

Der Abtsgarten Tenryu-ji

Der Zen-Tempel von Tenryu-ji in Saga, Kyoto, wurde auf Muso Sosekis Bitte vom Shogun Ashikaga Takauji auf dem Gelände einer Villa, die dem Exkaiser Gosaga gehörte, errichtet. Der heutige Abtsgarten ist nur ein kleiner Teil der Gesamtanlage, die von Muso Soseki entworfen wurde und zu der „geborgte Aussichten" (*shakkei*) des Berges Arashiyama gehörten. Der Weiher, Sogenchi genannt, liegt hier im Zentrum des Gartens, und seine sanften Uferumrisse kennzeichnen den Stil der Heian-Paradiesgärten. Während die Anordnung der Felsen möglicherweise eine bewußte Annäherung an chinesische Kaisergärten ist, sind die Steinelemente besonders subtil eingesetzt.

Kinkaku-ji

1397 ließ der dritte Shogun der Ashikaga, Yoshimitsu, einen der berühmtesten Bauten Kyotos errichten, den Kinkaku-ji oder Goldenen Pavillon. Diese Residenz wurde auf dem Gelände eines früheren Paradiesgartens erbaut und später in einen Tempel umgewandelt, der nach dem Wildpark, wo Buddha zum ersten Mal nach seiner Erleuchtung predigte, Rokuon-ji genannt wird.

Der prächtige Bau überstand Perioden großer Unruhen, brannte aber im Jahre 1950 nieder. Er ist später vollkommen restauriert worden, sogar die Blattgoldverzierungen wurden erneuert. Der Pavillon, dem der von Saiho-ji zum Vorbild diente, hat drei Stockwerke mit Veranden, die den Bau zur Landschaft hin öffnen; die mittlere ragt weit in den See hinaus. Von jeder der drei Veranden aus hat man eine andere „geborgte Aussicht"*(shakkei)*.

Das Dach des Pavillons vom Ginkaku-ji, der im 15. Jahrhundert für den Shogun Yoshimasa gebaut wurde, hätte mit Silber überzogen werden sollen, aber der Plan wurde nie ausgeführt. Der Schatzteich vor dem Pavillon gehört zum originellen Paradiesgarten.

Der Zen-Buddhismus gebraucht den Garten als Hilfe für die vertiefte Meditation. Aus der striktesten Anlage wurde beinahe jegliches Pflanzenmaterial verbannt. Das berühmte Beispiel einer trockenen Landschaft (kare-sansui) *ist der Ryoan-ji in Kyoto. Die Veranda ist auf eine rechteckige Fläche von geharktem Quarz ausgerichtet, auf der eine Gruppe von Felsbrocken liegt.*

Ginkaku-ji

In der zweiten Hälfte des 15. Jahrhunderts begann Yoshimasa, der letzte der Muromachi-Shogune, mit dem Bau des Ginkaku-ji oder Silbernen Pavillons im Osten Kyotos. Der Onin-Bürgerkrieg zwischen 1466 und 1476 unterbrach diese Arbeit, die 1482 wiederaufgenommen wurde. Nach Yoshimasas Tod wurde der Garten einem Jisho-ji genannten Tempel übergeben. Änderungsarbeiten des 17. Jahrhundert erschweren die Festlegung der ursprünglichen Elemente des Paradiesgartens, aber der große Schatzteich fungiert immer noch als Spiegel für den zweistöckigen Pavillon. Dieser richtet sich genau wie der goldene Pavillon nach dem Vorbild des Saiho-ji-Pavillons, und sein Dach sollte mit Blattsilber überzogen werden; der Plan wurde aber nie ausgeführt.

Man nähert sich dem Garten auf einem schmalen, langen Weg, der von einem Bambuszaun gesäumt und von Immergrün bedeckt ist; er steht in starkem räumlichem Kontrast zur Offenheit und den organischen Formen des Hauptgartens. Dort gibt es ein erhöhtes, mit weißem Quarzsand gefülltes Beet, das in Furchen geharkt ist – das Wellenmuster soll einen chinesischen See symbolisieren – und einen oben abgeflachten Kegel, der, beinahe 2 m hoch, den Berg Fuji darstellt. Diese Elemente waren für die Betrachtung in einer mondhellen Nacht konzipiert, da sie sich in ihrer Helligkeit besser von der dunklen „geborgten Aussicht" (*shakkei*) auf die bewaldeten Hänge des Berges Higashiyama gleich hinter dem Garten abhoben.

Unter Yoshimasa nahm das komplizierte ästhetische Ritual des Teetrinkens die Form an, die später von den Teezeremonienmeistern des 16. Jahrhunderts kodifiziert wurde. Der Toguda-Pavillon von Ginkaku-ji wurde den Anforderungen der Teezeremonie angepaßt, und einige seiner architektonischen Details wurden später zu Standardelementen nicht nur der Teehütte, sondern auch des normalen japanischen Hauses. Im *sho-in*-Stil, der den *shinden-zukuri*-Stil ersetzte, gab es einen Hauptraum oder ein Studio (*sho-in*) mit einem eingebauten Pult, von dem aus man durch Jalousien auf den Garten blickte. Eine Nische (*tokonoma*) diente ursprünglich dazu, eine buddhistische Statue aufzunehmen; später wurde sie dann für ein Gemälde oder ein Blumenarrangement benutzt. Die Böden, auf denen man sich zum Sitzen niederließ, waren mit Matten (*tatami*) bedeckt. Obwohl der Hauptraum wie zuvor nach Süden ausgerichtet war, wurde der Garten so angelegt, daß er, von innen betrachtet, wie ein Bild wirkte; oft war die Ansicht so präzise berechnet, daß ein Mensch oder ein Gegenstand darin die sorgfältig erdachten Proportionen zerstören konnte.

Gärten der Kontemplation

Der Niedergang des Shogunats der Ashikaga nach dem Tod Yoshimitsus im Jahre 1409 führte zu einer Periode wachsender politischer Instabilität, die bis ins späte 16. Jahrhundert andauerte. Lange Kriege zerstörten während der zweiten Hälfte des 15. Jahrhunderts viele Gärten, und dennoch war diese unruhige Zeit eine künstlerisch und intellektuell fruchtbare Periode. Der Zen-Buddhismus gewann an Einfluß, und Gärten, die in ihrer Anlage kontemplative Strenge zum Ausdruck brachten, gehören zu den hervorragendsten Leistungen der japanischen Kultur.

Ryoan-ji

Der hintergründigste und asketischste dieser Gärten ist Ryoan-ji in Kyoto, wo die gesamte Anlage und nicht nur ein einzelnes Element als trockene Landschaft behandelt wurde, ohne Wasser, Bäume und Sträucher. Um die Mitte des 15. Jahrhunderts soll Hosokawa Katsumoto die Arbeiten ausgeführt haben. Der Garten wurde 1488 durch Feuer zerstört, doch man baute ihn Ende des Jahrhunderts wieder auf, wahrscheinlich nach Entwürfen des Malers Soami.

Der Daisen-in, Teil des großen Tempelkomplexes von Daitoku-ji in Kyoto, enthält ein hervorragendes Beispiel eines kleinen privaten Tempelgartens aus dem frühen 16. Jahrhundert. Es ist umstritten, ob die Zwischenwand, die von einem glockenförmigen Fenster durchbrochen wird und die L-förmige Anlage unterteilt, einen Stilbruch darstellt oder nicht.

Traditionelle japanische Gärten haben aus dem überlegten Einsatz eines relativ beschränkten Repertoires eine Tugend gemacht.
Links: *Die Palette der Pflanzen ist begrenzt, und sie werden nur sehr spärlich eingesetzt. Hier wachsen Schwertlilien am Ufer beim Heian-Schrein, Kyoto.*
Links unten: *Die kühle Strenge des Zen Buddhismus hat in der Gartenbaukunst in beinah jeder Hinsicht ihre Spuren hinterlassen, man stützte sich vermehrt auf immergrüne Pflanzen, die oft beschnitten waren, auf Felsen, Moos und geharkten Kies, wie in diesem Winkel von Kyao Zo, Kyoto.*
Rechts unten: *Der Lage und dem Bau hölzerner und steinerner Brücken läßt man reifliche Überlegung angedeihen, wie in diesem Spaziergarten des Kaiserlichen Palastes von Kyoto.*
Rechte Seite: *Die Auswahl passender Gesteinsbrocken und die Anordnung der Trittsteine wurde zu einer abstrakten Arrangementkunst, wie hier bei der Kaiserlichen Villa Katsura, Kyoto.*

Eine Schneedecke mildert die scharfen Konturen des bekanntesten Elementes in der trockenen Landschaft des Abtsgartens in Daisen-in, Kyoto. Ein steinernes Lastschiff scheint ruhig auf einem Fluß aus Sand dahinzutreiben. Obwohl solche Interpretationen sehr verlockend sind, schwächen sie die Meditationsatmosphäre von Zen-Gärten.

Der Garten besteht aus einem rechteckigen Beet mit geharktem Quarzsand, das an zwei Seiten von der Tempelveranda und im Süden und Westen von Mauern mit oben aufgesetzten, abgeschrägten Fliesen eingefaßt wird. Fünfzehn Felsblöcke, die in Gruppen von zwei bis fünf Exemplaren angeordnet sind, stehen auf dem geharkten Boden. Die phantasivollen Namen wie „Garten der vorüberziehenden Tigerkätzchen" stellen einen der vielen Versuche dar, die Bedeutung eines Arrangements zu erklären, dessen zugrundeliegende Harmonie den aufgeschlossenen Besucher mit der abstrakten Natur verbinden soll.

Daisen-in

Fast genauso bekannt wie der Garten Ryoan-ji ist Daisen-in, der in Kyotos Tempelbezirk von Daitoku-ji liegt. Diesen Garten, der 1513 fertiggestellt wurde, schreibt man Soami zu, tatsächlich war er wohl das Werk des Mönches Kogaku oder vielleicht das Produkt der Zusammenarbeit beider Männer. Ein L-förmiger Garten verläuft um beide Seiten einer Tempel-Veranda; die zwei Arme werden von einer Zwischenwand getrennt, die von einem glockenförmigen Fenster durchbrochen wird. In dem Winkel, der durch diese beiden Arme gebildet wird, simulieren vertikale Felsbrocken Berge, von denen ein trockener Fluß aus Quarzkieseln „fließt". In diesem Strom scheint ein bootförmiger Stein einen Wasserfall und andere gefährliche Hindernisse einfach zu passieren. Ein großer Garten südlich des Tempels besteht aus einem Rechteck von geharkten

Quarzkieseln, das man auch „Ozean des Nichts“ nennt. Abgesehen von dem ruhigen Muster, das die geharkte Oberfläche bildet, sind die einzigen Elemente auf diesem großen Rechteck ein einzelner Baum und zwei niedrige konische Quarzhügel.

Der Teegarten

Das Trinken fein zerstampften Tees, der in kochendes Wasser gerührt wird, war eine von Zen-Mönchen aus China übernommene Praxis, die diese ursprünglich anwendeten, um die Konzentration während ihrer Meditationsübungen zu erhöhen. Als Ritual wurde sie mit der Zeremonie des Teetrinkens vor der Meditation eingeführt. Später übernahm dann auch der Kriegerstand die Teezeremonie. Wie schon erwähnt, war zur Zeit des Ashikaga-Shoguns Yoshimasa das Ritual bereits festgelegt. Männer, die in früheren Perioden vielleicht Mönche geworden wären, betätigten sich nun als „Teezeremonienmeister" und entzogen sich damit den Stürmen der Zeit. Die Kunst und Philosophie des größten dieser Meister, Sen No Rikyu (1522–91), spielte bei der Entwicklung des *roji*-Stils („taufrischer Pfad“) in der Gartenkunst eine wichtige Rolle.

Der Teezeremonienraum oder die Hütte war ein sehr kleines, ländliches Gebäude, das die Funktion des Studierzimmers eines chinesischen Gelehrten mit der eines Refugiums im Gebirge verband. In dem naturfarbenen Innenraum sollten sich fünf Freunde treffen können, um eine zeremonielle Schale Tee zu trinken, bevor sie über Philosophie und Kunst sprachen – Geschäfte oder Politik waren als Gesprächsthema während der Teezeremonie ausdrücklich verpönt. Davor sollte sich ein Warteraum befinden, in dem die Besucher ihre Sorgen ablegen konnten, und ein Steinbecken, um Unreinheiten abzuwaschen.

Die Teezeremonienmeister waren für drei Ergänzungen der Anlage des japanischen Gartens zuständig: die Trittsteine, die steinerne Laterne und das steinerne Wasserbecken. Alle drei Elemente lassen sich von ihrer praktischen Notwendigkeit während der Teezeremonie herleiten – die Trittsteine, um ein Zertreten des Gartenmooses zu verhindern; die Laterne, um den Weg zu beleuchten, da seit der Momoyama-Periode die Zeremonie oft nachts abgehalten wurde, und das Wasserbecken für die rituelle Waschung der Hände.

Innerhalb des Teegartens war der Boden mit Moos, Farn und anderen kleinen Pflanzen bedeckt, die am Fuße der Felsbrocken wuchsen. Azaleen wurden gnadenlos beschnitten, damit sie wie grüne Felsbrocken aussahen, bis sie zu blühen begannen. Kamelien waren erlaubt, Rosen dagegen nicht, da sie außerhalb der Blütezeit ein trauriger Anblick sind. Nicht ganz logisch war die Pflanzung von Strauchpäonien in erhöhten Steinbeeten und auch von den etwas unordentlich aussehenden Ballonblumen(*Platycodon grandiflora*). Sogar Chrysanthemen wurden nur in Töpfen gezogen und erst dann im Garten postiert, wenn sie blühten.

Ein steinernes Wasserbassin gehörte zu den Elementen, die Teezeremonienmeister in die japanische Gartenbaukunst einführten. Ein einfacher Wasserschöpfer liegt quer über einem quadratischen Bassin in Ryoan-ji, Kyoto, das von einem Kreis eingeschlossen wird.

Kaiserliche Gärten der Edo-Periode

Katsura-Palast

Die Teezeremonie übte sogar nachhaltigen Einfluß auf Details in kaiserlichen Gärten aus. Die erfolgreichste dieser Anlagen aus der Edo-Periode (1603–1867) ist der Katsura-Palast, auch als Kaiserliche Villa Katsura bekannt. 1620 begann man im Auftrag von Prinz Toshihito auf dem Gelände eines alten Gartens nahe dem Fluß Katsurayama südlich von Kyoto mit dem Bau, und die Fertigstellung erfolgte etwa 1658 unter seinem Sohn. Der Plan stand wahrscheinlich unter der Leitung des Prinzen, dessen literarische Interessen ihn zu Anspielungen auf den klassischen Heian-Roman „Geschichte des Prinzen Genji“ inspirierten. Kobori Enshu, der Gründer der Ensu-Schule der Teezeremonie und des Blumenarrangments, soll ebenfalls bei der Anlage mitgearbeitet haben.

Der Garten ist völlig von Bäumen umgeben und umschließt einen zentralen See. Dieser hat die Form eines fliegenden Kranichs, während eine der Inseln wie eine Schildkröte aussieht; beides sind Symbole für Langlebigkeit und spiegeln den Heian-Geschmack des Prinzen wider. Es gibt einen speziellen Aussichtspunkt für die Betrachtung des Mondes, doch der verwinkelte Garten kann nicht von einer einzigen Position aus erfaßt werden, sondern erst durch gemächliches Lustwandeln. Ein im Uhrzeigersinn angeordneter Pfad aus 1.760 Trittsteinen enthüllt eine Reihe neuer Aussichten: einen Ahornberg; den Vorsprung des Seeufers, der die Miniaturausgabe einer vielbewunderten sandigen Landzunge bei Amanohashidate sein soll; ein großes Teehaus (*shokin-tei*), das durch eine flache Brücke aus einem riesigen Monolithen erreicht wird. Trittsteine, jeder für sich charakteristisch, führen zu einer Brücke, die wiederum zur Schildkröteninsel hinüberleitet. Auf deren höchstem Punkt blickt ein kleines Teehaus (*shoka-tei*) im Frühling über ein Meer aus Kirschblüten, im Herbst auf glänzende Ahornblätter. Ebenfalls auf der Insel befindet sich ein kleiner Zen-Tempel (*Onrin-do*). Eine gewölbte Brücke aus gepreßter Erde führt zum Palast zurück, dessen drei Abschnitte

Bei der Kaiserlichen Villa Katsura am Rande von Kyoto, auch als Katsura-Einzelpalast bekannt, gehören zu den Innovationen auch der Einsatz gerader Linien bei Bepflasterung und Brücken. Noten wie diese werden Kobori Enshu zugeschrieben, aber es gibt keine Dokumente, die seine Mitarbeit an diesem Projekt beweisen.

Oben und links:
Die Kaiserliche Villa Katsura verfügt über einen außergewöhnlich schönen Spaziergarten, mit einer Abfolge von Ansichten, die sich entlang eines Pfades aus 1.760 Trittsteinen enthüllen.

so angeordnet sind, daß man die Mondnächte besonders genießen kann.

Sento Gosho

Zu den sogenannten „Spaziergärten", wo die reichen Details sich nur dem Besucher enthüllen, der den Garten betritt und seinen verschlungenen Pfaden folgt, gehört Sento Gosho. Es ist der Garten eines Palastes für zurückgetretene Kaiser, der 1634 für den Exkaiser Gomitsunoo gebaut und von Kobori Enshu entworfen wurde. Seine drei Abschnitte weisen bewußt verschiedene Stilrichtungen auf, *shin*, *gyo* und *so* (ausgearbeitet, halbfertig und unbearbeitet). Im formalen *shin*-Bereich blickte man vom Palast (nun zerstört) auf einen langen schmalen See für Bootsfahrten, dessen Strand mit ausgewählten Steinen bedeckt war, von denen jeder einzelne aus Respekt vor dem Stein in Baumwolle eingepackt und verschickt worden war. Der See hatte eine „Schildkröteninsel" mit Gesteinsarrangements. Eine Brücke aus gepreßter Erde trennt diesen Abschnitt von den beiden anderen. In der Nähe befindet sich eines der zwei Teehäuser, dessen kleiner, umfriedeter Garten ein kahler Fleck Erde ist, der aus einem Pfad mit wunderschönen, vom Wasser bearbeiteten Trittsteinen besteht.

Kaiserliche Villa Shugaku-in

Der Exkaiser Gomitsunoo begann um 1655 mit dem Bau der Kaiserlichen Villa Shugaku-in, die am Fuße des Bergs Hiei am nördlichen Rand von Kyoto gelegen ist. Die Gärten umfassen drei separate Villen, die durch Kiefernalleen getrennt sind und vor dem bewaldeten Hintergrund stehen. Hier gab es einerseits einen Spaziergarten, andererseits wurde die Technik der „geborgten Aussicht" (*shakkei*) in der oberen Villa hervorragend praktiziert. Obwohl diese Technik zuvor schon häufig verwendet wurde, stellte sie selten das Hauptelement des Gartens dar und war nie in so großem Maßstab angewendet worden. Vom *Rinun-tei*-Pavillon aus, der über dem großen künstlichen See liegt, hat man einen herlichen Ausblick auf das in Hügel eingebettete Kyoto. Die Hänge unter dem Pavillon sind mit beschnittenen immergrünen Pflanzen dicht bepflanzt und gelegentlich von Sicheltannen durchsetzt, die den Umrissen bis hinunter zum See folgen. Dieses früher für Bootsfahrten verwendete Gewässer wird von einem Erdwall aufgestaut. Er ist aus vier Reihen von Steinmauern gebildet, die von außen durch drei Reihen hoher Hecken verdeckt werden, worauf eine Reihe dichten, beschnittenen Gesträuchs und eine weitere Reihe großer Ahornbäume folgt. Der Garten hat zwei Wasserfälle und ein Teehaus (*Kyusui-tei*) auf einer Insel, die mit der Nachbarinsel durch eine Brücke aus dem 19. Jahrhundert im chinesischen Stil verbunden ist.

Rikugien-Park

Seit Anfang des 17 .Jahrhunderts begann eine neue Stadt um die Burg Edo, das Hauptquartier des Shogun im östlichen Teil Japans, zu wachsen. Die Lage war aus strategischen Gründen gewählt worden und bot wenig Aussicht außer der auf den Berg Fuji. Parks wurden am Rande der Stadt angelegt, der erste war Koraku-en. Keiner von ihnen zeigt die abgeklärte Reife der Gärten von Kyoto, mit Ausnahme des Rikugien-Parks, der von Yanagisawa-Yoshimasa zwischen 1695 und 1702 angelegt wurde. Dieser Spaziergarten hätte ursprünglich 88 malerische Szenen aus der Literatur darstellen sollen. (Der Name Rikugien bezieht sich auf die sechs Prinzipien der Poesie der alten chinesischen Klassiker.) Der Garten hat einen großen zentralen Teich mit kleinen Inseln und einer Hauptinsel, auf der eine Sammlung seltener Steine erhalten ist. Von einer höhergelegenen Stelle im Norden hat man einen Ausblick über den ganzen Garten.

Mit dem Niedergang des Feudalismus begann eine Entwicklung, die vielleicht schon im 17. Jahrhundert einsetzte und bis zur Meiji-Restauration des Jahres 1868 dauerte.

Der obere Garten der Kaiserlichen Villa Shugaku-in, am Rande von Kyoto, ist eines der schönsten Beispiele in Japan von shakkei *(„geborgter Aussicht").*

Gärten des 20. Jahrhunderts

Der Garten ist zeitloser Ausdruck der Beziehung des Menschen zur Natur, und alle alten Definitionen treffen auch zu, wenn es um seinen Platz im Leben der Menschen des 20. Jahrhunderts geht. Immer noch ist er der Ort, wo Blumen, Früchte und Gemüse angebaut werden; wo Zierpflanzen das Auge erfreuen; wo wir Erholung und Entspannung finden, ein Platz für Abgeschiedenheit und Meditation – unser persönliches Paradies. Die sozialen, ökonomischen und technologischen Veränderungen, die das 20. Jahrhundert vom 19. und den vorangegangenen Jahrhunderten unterscheiden, haben radikale Auswirkungen auf die Gärten und den Gartenbau gehabt. Die Gärten sind heute kleiner, dafür aber zahlreicher, und sie werden meist von den Besitzern bewohnt und selbst gepflegt. Wir alle sind von der Technik abhängig, von der Wasserleitung bis zum Stromanschluß, vom Rasenmäher bis zum Auto. Vor allem aber werden wir von vielen kulturellen Strömungen beeinflußt, die unsere Art zu sehen, zu denken und zu handeln berühren. Die Aufnahme des technischen Fortschritts war notwendigerweise begleitet von einer gewissen Vertrautheit mit den Werten der „Moderne" in Kunst und Architektur, wenn nicht sogar mit ihrer Akzeptanz.

Diese Veränderungen haben sich nicht überall in gleicher Weise vollzogen; sie sind Reflexe der sozialen und ökonomischen Stituation einer Nation oder Region und Schwankungen unterworfen. In vielen Ländern gibt es keine typischen Beispiele für neue Gärten, in einigen Ländern des Nahen Ostens sind für Könige und Prinzen Gärten von verschwenderischer Pracht angelegt worden, doch aus Sicherheitsgründen bleiben sie für die Öffentlichkeit unzugänglich. Im allgemeinen berichten Fachzeitschriften und -bücher, deren Zielgruppe Hobbygärtner oder Architekten und Landschaftsarchitekten sind, von Neuerungen und machen ihre Leser mit stilistischen Trends bekannt. Dies geschah beispielsweise im Fall von Roberto Burle Marx in Brasilien und, in geringerem Maße, bei Luis Barragán in Mexiko, die beide mit einem nationalen Stil identifiziert worden sind. Interessant ist, daß deren Arbeit vor allem große, private Gärten und Besitzungen betrifft, wohingegen europäische Landschaftsarchitekten zumeist in erster Linie von öffentlichen Aufträgen abhängen. Seit dem Zweiten Weltkrieg haben nur wenige Gartengestalter durch private Aufträge ihr Auskommen gefunden. Die Mehrzahl ist, wie auch die Landschaftsarchitekten, auf lukrative öffentliche Aufträge angewiesen. In einigen Ländern wie Dänemark, Deutschland oder England aber hat sich eine eigene, auf den kleinen Garten zugeschnittene Tradition herausgebildet, die gut dokumentiert ist.

Wie hier im Monteiro-Garten in Petrópolis schaffen die mutigen Entwürfe des Brasilianers Roberto Burle Marx durch verschiedenfarbige Bodendecker die reinsten Gemälde.

Den Krieg der Stile, den William Robinson und der Architekt Sir Reginald Blomfield am Ende des 19. Jahrhunderts austrugen, setzte sich bis ins 20. Jahrhundert fort und führte zum Konflikt zwischen Architekten und Gartenexperten. Der Gegensatz konnte teilweise durch den neuen Beruf des Landschaftsarchitekten aufgehoben werden, wie er sich durch die Pionierarbeit von Olmsted und Downing in Nordamerika herausgebildet hat. Die beiden hatten erkannt, wie wichtig Landschaftsplanung war, wenn man raschwechselnden Trends widerstehen wollte. Obwohl Landschaftsarchitekten schon seit 1850 tätig waren, wurde dieser Beruf auch in Amerika erst 1899 anerkannt. Großbritannien folgte diesem Beispiel 1929, als sich eine Gruppe von Architekten und Gartendesignern zusammenfand. Obwohl sich die Landschaftsarchitekten auf beiden Seiten des Atlantiks vorwiegend mit stilistischen Fragen befaßten, kann man rückblickend Anfänge und Entwicklung von bedeutsamen und anhaltend wirkenden Strömungen und Einflüssen entdecken, unter denen die Moderne und die Rückkehr zum Naturalismus die wichtigsten waren.

Naturalismus in Nordamerika

Das Interesse an der Natur kam in den englischen Landschaftsparks des 18. Jahrhunderts – wenn auch idealisiert – zum Ausdruck und fand seinen Niederschlag in den Schriften Rousseaus und Emersons, Thoreaus und Whitmans. Als Olmsted und Calvert Vaux die ersten Parkanlagen, darunter den Central Park in New York, entwickelten, erschien ihnen der englische Landschaftsstil am ehesten angemessen. Die scheinbar zufällige Ungezwungenheit, die es erlaubte, natürliche Seen, Wälder und Weideland einzubeziehen, war für die großen Weiten Amerikas der richtige Weg. Dieses Konzept wurde von Jens Jensen weiterentwickelt, der 1884 aus Dänemark einwanderte und später Direktor der Parks von Chicago war. Dort betrieb er die Bepflanzung mit einheimischen Bäumen, Sträuchern und Blumen. Durch seine Arbeit nahm er großen Einfluß auf die „Prairie School" von Architekten wie Frank Lloyd Wright, der zu Beginn unseres Jahrhunderts im Mittleren Westen arbeitete.

Wie Olmsted hatte auch Wright seine Jugend auf einer Farm verbracht. Er schöpfte Kraft und Inspiration aus der Erde, aus dem Werden und Wachsen in der Natur und aus dem Umgang mit natürlichen Materialien. Sein Beitrag zur Gartengestaltung entsprang seiner größten architektonischen Leistung, der Schaffung eines neuen Konzepts, in dem sich die Räume horizontal und vertikal durchdringen, ineinander übergehen. Dies erlaubte ihm subtile Beleuchtungseffekte und ermöglichte phantastische Ausblicke; die Grenzen zwischen Haus und Garten wurden aufgehoben. Doch seine bedeutendsten Werke schuf Wright erst ab 1937. In Fallingwater, Bear Run, dem Haus für Edgar J. Kaufmann, sind Bach, Wasserfall, Felsen, Haus und Bäume unauflöslich miteinander verwoben. Für sein eigenes Haus und Studio in Taliesin West, das ebenfalls 1937 entstand, hat er Formen, Materialien und Farben der Wüste und ihrer Vegetation sorgfältig in Einklang gebracht.

Das Prinzip hatte der in Wien geborene Architekt Richard Neutra entwickelt, der nach seiner Einwanderung in die USA 1923 kurze Zeit für Wright arbeitete. Zusammen mit seinem Sohn Dion schuf er eine einmalige Form des Wüstenhauses, das sich bis ins umliegende Gelände ausdehnt.

Sein Reiz liegt in dem umschlossenen Garten mit heimischen Pflanzen und in der umgebenden Wüstenlandschaft. Das berühmte Kaufmann House oder San Jacinto in Kalifornien (1946) betont den Gegensatz

Der amerikanische Architekt Frank Lloyd Wright huldigte nicht, wie viele seiner europäischen Kollegen, einer Maschinenästhetik. In Fallingwater, Bear Run in Pennsylvania, schuf er eine Anlage mit Bach und Wasserfall, Felsen, Haus und Bäumen, in der zwischen Innen- und Außenräumen nicht streng unterschieden wird.

von geometrischer Strenge und natürlichen Gegebenheiten und bringt gleichzeitig die Einheit des Menschen und seiner Welt zum Ausdruck.

Jensens besterhaltene Arbeit stammt aus derselben Zeit: Der Lincoln Memorial Garden in Springfield, Illinois, der 1933 begonnen wurde. Dort führen über das an den Lake Illinois angrenzende Ackerland Pfade zur Uferpromenade und teilen die Wiesen, jedes Teilstück ist bestimmten Arten oder Pflanzengesellschaften vorbehalten. Über Jahre hinweg pflanzte man massenweise junge Bäume und Sträucher zum gegenseitigen Schutz nah beieinander. Jensens Plan ließ bei der Ausführung genügend Spielraum, verlangte aber die Einhaltung bestimmter Prinzipien. Heute erscheint der Garten wie eine natürlich gewachsene Landschaft.

Der niederländische Biologe und Lehrer Jacques P. Thijsee hat die ökologischen Aspekte der Gartengestaltung in den Vordergrund gestellt. Die Heem-Parks und Gartenanlagen, wie z.B. der Jacques-P.-Thijsee-Park in Amstelveen südlich von Amsterdam sind nach seinen Ideen gestaltet. Diese sorgfältig gehegten Landschaften umfassen typische Standorte und Pflanzengesellschaften der jeweiligen Umgebung.

Naturalismus in Europa

Im Jahre 1906 legte der Architekt Willy Lange seinen Garten in Berlin „nach den Gesetzen der Natur" an und stand damit im strikten Gegensatz zu den architektonischen Strömungen seiner Zeit. Dieser Gartenentwurf unterschied sich auch wesentlich von den Landschaftsgärten des vorausgegangenen Jahrhunderts; es gab keine Rasenflächen, Wege waren auf ein Minimum reduziert und hatten keine gestalterische Funktion.

Erwin Barth, der später als Gestalter von öffentlichen Parks großen Einfluß hatte, folgte Langes Beispiel. 1926 wurde der frühere Leiter der Gartenanlagen in Charlottenburg Gartenbaudirektor von ganz Berlin. Der Sachsenplatz, eine von ihm 1921 gestaltete Anlage in Charlottenburg, nahm bereits die Anwendung ökologischer und pflanzensoziologischer Prinzipien der Gartengestaltung vorweg, die in den 30er Jahren in Deutschland großen Einfluß hatten. Das Gelände, eine ehemalige Kiesgrube, sollte Beispiele von typischen „natürlichen Pflanzengesellschaften und geologischen Formationen" dieser Gegend enthalten die „nach ökologischen Gesichtspunkten" zu gestalten waren.

Der holländische Lehrer und Biologe Jacques P. Thijsse sah den unvermeidlichen Wandel der holländischen Landschaft durch Ausdehnung der Städte und weitere Industrialisierung voraus und fürchtete, daß das Bild der Landschaft zerstört sein würde, bevor die Menschen ihre Schönheit überhaupt wahrnähmen. Er glaubte nicht daran, daß die vorhandenen Parks und Gartenanlagen Erlebniswert hätten und Ersatz für eine natürliche Umwelt sein könnten. 1925 wurde der Thijsse-Hof in Bloemendaal bei Haarlem eröffnet. Auf einem kleinen Gelände schufen Thijsse und sein Gärtner C. Sipkes nach dem Entwurf des Landschaftsarchitekten Leonard Springer einen Naturgarten. Außer einem kleinen Waldstück enthält der Garten einen Teich, je ein Stück Sumpf- und Heideland, eine Dünenlandschaft und ein Kornfeld mit seltenen Ackerkräutern. Schüler, Lehrer und andere Besucher sollten die Anlage durchwandern – und sie tun es bis heute.

Die frühen Anschauungs- und Lehrgärten, wie der Thijsse-Hof, führten zur Entwicklung sogenannter Heem-Parks. Der älteste und schönste ist der in Amstelveen, südlich von Amsterdam, der nach Jacques P. Thijsse benannt ist. Dieser Heem-Park entstand 1940 und zeigt eine Reihe von Schonungen, von denen jede ein gelungenes Landschaftsbild schafft. Dort wo Waldvegetation und Wasser ineinander übergehen, findet man die größte Bandbreite von Pflanzen. Trotz ihrer Natürlichkeit müssen Heem-Parks sorgfältig gepflegt werden. Um unerwünschte Pflanzen auszuschalten, wurde der phytosoziologische Garten entwickelt, in dem an charakteristischen Standorten Pflanzengesellschaften der Umgebung angesiedelt werden.

In den einzelnen Ländern kam man zu unterschiedlichen Interpretationen des Naturalismus, angefangen bei der „geborgten Landschaft" von Frank Lloyd Wright und Richard Neutra bis zum Einsatz heimischer Pflanzen, die nach dekorativen und ökologischen Gesichtspunkten ausgewählt wurden (allerdings nicht für kleine Gärten). In der ersten Nachkriegszeit hatte Holger Blom die Leitung des Stockholmer Gartenbauamts; er war von den Ideen William Robinsons beeinflußt, die sich für ein Land mit rauhen Wintern und kurzer Vegetationszeit als besonders sinnvoll erwiesen. Auch in Australien, Neuseeland und Kanada werden die Prinzipien des ökologischen Pflanzenbaus

Die Partnerschaft zwischen Gertrude Jekyll und dem Architekten Edwin Lutyens brachte in England einige der schönsten Landhausgärten der Jahrhundertwende hervor. Der Garten von Hestercombe (oben) *in Somerset zeigt ein abgesenktes Parterre, das von Steinmauern eingefaßt wird. Die Details verraten viel Phantasie im Umgang mit unterschiedlichen Materialien* (links).

angewandt, und selbst in den zunehmend umweltbewußten Ländern der Dritten Welt finden sie immer mehr Anhänger.

Englische Stile und Einflüsse

Gertrude Jekyll hat Robinsons Idee des „wilden" Gartens begeistert aufgenommen und weitergedacht, indem sie eine neue Sprache naturalistischer Gartengestaltung entwickelte und den Englischen Landschaftsstil auch für das Gärtnern in kleinem Maßstab nutzbar machte. Dank ihrer künstlerischen und kunsthandwerklichen Ausbildung und Begabung hatte sie viel Sinn für Form, Gestalt und Farbe von Pflanzen und konnte deshalb so sinnvoll kombinieren. Ihr Farbensinn ist bis heute unübertroffen. Sie arbeitete auf ideale Weise mit Edwin Lutyens zusammen, als er in seinen frühen Jahren Landhäuser entwarf. Zusammen gingen sie der englischen Formensprache bei Gebäuden und Hausgärten auf den Grund, die sie dann in eine neue, typisch englische Mischung aus Natürlichkeit und Formenstrenge übersetzten. Das Ergebnis war eine plausible Lösung des Konflikts zwischen zwangloser und formaler Gestaltung. Zwischen 1893 und 1912 schufen sie rund 70 Gärten für Landhäuser, vor allem in The Deanery, Sonning, Berkshire und Hestercombe in Somerset. Die Gärten in Hestercombe sind formal in ihrer geometrischen Struktur, aber doch zwanglos im Sinne von „Arts and Crafts", einer Bewegung, die das sinnvolle Zusammenspiel von Kunst und Handwerk anstrebte. Die geometrische Strenge wurde durch die Pflanzen gemildert, jedes Element als wichtiger Teil des Ganzen gesehen. Das Prinzip war: „Jeder Gartenplan sollte ein Rückgrat, eine Grundidee haben. Jede Mauer, jeder Weg, jeder Stein, jede Blume muß in Beziehung stehen zu dieser Grundidee." Dies hat nicht, wie man vermuten könnte, ein Wortführer der Moderne geschrieben, sondern Lutyens, der die Moderne in der Architektur haßte.

Die Entwicklung der Ideen von „Arts and Crafts" hat zu Beginn des 20. Jahrhunderts eine Fülle englischer Landhäuser und Gärten hervorgebracht, die beispielhaft für die moderne Wohnarchitektur dieser Zeit war. Der deutsche Architekt Hermann Muthesius kam 1900 eigens nach England, um sie genauer zu studieren. Er beschrieb (in „Das englische Haus", 1904/05) die Gärten als Erweiterung der Räume des Hauses, fast wie eine Folge von Freilufträumen; jeder sei in sich abgeschlossen und erfülle eine eigene Funktion. Auf diese Weise erweitere der Garten das Haus bis in die Natur hinein. Muthesius Schilderung der Qualitäten dieser Häuser brachte eine vergleichbare Bewegung in Deutschland hervor, die wiederum das Bauhaus, einen Wegbereiter der Moderne, beeinflußte.

Die Gestaltung von Häusern und Gärten dieser Zeit reichte von der behaglichen Ungezwungenheit der „Arts and Crafts"-Bewegung zur Pracht des italienischen Stils. Manchmal flossen beide zusammen. Bedeutende Gartengestalter waren Ingo Thomas, H. A. Tipping, Harold Peto und Oliver Hill, die später ihren Beitrag zur Moderne leisteten. Thomas Mawson legte für Lord Leverhulme einen komplexen italienischen sowie einen ländlichen Garten an. Sir George Sitwell, Sir Osbert und Sir Sacheverell Sitwell verbrachten viele Jahre mit dem Studium italienischer Gärten und veröffentlichten 1909 ein Buch darüber. Für zwei Gartenanlagen in einer „Arts and Crafts"-Variation des italienischen Stils, die in Renishaw, Derbyshire und in Montegufoni in Italien verwirklicht wurden, gaben sie ein Vermögen aus.

Zu den gelungensten und immer noch populären Gärten dieser Zeit zählen drei, die nicht von professionellen Gartengestaltern geschaffen wurden, sondern von ihren Besitzern selbst: Great Dixter (Nathaniel Lloyd), Sissinghurst (Vita Sackville-West und ihr Mann Sir Harold Nicolson) und Hidcote (Lawrence Johnston). Alle drei gehen auf „Arts and Crafts" und vor allem auf Gertrude Jekylls Theorien zurück, die C. Hussey als die größte englische Künstlerin in Gartenbau und Gartengestaltung bezeichnet hat.

Ein gutes Beispiel für die englische Art der Bepflanzung im formalen Rahmen ist Dumbarton Oaks in Washington DC. Beatrix Farrand (Beatrix Jones) schuf diese Anlage zwischen 1921 und 1947 zusammen mit ihrer

Vita Sackvill-West und ihr Mann Harold Nicolson waren passionierte Amateurgärtner. Ihr Garten von Schloß Sissinghurst in Kent ist einer der bekanntesten Gärten des 20. Jahrhunderts. Obwohl sie vor allem der Cottage-Garten inspiriert hat (oben), *ist der Gartenplan höchst vielgestaltig, wie man vom Turm, der den Gebäudekomplex überragt, deutlich sehen kann. Eine Folge von Freiluft-"Räumen", die durch strenge Achsen verbunden sind, ist ganz ungezwungen und mit viel Geschick bepflanzt.* Links *ein Blick auf den „Weißen Garten".*

Die Rücksicht auf regionale Klimabedingungen und Vegetation, aber auch der Einfallsreichtum der Gartengestalter hat im 20. Jahrhundert ganz unterschiedliche Gärten in allen Teilen der Welt hervorgebracht.
Rechts*: Castlecrag Estate am Ufer des Hafens von Sydney in Australien entstand in den 20er Jahren und beweist mit der Einbeziehung des Buschs Begeisterung für die australische Landschaft.*
Unten links*: Die Entwicklung eines heimischen Stils liegt in Thailand noch nicht lange zurück. Im 1980 geschaffenen M. R.-Kukrit-Pramjoj-Garten in Bangkok sind das auffallende Blattwerk und die leuchtenden Blüten tropischer Pflanzen höchst phantasievoll eingesetzt.*
Unten rechts: *Die erste südafrikanische Anlage mit heimischen Pflanzen war der 1913 geschaffene Botanische Garten in Kirstenbosch.*
Rechte Seite: *Antonio Gaudis Parque Güell in Barcelona ist eine der wenigen wirklich originellen Anlagen des 20. Jahrhunderts.*

Der Pebble Garden in Dumbarton Oaks, Washington DC, ist nur ein Element der großen, komplexen Anlage, die Beatrix Farrand 1921–1947 zusammen mit Mildred Barnes Bliss gestaltet hat. 1941 gingen die Gärten in den Besitz der Harvard-Universität über.

Auftraggeberin Mildred Barnes Bliss. 1941 wurde der Garten in seiner heutigen Form der Harvard-Universität geschenkt. Dumbarton Oaks ist ein nach Art von „Arts and Crafts" in verschiedene Bereiche geteilter Garten mit italienischen Details und orientalischem Einschlag. Die lockere Bepflanzung zeigt deutlich den Einfluß von Gertrude Jekyll.

Nicht nur in England regten Gertrude Jekylls Bücher zur Verwendung zahlreicher neuer Pflanzen an. Der Amerikaner Lawrence Johnston, der in Europa lebte, schuf zwei großartige Gartenanlagen, eine im englischen Hidcote Manor, Gloucestershire, die andere bei Menton in Frankreich. In diesen Gärten gruppierte er eine große Zahl verschiedener Pflanzen nach Farben und Formen.

Ähnlich wie Hidcote ist Sissinghurst in Kent gestaltet. Die formale Anlage besteht aus kleinen Gartenbereichen mit genau durchdachter Bepflanzung. Diese Gärten der beiden hochbegabten Amateure Vita Sackville-West und Sir Harold Nicolson sind auf einem 1930 erworbenen Grundstück mit romantischer Ruine angelegt und stellen in gedrängter Form den Englischen Garten mit intimen Räumen und großer Pflanzenfülle dar. Durch subtile Farbzusammenstellung und verbindende architektonische Elemente wird bei aller Vielfalt eine einheitliche Wirkung nicht nur angestrebt sondern auch erreicht.

Eklektizismus

Die Zeit des Landhausbaus in Großbritannien fiel mit der Country-Place-Ära in Amerika zusammen. Es war die Zeit, da Geschäftsleute ihr unversteuertes Vermögen in großen Landsitzen anlegten und die Gärten

Anfang des 20. Jahrhunderts schuf der Amerikaner Lawrence Johnston auf Hidcote Manor in einen straff strukturierten Garten mit großer Pflanzenvielfalt.

Links und ganz links:
Villandry im Loiretal ist das berühmte Beispiel eines wiederhergestellten Renaissance-Gartens. Der Jardin Potager besteht aus neun großen Quadraten. Das Gemüse wurde hier in geometrischen Mustern angepflanzt.

in erkennbar europäischen Stilrichtungen gestalten ließen. Französische und italienische Stilanleihen waren dank Charles A. Platts Buch „Italien Gardens" (1894) besonders beliebt. Auch in Frankreich kam der Bau von Landhäusern mit entsprechenden Gärten in Mode, und Gartengestalter wie Ferdinand Duprat, Thomas Mawson, Percy Cane und Russell Page hatten viel zu tun mit meist eklektizistischen Entwürfen; gelegentlich waren besondere Fähigkeiten gefragt, etwa bei der Planung des kunstvollen Wassergartens in Blenheim, den der berühmte Gartenrestaurator Achille Duchêne schuf.

Eine Glanzleistung war die Wiederherstellung der Gärten von Villandry im Loiretal, die Joachim Carvallo zwischen 1906 und 1924 gelang. Bei dieser schöpferischen Arbeit konnte er sich auf Renaissancemodelle stützen und als einmaliges Element einen großen Nutzgarten miteinbeziehen, in dem er sich den dekorativen Wert von Früchten und Gemüse zunutze machte. Der geometrische Garten und seine hierarchische Gestaltung brachten für Carvallo die Idee einer absoluten Ordnung im sozialen, theologischen und ästhetischen Sinne zum Ausdruck und bildeten zugleich die Antithese zum *jardin anglais*.

Im bevorzugten Klima der französischen und italienischen Riviera fand man ideale Bedingungen für exotische Pflanzen vor, die im 19. Jahrhundert nach Europa eingeführt worden waren.

Der Ruf dieser Region als Winterresidenz zog um die Mitte des 19. Jahrhunderts reiche Müßiggänger an, und so wurden überall an der Küste aufwendige Villen und prachtvolle Gärten errichtet. Ihre Erbauer nutzten die natürliche Schönheit des Geländes und plünderten den Ideenfundus vergangener Epochen – der italienischen Renaissance, des maurischen Stils, der orientalischen Kulturen und des Mittelalters – für ihre Bedürfnisse nach Dekoration. Das Ergebnis sind zahllose Pergolen für Kletterpflanzen, antike Tempel, mittelalterliche Klosterpartien und Säulenportale, dazu Skulpturen, Urnen und irdene Gefäße. Den sogenannten Mediterranen Stil mit „dem Licht des Südens, der natürlichen Küstenflora und den provençalischen Steinen" hat Ferdinand Bac erfunden, der Maler und Schriftsteller war, ehe er sich der Gartenplanung zuwandte. Er entwarf die Gärten der Villa Croisset in Grasse, La Fiorentina in Cap Ferrat und die Anlagen von Colombières in Menton. Dies war jedenfalls nicht das Milieu der Moderne, die hier als störend empfunden worden wäre.

Die Französische Riviera bietet besonders günstige Bedingungen für Gartenanlagen. Franzosen und ausländische Gärtner nutzten die ideale Lage im 19./20. Jahrhundert. Hier die Villa Noailles in Grasse – formal angelegt, aber reich bepflanzt.

Im 20. Jahrhundert mußten sich die Gartengestalter auf kleinere Maßstäbe einstellen, vor allem in Stadt- und Vorstadtgärten.
Links: *Manche Gestalter lassen sich von Formen der Vergangenheit anregen; hier ein Knoten-Parterre als Teil der Anlagen von Barnsley House in Gloucestershire.*
Unten links: *Die japanischen Hausgärten sind in einem so dicht bevölkerten Land winzig und fast ein Luxus. Im sparsamen Gebrauch von Materialien und Pflanzen wird der Rückgriff auf traditionelle Werte deutlich.*
Unten rechts: *Der englische Gestalter John Brookes ist für seine Entwürfe, in denen er geometrische mit organischen Elementen verbindet, bekannt; hier eine Gartenpartie vom Clock House in Fontwell, Sussex.*
Rechte Seite: *In den Gärten des holländischen Landschaftsarchitekten Mien Ruys verbinden sich Klarheit und Konzeption mit großer Detailfülle, vor allem was die Bepflanzung angeht.*

Die Moderne in Europa

Die Kargheit des Kubismus, der Licht, Atmosphäre und sogar die Farbe zurückdrängte, fand wenig Anklang bei denen, die die sinnlichen Freuden des Gartens und Gärtnerns genießen wollten. Die meisten Gartengestalter blieben von dieser Bewegung unberührt, denn sie sahen darin nur die Ablehnung all dessen, was sie liebten, und nicht die Möglichkeit der Erneuerung und eines neuen Zugangs zur Gestaltung. Deshalb war es keine Überraschung, daß es ein Architekt, nämlich Gabriel Guevrékian, die ersten Gartenentwürfe dieser modernen Bewegung bei der Pariser Ausstellung 1925 vorstellte. Es handelte sich um einen kleinen, dreieckigen, ganz modernen Garten. Die Aufteilung in dreieckige Facetten auf verschiedenen Ebenen nutzte Wasser- und Lichteffekte und eröffnete überraschende Blickwinkel. Wie die meisten Architekten ließ Guevrékian die Pflanzen an ihrem festgelegten Platz, bevorzugte aber kräftige Farben – ein Hinweis auf seine armenische Abstammung. Das läßt eher an den orphischen Kubismus Delaunays mit emotionaler Betonung der reinen Farben denken als an den streng intellektuellen Kubismus von Picasso, Braque und Gris.

Die Kritiken waren vernichtend, doch erhielt Guevrékian von dem Kunstsammler Vicomte Charles de Noailles den Auftrag, einen viel größeren, dreieckigen Garten für seine Villa in Hyères in Südfrankreich zu entwerfen. Dieser war in einer Reihe von abgestuften Rechtecken angelegt, die abwechselnd bepflanzt und gepflastert wurden und die Blicke (aber auch den Körper) allmählich zur normalen Perspektive nach oben führten – in scharfem Kontrast zur falschen Perspektive, die die starken Mauern bewirkten – um schließlich auf der Skulptur von Jacques Lipchitz vor einer „geborgten Landschaft" zusammenzulaufen. Wieder war die Farbe der Pflasterung ein wesentliches Element; doch die spektakulärste Wirkung erzeugte dank der perspektivischen Verkürzung der Unterschied zwischen dem Blick hinaus und dem Blick zum Haus; ein echt kubistischer Effekt, wie er nur im 20. Jahrhundert möglich war.

Die Gartengestalter André und Paul Vera erhielten ebenfalls von Vicomte Charles de Noailles den Auftrag, einen Garten in St. Germain-en-Laye in diesem Stil zu gestalten. Die Brüder arbeiteten eher im Stil der formalen französischen Tradition, und dieser Garten geht offensichtlich auf das Muster der „britischen Flagge" zurück, wie es die Franzosen nach Südamerika exportiert hatten. Die strahlenförmigen Bänder, abwechselnd aus Kies und Pflanzen, wirken seltsam asymmetrisch. Durch einen spiegelnden Zaun wird die Illusion einer über die Grenzen hinausreichenden Fläche noch gesteigert.

Diese Gärten sind durch die Wahl verblüffender visueller Mittel zur Lösung von Raumproblemen ungewöhnlich. Allerdings waren die meisten Lösungen weniger aufregend; sie wiesen den Pflanzen strikt festgelegte Räume innerhalb starrer, geometrischer Strukturen zu. Anfangs war man in Deutschland und Holland am progressivsten. In Deutschland wegen der führenden Rolle des Bauhauses und der Ausbildung von Gartenarchitekten, die mit Architekten zusammenarbeiteten; in Holland angeregt durch die Stijl-Bewegung.

In den 20er Jahren kam das Ende des Architekturgartens, und zwar in zweierlei Hinsicht. Erstens verzichtete man auf die Symmetrie der Formen, wenn auch die Anlage im wesentlichen geometrisch blieb; das wird in dem von Otto Valentien für Ludwig Spath entworfenen Schramm-Garten deutlich. Eine zweite Entwicklung, die vor allem auf Karl Foerster zurückgeht, zeigt, daß die starren symmetrischen Linien durch eine reiche und vielfältige Bepflanzung mit Stauden weicher werden.

Diese zweite Richtung wurde auch von Hermann Mattern übernommen, der 1927 zum Leiter der Abteilung für Gartengestaltung in Foersters Baumschule berufen wurde. Auf Foersters Anregung wurde das Pflanzenmaterial, das man einsetzte, immer wichtiger; vor allem große Stauden, Steingartengewächse, Gräser und Farne spielten nun eine große Rolle. Obwohl er selbst kein Gartengestalter war, beeinflußten er und sein größter Konkurrent, Ludwig Spath, eine Generation junger Gestalter, die noch in den 20er Jahren ihr Handwerk durch Arbeit in den großen Gartenbaubetrieben lernten.

Zusammen mit Herta Hammerbacher entwickelte Mattern einen sehr einfühlsamen Stil der Gartengestaltung. Er wandte sich von der formalen Strenge und Geometrie des Architekturgartens ab. Grundlage seiner Entwürfe war eine sanfte Modellierung der Oberflächen, um Flächen zu umreißen. Der zwischen 1930 und 1935 von Mattern, Hammerbacher und Foerster geschaffene Baensch-Garten in Berlin, der auf hügeligem Gelände gestaltet wurde, beweist, wie sehr sie dem Formalismus der früheren Jahre den Rücken gekehrt hatten. In diesem Fall hatte der Architekt Hans Scharoun Schwierigkeiten, von den neuen Größen der Nazi-Bürokratie die Baugenehmigung für das Haus zu bekommen, und auch der Garten stand in auffallendem Kontrast zum offiziell propagierten Stil.

Die Moderne in Großbritannien

Die Zusammenarbeit von Lutyens und Jekyll brachte das Ende einer Epoche der privaten Gartengestaltung. Lutyens' Übernahme eines auf Pracht bedachten klassischen Stils fiel mit dem Ende dieser Partnerschaft zusammen. Nach dem zweiten Weltkrieg gab es keine billigen Arbeitskräfte mehr, und das dämpfte die Begeisterung für Gärten und Gartengestaltung. Obwohl auch weiterhin große Anlagen geschaffen oder umgeändert wurden, ist nun der kleine Garten die zeitgemäße Ausdrucksform. Seitdem die Städte immer größer und die Innenstädte kahler wurden, galten die Vororte mit ihren baumbestandenen Straßen als bevorzugte Wohnlagen. Sie boten das Gefühl der Geborgenheit und Sicherheit. Bald fungierten Gartenstädte wie Letchworth, Welwyn und Hampstead Garden Suburb als Musterbeispiele. Haus und Garten blieben zwar Schaustücke, aber sie wurden individueller, waren das Werk ihrer Besitzer. Einige wenige führten, zumal in abgelegenen Gegenden, die Tradition des Cottage-Gartens fort, die Mehrzahl der Gartenbesitzer aber verschrieb sich der aufstrebenden Gartenindustrie. Diese Zeit brachte auch einen Wendepunkt für die Gartengestalter. Da die Gärten immer kleiner und der Markt enger wurde, wanderten viele in die Industrie ab, andere sahen die Notwenigkeit, sich mit den drängenden Problemen öffentlicher Freiräume auseinanderzusetzen. 1927 wurde das Berufsbild des Landschaftsarchitekten in England eingeführt, als sich ein paar Praktiker bei der Chelsea Flower Show trafen. Man gab sich Statuten, eine erste Zusammenkunft fand, mit dem Gartengestalter und Stadtplaner Thomas Mawson als Präsident,

In England war es vor allem Christopher Tunnard, der in seine Landschasftsentwürfe moderne Ideen einbezog. Als hervorragendes Beispiel gilt Halland in Sussex, das er zusammen mit dem Architekten Serge Chermayeff schuf.

In den 30er Jahren zeigte Geoffrey Jellioce großes Interesse an der Moderne. Bis in die 80er Jahre hat er als Landschaftsarchitekt gewirkt und u.a. einen großen Garten in Sutton Place geschaffen, wo er irrationale Elemente den „klassischen Werten" gegenüberstellte.

im Mai 1929 statt. Man nannte sich anfangs „British Institute of Garden Architects", kurze Zeit später aber ganz im Sinne Olmsteds „Institute of Landscape Architects".

Doch unter den Gartengestaltern wie den Architekten machte sich in dieser Zeit Unsicherheit breit. Anders als der Jugendstil bzw. die Art-Nouveau-Bewegung, die einen erstaunlichen Einfluß auf das Bauen und Gestalten hatte, spielte die Moderne im Bewußtsein der englischen Öffentlichkeit kaum eine Rolle. Einflüsse des Neoklassizismus und von „Arts and Crafts" bestimmten weiterhin das Bild der Anlagen. Die hervorragenden Gartendesigner Percy Cane und Russell Page arbeiteten in eklektischer Manier und hatten zu Hause wie im Ausland einen guten Namen. Canes Ruhm geht vor allem auf seine Kenntnisse im Gartenbau und den Einsatz von Details zurück, während Pages Stärke in der Raumgestaltung mit Hilfe von festen Materialien und Pflanzen lag. Einige Jahre war er Geschäftspartner von Geoffrey Jellicoe, der bei der Umgestaltung mehrerer großer englischer Gärten mitwirkte; eine seiner Hauptaufgaben war die Neubewertung des aus dem 18. Jahrhundert stammenden Entwurfs von James Gibbs für den Ditchley Park in Oxfordshire und später für Sutton Place. Er war es auch, der 1933 ein bedeutsames modernes Gebäude mit Dachgarten, in dem es auch ein Schwimmbecken mit Glasboden gab, baute. Sein Leben lang propagierte er durch seine Arbeit und seine Schriften zusammen mit seiner Frau Susan die Ideen der Moderne. Während sie in Form und Konstruktion immer mehr Sicherheit fanden, betrafen nur wenige moderne Entwürfe die umliegende Landschaft. Eine Ausnahme war das 1938 errichtete Haus in Halland, Sussex, bei dem der Architekt Serge Chermayeff und der Landschaftsgestalter Christopher Tunnard eine einzigartige Synthese von Architektur und Landschaftsplanung erreichten: Intimität und Größe, Einheit, Einfachheit und Gespür für die Umgebung lassen sich daraus ablesen. Mit traditioneller Technik, aber kompromißlos modernen Formen und Details gelang es ihnen, die Freiheit eines neuen Zeitalters zum Ausdruck zu bringen; ihre Arbeiten sind nur vergleichbar mit Richard Neutras Wüstenhäusern und -gärten. Zur gleichen Zeit publizierte Tunnard 1938 eine Art Manifest – „Gardens in the Modern Landscape". Er würdigte die Stile der Vergangenheit, klagte aber jene an, die dem Fortschritt im Wege standen, und artikulierte seinen Glauben an die neue Architektur. Von seinem Kollegen Frank Clark unterstützt, propagierte er eine neue Landschaft, die auf Funktion und Nutzen basierte, wo nötig asymmetrisch war, viel Licht und schöne Ausblicke bot, aber auch Möglichkeiten für Aktivität und Erholung, auf axiale Planung und monumentale Konstruktionen verzichtete und Kontraste wie hart und weich, hell und dunkel, rauh und glatt und vor allem Farbe miteinbezog. Aber leider konnte er nur auf wenige Beispiele

Auch im 20. Jahrhundert ist die enge Beziehung zwischen Skulptur und Garten noch lebendig. Rechts: *Der Privatgarten der Architekten Frederick Gibberd in Harlow, Essex, im Tal eines kleinen Flusses, umfaßt eine Reihe sorgfältig ausgewählter Ausblicke und Räume, die von Skulpturen und* objects trouvés *bevölkert sind.* Unten links: *Dartington Hall in Devon, ein weiterer englischer Garten, zeigt die Gestalt einer ruhenden Frau von Henry Moore, die auf eine naturnah wirkende Bepflanzung blickt.* Unten rechts: *Der amerikanische Landschaftsarchitekt Garrett Eckbo hat auf seinem Anwesen in Berkeley, Kalifornien, einen höchst eigenwilligen Zaun aus Rotholz geschaffen.*

Links: *Das Louisiana-Museum in Dänemark ist in einem Haus aus dem 19. Jahrhundert untergebracht, und der Garten am Sund blickt in Richtung Schweden. Es ist eines der frühesten Freilichtmuseen dieses Jahrhunderts. Einige Skulpturen stehen ganz frei, andere sind von unterschiedlichen Einfriedungen umgeben, die durch sorgfältig geplante Pfade erschlossen werden. Das Ganze ist eine gelungene Verschmelzung von Landschaft, Architektur, Malerei und Skulptur.*

Unten: *Das Nebeneinander von Skulptur und Wasser ist ein häufig wiederkehrendes Merkmal europäischer Gärten. Einen der originellsten englischen Gärten der zweiten Hälfte des 20. Jahrhunderts hat Geoffrey Jellicoe in Sutton Place, Surrey, geschaffen. Die große Reliefskulptur aus weißem Marmor von Ben Nicholson ist in eine formal gestaltete Fläche integriert.*

Durch die Entwicklung von wasserdichten Materialien und Spannbeton können Architekten und Planer im 20. Jahrhundert auch das Raumpotential der Dächer gärtnerisch nutzen. Le Corbusier stellte die Dachgärten an die zweite Stelle seiner fünf Punkte auf dem Weg zu einer neuen Architektur, denn für die Städte bedeuten sie „eine Rückgewinnung des verbauten Geländes".
Rechts: *Der amerikanische Landschaftsarchitekt Daniel Kiley wurde nicht nur wegen seiner Großprojekte bekannt. Er entwarf auch eine Reihe von Gärten, darunter die Dach- und Terrassengärten für das Museum in Oakland.*
Unten: In England ging die Entwicklung der Dachgärten nur langsam voran. Das Mountbatten House in Basingstoke wurde 1979 von Arup Associates für IBM gestaltet.

verweisen. 1939 emigrierte er in die USA und lehrte viele Jahre an der Yale-Universität.

Ein weiteres Jahrzehnt verging, bevor sich eine „moderne" Form der Landschaftsgestaltung herausbildete. Bei der Anlage neuer Städte und Stadtteile wurden Landschaftsarchitekten als Berater hinzugezogen. In modernen Entwürfen kam die Nachkriegshoffnung zum Ausdruck, daß sich den Gestaltern nun nie dagewesene Möglichkeiten für die Planung öffentlicher Anlagen auftun würden.

Die Moderne in den Vereinigten Staaten

Die treibenden Kräfte bei der Suche nach einem neuen Landschaftsstil in den USA waren Thomas Church und eine Gruppe von drei Studenten: James Rose, Daniel Urban Kiley und Garrett Eckbo begehrten gegen den Beaux-Arts-Stil, wie er an der Harvard-Universität in der Graduate School of Design gelehrt wurde.

Church, ein Pionier des späteren „California Style", hatte die althergebrachten Formen schon bei der theoretischen Beschäftigung mit ihnen abgelehnt. 1930 begann er in San Francisco zu abeiten. In den 30er Jahren entwarf er hauptsächlich kleine Gärten im Einzugsgebiet von San Francisco. Dort war er konfrontiert mit kleinen, unregelmäßigen Parzellen und steilem, hügeligem Gelände. Als Lösung bot er asymmetrische Entwürfe, erhöhte Beete, Sitzmauern, Brücken, Pflasterung und breite Holzpodeste an, insgesamt also ein ganz neues Vokabular im Gartendesign. Er war der erste, der die Bedürfnisse des Alltags in seine Gartengestaltung einbezog. Vor allem erkannte er, welche Rolle der Garten im Familienleben spielte und wie stark die Nachfrage nach pflegeleichten Gärten war. Er schaffte Platz für das Auto und stellte fest, daß der Garten immer mehr die Aufgabe hatte, das moderne Haus mit seinen gläsernen Wänden zu erweitern, und als eine Art Freiluft-Wohnzimmer gestaltet werden mußte.

In den 30er Jahren experimentierte er mit Winkeln, um die Illusion von größeren Räumen zu vermitteln. So fällt z.B. im Sullivan Garden in San Francisco, der 1937 angelegt wurde, der längere Arm eines L-förmigen Wegs über zwei Drittel seiner Länge mit der Diagonalen des rechteckigen Geländes zu sanmmen. Bei einem zweiten Besuch in Europa lernte Church den finnischen Architekten und Designer Alvar Aalto kennen, dessen Architektur und Glasarbeiten ihn anregten, in seinen Gartenentwürfen mehr organische, kurvenreiche, lockere Formen zu verwenden. Das beste Beispiel für einen Entwurf in dieser Richtung ist El Novillero in Sonoma, Kalifornien, den er für die Familie Donnell gemacht hat. Die Anlage entstand 1947–48 mit Hilfe des jungen Lawrence Halprin. Der Garten befindet sich auf einem Hügel im steinigen Gelände kalifornischer Eichenwälder mit Blick über die Salzsümpfe der San-Pablo-Bucht. Er umfaßt ein Schwimmbad mit Gästehaus, Sommerhaus und Bar, die mit Betonpflaster und Rotholzplattformen eingefaßt sind. Der elegante und dabei einfache Entwurf trug den Bedürfnissen des Auftraggebers und den Bedingungen des Grundstücks Rechnung. Eine Antwort auf die wichtigsten Elemente – die gewundenen Kanäle des Salzsumpfes, das steinige Gelände und die Eichen – sind die kurvigen Formen des Beckens und der Insel; Felsen und Bäume werden durch Pflasterung und Holzbelag betont. Das V-förmige Schwimmbecken durchschneidet das Muster von Beton- und Holzquadraten. Linie ist gegen Linie ausgespielt, Form gegen Form – und doch hat die ganze Komposition eine einzigartige Identität und fügt sich in das Gelände.

Nach Meinung von Thomas Church, dem Begründer des „Californian Style", muß sich ein Garten nach den Wünschen des Auftraggebers und den Gegebenheiten des Geländes richten. Churchs besondere Vorliebe galt den Gärten zum Wohnen, wie dieses Beispiel in Carmel zeigt.

Der amerikanische Landschaftsarchitekt Daniel Kiley konzentrierte sich anfänglich mehr auf die Form statt auf die Funktion. Später kam er zu der Auffassung, daß die Form sich aus dem Umgang mit funktionellen Lösungen ergibt. Der Innenhof-Garten, den er für die Ford Foundation in New York City anlegte, ist eines der wenigen kleinen Projekte, die er ausführte.

Obwohl Church während des Krieges und auch danach öffentliche Aufträge ausführte, galt seine besondere Vorliebe doch den kleinen Wohngärten. In seinen Schriften wie in seiner praktischen Arbeit kam immer wieder zum Ausdruck, daß für ihn der Garten auch ein Kunstwerk ist, eine Komposition in Form und Raum, die aber auf die Wünsche des Besitzers und die natürlichen Gegebenheiten des Geländes eingehen muß.

Die Rebellion von Eckbo, Kiley und Rose gegen die Beaux-Arts-Tradition in Harvard trug zu einer radikalen Veränderung der Theorien im professionellen Design bei, konnte aber nicht die grundlegenden Probleme lösen. Der Landschaftsarchitekt und Stadtplaner Eckbo jedenfalls ging davon aus, daß Gärten für die individuellen Bedürfnisse der Menschen geschaffen werden.

Roses Suche nach einem neuen Stil wurde stark beeinflußt durch die Werke zeitgenössischer Künstler, die konstruktivistisch oder abstrakt arbeiteten, und auch durch seine Neigung zum orientalischen Lebensstil und zum Zen-Buddhismus. Seine Arbeit, die vor allem Wohngärten galt, verrät einen ausgeprägten Sinn für räumliche Strukturen, bei denen Landschaft und Architektur kunstvoll ineinander übergehen. Er wußte mit seinen Materialien umzugehen und bezog den besonderen Lebensstil des 20. Jahrhunderts mit ein. Seine Gartenanlagen, z.B. Rose Residence in Ridgewood (1954), berücksichtigen die Veränderlichkeit und Vorläufigkeit verschiedener Komponenten und zelebrieren gleichsam die Effekte von Licht und Schatten, Strukturen, Klang und Raum.

In seinen frühen Arbeiten beschäftigte sich Kiley mehr mit der Form als mit der Funktion. Später erkannte er jedoch, daß die Form auch als ein Nebenprodukt verschiedener funktioneller Lösungen erreicht werden kann. Seine Stärke lag in der Fähigkeit, funktionelle Beziehungen von Bauwerken auf einem Gelände schnell einzuschätzen, um zu einer klaren räumlichen Hierarchie und entsprechendem Maßstab zu kommen. Die Geometrie und die Anlage seiner Pläne erinnerten oft an die formalen Qualitäten des Französischen Gartens im 17. Jahrhundert (den er sehr bewunderte) und waren Ausdruck seiner Auffassung, daß die von Menschenhand gestaltete Landschaft in deutlichem Kontrast zur Natur stehen sollte.

Obwohl er vorwiegend mit Großprojekten wie öffentlichen und kommerziellen Bauwerken beschäftigt war, hat er doch auch Gärten geschaffen, darunter die Dach- und Terrassengärten für das Oakland-

Der McIntyre Garden in Bay Area, Kalifornien, wurde 1960 als erste große Arbeit von Lawrence Halprin, einem der einflußreichsten amerikanischen Landschaftsarchitekten, angelegt.

Museum und den Innenhof-Garten für die Ford Foundation in New York.

Lawrence Halprin machte sich vier Jahre, nachdem er als Assistent von Church an der Anlage El Novillero mitgearbeitet hatte, in San Francisco selbständig und hatte großen Einfluß auf die zeitgenössische Landschaftsarchitektur. Während seine frühen Arbeiten Neuinterpretationen des Kalifornischen Gartens waren, brachte ihn die Gestaltung von Wohnanlagen und Einkaufszentren zu großem Verständnis für die Werte des urbanen Raums. Er war immer ein Befürworter der Stadt und ihrer Lebensqualität – als Gegensatz zur ländlichen Gemeinde in der Art, wie sie Olmstedt in Riverside, Chicago, schuf – und trat für ihre Rehabilitierung ein. Er betrieb die Restaurierung alter Bauwerke und setzte sich dafür ein, Charakter und Gefüge der Innenstädte zu erhalten; ein Beispiel für dieses Bemühen ist der Ghiradelli Square in San Francisco (1962).

Er hat sich als höchst erfolgreicher Propagandist erwiesen und versteht es ausgezeichnet, ein Team von begabten Designern zusammenzuschweißen und anzuregen. Das Ergebnis sind dann so qualitätvolle Arbeiten wie das 1961 entstandene Lovejoy Plaza in Portland, Oregon.

Tropische Landschaften

Die Entwicklung der Industrieländer nach dem Krieg hat wenig Freiraum für Individualität und Naturverbundenheit gelassen. Letztere wird erst in jüngster Zeit von den „grünen“Bewegungen auf nationaler und internationaler Ebene wieder mehr in den Mittelpunkt gerückt. Immerhin haben die beiden obengenannten Qualitäten auf gewichtige Weise in der Dritten Welt Ausdruck gefunden, vor allem durch die Arbeiten von Roberto Burle Marx und Luis Barragán.

Die Entwürfe von Roberto Burle Marx streben nach Einheit von Kunst und Natur. Im Magalheas-Garten bei Rio de Janeiro schaffte er den fließenden Übergang der künstlichen Formen in die natürliche Landschaft, indem er die Bepflanzung mit der vorgefundenen Vegetation in Einklang brachte.

Burle Marx hat sich durch seine Leistungen als Maler wie als Designer einen Namen gemacht, aber auch dank seiner Fähigkeit, im Gartenbereich mit architektonischen Elementen umzugehen und heimische Pflanzen einzubeziehen; viele mußte er selbst erst sammeln. Als er 19 Jahre alt war, lebte seine Familie 18 Monate in Berlin, wo er Malerei und die Flora Brasiliens im Botanischen Garten in Dahlem studierte. Er kehrte mit zwei Vorsätzen nach Brasilien zurück: Er wollte malen und einen neuen Gartenstil unter Verwendung heimischer Pflanzen schaffen. Sein erster öffentlicher Auftrag in Brasilien war die Neugestaltung der Stadtgärten in Recife. In den späten 30er Jahren folgten dann die Aufträge, für das neue Bildungsministerium (angeregt durch Le Corbusier) und das Resurgeros-Versicherungsgebäude in Rio Gartenanlagen und zwei Dachterrassen zu gestalten. Diese Entwürfe trugen bald das Markenzeichen des Brasilianischen Stils von Burle Marx: Heimische Pflanzen waren in kunstvollen Gruppen innerhalb eines fließenden Musters aus Bodendeckern, Becken und Wegen arrangiert. Durch seinen Landschaftsstil, der zugleich traditionell brasilianisch und dem 20. Jahrhundert verpflichtet ist, konnte Burle Marx die beiden Triebkräfte seines Lebens, die Liebe zur Kunst und zu den Pflanzen, verbinden.

Der Architekt Luis Barragán war geistiger Führer von drei Generationen mexikanischer Minimalisten. Seit 1940 entwarf er zahlreiche Gärten und experimentierte, indem er Steinmauern und horizontale Ebenen nebeneinander stellte, aber auch Wasserbecken, Kanäle und künstliche Wasserfälle einbezog. Beeinflußt haben ihn die islamischen Gärten, der naive Maler Jesus Reyes, der gebürtige deutsche Bildhauer Mathias Goeritz und die „Architektur der Armen", das sind die ursprünglichen Wohnbauten des Mittelmeerraums und der mexikanischen Pueblos. Aus all dem entwickelte er seinen sehr persönlichen Stil und stellte reine Formen, die bis zur Abstraktion gingen, den ungestümen der Natur gegenüber. Die Erinnerungen an seine Heimat Guadalajara – die leuchtendbunten Häuser, die erhöhten, hölzernen Aquädukte, die das Was-

Die beiden Triebfedern im Leben des Roberto Burle Marx waren seine Liebe zur Kunst und zu den Pflanzen; beides brachte er in seinen Gartenentwürfen zum Ausdruck; hier sein eigener Garten in Sitio San Antonio da Bica, Campo Grande, Brasilien.

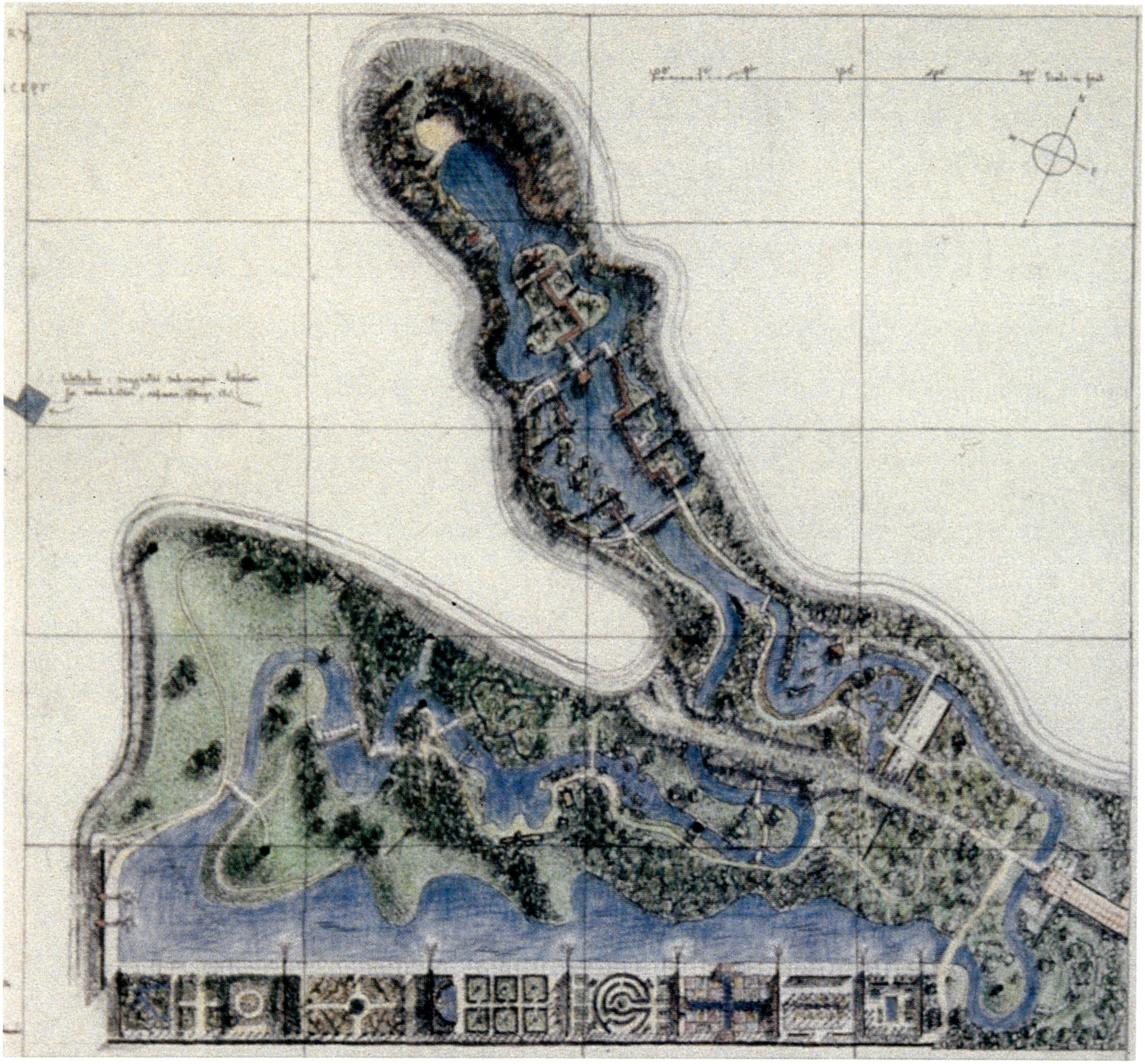

ser zu den Pueblos brachten, die Vitalität und Farbenpracht des Marktplatzes und vor allem das Pferd – sind allgegenwärtig in seiner Arbeit. Viele seiner Entwürfe sind tatsächlich für Pferde bestimmt: die Ranch, in der Bäume, farbige Mauern und Wasser zusammen eine Art Kulisse bilden. In seinem berühmtesten Entwurf, der Plaza del Bebedero de los Caballos in Las Arboledas, Mexico City (1958-62) ist das Element Wasser tatsächlich mit einer Pferdetränke eingebracht. Mit den einfachsten Materialien – Wasser, einer einzigen Baumart und Mauern (eine weiße als Hintergrund für Baumschatten, eine blaue um Weite zu suggerieren) – erreicht er eine Erhabenheit, die seiner islamischen Meister würdig ist.

In El Pedregal wollte er 1945–50 auf einem erloschenen Vulkan ein Wohnviertel bauen, in dem alle Häuser und Gärten im Einklang mit den phantastischen Lavaformationen und der vorhandenen Vegetation stehen sollten. „Mein Haus ist meine Zuflucht", schrieb er, „ein emotionales Stück Architektur" und „der Garten, ein magischer Ort für die Freuden der Meditation und der Gemeinschaft ... der Garten ist die Seele des Hauses".

Die Moody Gardens, die für Galveston Island an der texanischen Südostküste geplant sind, werden nach ihrer Vollendung einen einzigartigen Streifzug durch die Geschichte der Gartenkunst bieten, wie sie der englische Landschaftsarchitekt Geoffrey Jellicoe sieht. Dieser Plan kann als Höhepunkt einer großen Karriere gelten, in der Jellicoe den Beziehungen des Menschen zur Landschaft nachgegangen ist. Die einzelnen Beispiele sind die „Essenz" aus historischen Gärten und Landschaften, aber nicht Kopien einzelner Gärten. Die Gesamtplanung umfaßt auch Elemente des Unterbewußten.

Glossar

Allée Ein Sand-, Kies- oder Rasenweg, der von Bäumen oder beschnittenen Hecken gesäumt ist. Im formalen Französischen Garten bilden die *allées* sozusagen das Gerüst des Gartens und sind seine wichtigsten Elemente.

Allée en berceau Ein kurzes Wegstück, das durch duftende, an Gerüsten gezogene Kletterpflanzen beschattet wird.

Amphitheater Ein in die Landschaft eingebetteter, halbrunder Zuschauerraum mit Bühne oder ein aus Terrassen gebildeter Gartenraum in Form eines halbrunden antiken Freilichttheaters. Im späten 17. Jahrhundert bezeichnete man symmetrisch angeordnete, flache Grasterrassen als Amphitheater.

Arboretum Eine Sammlung von Bäumen, anhand derer die verschiedenen Arten und Sorten veranschaulicht werden.

Arkade Eine hohe Hecke, die in Form eines Bogengangs beschnitten ist.

Automaten Hydraulische Geräte, mit deren Hilfe Trickbrunnen und Wasserspiele zum Erstaunen und Entzücken der Besucher betrieben wurden. Oft waren sie auch mit geräuscherzeugenden Geräten und Vorrichtungen, die künstliche Tiere in Bewegung setzten, verbunden.

Avenue Ein breiter Weg oder eine Straße, die auf beiden Seiten von Bäumen begrenzt wird.

Azulejos Verzierte Fliesen aus Sand, Wasser und Glasur, die gebrannt oder in der Sonne getrocknet wurden. Ihre Herstellung führten die Mauren auf der Iberischen Halbinsel ein; sie waren ein wichtiges Dekorationselement.

Bassin Wasserreservoir; im Garten ein Zierteich oder kleiner See.

Beet Ein von der umliegenden Fläche deutlich abgegrenzter Bereich zur Kultivierung bestimmter Pflanzengruppen.

Belt Im englischen Landschaftsgarten des 18. Jahrhunderts die Bepflanzung der Grundstücksgrenzen mit Bäumen oder die Baumreihe selbst.

Belvedere Ein Bauwerk oder Türmchen an herausgehobenem Standort, von dem sich eine schöne Aussicht bietet. Kann auch Teil eines Hauses oder einer Villa sein.

Berceau Ein bogenförmiges Spalier, an dem Kletterpflanzen wie Wein, Rosen oder andere Klimmer emporranken.

Bian In chinesischen Gärten ein kunstvoll beschriftetes, rechteckiges Brett mit einem Lacküberzug, von dem der Name des Erbauers oder auch eine Lobpreisung des Besitzers oder auch der schönen Aussicht abzulesen war; es befand sich meist unter der Dachtraufe oder an einer Wand im Innern eines Gebäudes.

Bosco In italienischen Gärten ein Gehölz, das meist aus Stechpalmen bestand und einen erwünschten Kontrast bildete zur rationalen Gradlinigkeit des Gartens.

Bosquet Boskette, ein Ziergehölz, Dickicht oder eine Gruppe von Sträuchern, die von geraden oder gewundenen Wegen durchschnitten wurden und manchmal kunstvoll ausgerichtet waren.

Buffet d'eau Ein der Verzierung dienendes architektonisches Element, das vor einer Wand oder in einer Nische stand und über das wie ein Vorhang Wasser in ein Becken oder Bassin strömte.

Cabinet de verdure Ein kleiner, umschlossener Gartenraum, der innerhalb eines *bosquets* lag oder von beschnittenen Hecken umgeben war.

Casino Ein Ziergartenhäuschen, Pavillon oder kleines Haus, meist auf dem Gelände einer Villa oder eines Schlosses; ein Element italienischer Gärten vom 16. bis 18. Jahrhundert.

Chabutra Ein großes Steinpodest im Mogul-Garten, auf dem man eine erfrischende Brise oder einen weiten Blick genießen kann.

Chahar bagh Ein in der persischen Tradition begründeter Garten, der durch Kanäle in vier gleiche Teile geschnitten wird.

Charmille Eine hohe, beschnittene Hecke mit glatter, wandähnlicher Oberfläche.

Chinoiserie Ein Dekorations- oder Baustil, bei dem tatsächliche oder vermeintliche Stilelemente der chinesischen Kunst und des Kunsthandwerks imitiert werden.

Claire-voie Eine Begrenzung am anderen Ende einer *allée*, die die Aussicht nicht versperrt.

Cour d'honneur Der Haupthof eines Schlosses, in dem die Gäste empfangen wurden.

Di xue Ein dekoratives Tor in einer Umzäunung oder im Innern des Hauses, das rund geformt war und daher nach der Mondsichel benannt wurde. Es gab aber auch andere bizarre Umrißlinien.

Dui jing Ein Blickfang oder Endpunkt in chinesischen Gärten, auf den das Auge durch Wege, Windungen, eine Folge von Türen, Fensteröffnungen o.ä. gelenkt wurde.

Eishaus Ein Lagerraum für Eis, der meist aus Ziegeln oder Steinen in einen Berg oder Hügel gebaut wurde.

Espalier Ein Spalier aus einer Reihe von Obstbäumen, deren Äste so erzogen werden, daß sie an der Wand oder vor einem Zaun ein formales Muster bilden und zugleich ein Maximum an Sonne und Wärme bekommen; auch die Wand, vor der sie stehen, wird oft so bezeichnet.

Estrade Eine Form von beschnittenen Sträuchern oder kleinen Bäumen, wie sie im Burgundischen Stil des 15. Jahrhunderts anzutreffen war; dabei wurden die Äste oft an metallenen, radförmigen Rahmen waagerecht erzogen oder so beschnitten, daß sie rund um den Stamm exakte Etagen bildeten.

Exedra In der griechischen und römischen Baukunst ein offener Bau mit Sitzplätzen; in englischen Gärten des 18. Jahrhunderts gibt es ein Halbrund, das dem antiken Vorbild nachempfunden ist.

Fang Ein bootförmiger, oft steinerner Pavillon in chinesischen Landschaftsgärten, der meist ins Wasser gebaut wird.

Ferme ornée Ein Bauernhof, der als ländliche Idylle und zum Vergnügen angelegt ist; die die Wege säumenden Hecken bestehen aus verschiedenen Sträuchern und krautigen Pflanzen.

Gardenesque Ein Begriff, den J. C. Loudon eingeführt hat, um eine Art der Anpflanzung zu beschreiben, bei der jede Pflanze sich artgemäß entfalten kann. Später nannte man auch eine Form der Gartengestaltung *gardenesque*, die durch wuchernden Eklektizismus und fehlende künstlerische Einheit gekennzeichnet war.

Gazebo Ein Bauwerk, von dem aus man den ganzen Garten überblicken konnte.

Ge Ein zwei- oder mehrstöckiger chinesischer Gartenpavillon, meist mit doppeltem Walmdach. Seine Fenster öffneten sich zu allen vier Seiten.

Giardino segreto Ein kleiner, intimer, umschlossener Gartenraum in italienischen Gärten; oft eine eigenständige Kompsition.

Giochi d'acqua Eine Art von Wasserspielen; der Begriff bezeichnet Vorrichtungen, durch die die Zuschauer bespritzt wurden, aber auch wassergetriebene Automaten.

Gloriette Ein auf einer Anhöhe oder Hügelkuppe angelegter Blickfang in Form eines Pavillons oder einer Säulenhalle, z.B. die Gloriette im Schloßpark von Schönbrunn.

Grille Ein Geländer, Zaun oder Tor aus vertikalen, oft kunstvoll gedrehten Eisenstäben.

Ha-ha Ein trockener Graben mit einer Stützmauer an den Grenzen einer Besitzung oder eines Gartens.

Hameau Eine Ansammlung rustikaler Bauten, in denen die höfische Gesellschaft den Alltag einfacher Menschen nachempfand.

Herbarium Lateinische Bezeichnung für einen kleinen Garten, in dem Heilkräuter und Zierpflanzen gezogen wurden; aber auch für den Rasen in solchen Gärten. Heute versteht man unter Herbarium eine Sammlung aus konservierten Pflanzen.

Hortus conclusus Lateinische Bezeichnung für ein in sich abgeschlossenes Gartenstück in einem Garten.

Hortus medicus Ein Kräutergarten, in dem Heilpflanzen für medizinische Zwecke kultiviert wurden.

Jardin anglais Die französische Bezeichnung für einen Garten im englischen Landschaftsstil, also das Gegenteil des formalen Stils von Le Nôtre.

Jie jing In China Bauwerke, Bäume oder Landschaft außerhalb eines Gartens oder Hofes, die aber in die Gesamtkomposition einbezogen, also Teil der Gesamtansicht sind (wörtlich: „geborgte Ausssichten").

Kare-sansui Trockene Landschaft; ein buddhistischer, zur Kontemplation bestimmter Garten, der aus geharktem Sand oder Quarz oder Felsblöcken besteht.

Die trockenen Landschaften (kare-sansui) der Gärten des Zen Buddhismus sind mit ihren abstrakten Arangements strenges Gestaltungselement vieler japanischer Gartenanlagen.

Kaskade Ein Wasserfall, der verschiedene Formen haben kann; z.B. über eine Treppe herabstürzende Wassermassen.

Kleingarten Ein parzelliertes Stück Land in einer Kleingartenanlage, das von einem Pächter bearbeitet und genutzt wird (Schrebergarten).

Knot garden Ursprünglich Teil eines Gartens, der in Form eines Knotens, also einer Figur aus verschlungenen Bändern, bepflanzt ist. Später wurden damit die Viertel eines quadratischen *Parterres* bezeichnet, die durch rechtwinklige Wege gebildet werden (Knotenparterre). Heute spricht man auch bei einem Blumenbeet mit kompliziertem Muster von *Knot garden*.

Kiosk In türkischen Gärten ein geschlossener oder seitlich offener Pavillon in der Nähe des Wassers, oft mit einem Brunnen oder Becken im Innern.

Labyrinth In der Gartengestaltung ein verwirrendes Durcheinander von Pfaden, z.B. ein Rasenmuster auf Kies oder von Hecken eingefaßte Wege.

Laube Ein hölzernes Gerüst, über das wie bei einer Pergola Kletterpflanzen ranken.

Lustgarten Ein umschlossener mittelalterlicher Park der zu Jagdzwecken, aber auch zum Genuß der Naturschönheit und zur Erholung diente.

Mei ren kao Eine Balustrade, verbunden mit einem Sitzplatz, in chinesischen Gärten.

Mirador Auf einem spanischen Haus eine Art Belvedere mit schöner Aussicht auf die Umgebung.

Nische Ein Einschnitt in einer Wand oder Fassade, in dem sich eine Skulptur oder ein Brunnen befindet.

Nymphaeum Eine künstliche Grotte, die den Nymphen geweiht war und aus Brunnen bestand; meist Nachbildung einer natürlichen Grotte.

Obelisk Ein meist steinerner Pfeiler von quadratischem oder rechteckigem Grundriß, der sich nach oben verjüngt und in Pyramidenform endet.

Orangerie Geheizter Bau zur Überwinterung von exotischen Pflanzen wie z.B. Orangenbäumen. In Deutschland wurden Orangerien auch für Konzerte und Theateraufführungen benutzt.

Palmenhaus Eine im 19. Jahrhundert beliebte Form des Treibhauses zur Unterbringung der damals sehr beliebten exotischen Palmengewächse.

Paradeisos Im alten Persien ein großer, parkartiger Besitz mit eingefriedeten Bereichen für wilde Tiere.

Parterre Ein Blumengarten mit ornamentaler Gliederung, der direkt am Haus oder Schloß liegt und regelmäßig angelegt ist. Im Laufe der Zeit entwickelten sich verschiedene Typen und Stile.

Parterre de broderie Ein Blumengarten, bei dem die Ornamente wie Vorlagen der Arabeskenstickerei geformt sind; dabei wird Buchs auf einen farbigen Kiesuntergrund gesetzt.

Parterre de pièces coupés Blumenbeete werden flächig ausgelegt und sind individuelle Teile der Parterre-Gestaltung.

Patte d'oie Gänsefuß, ein Schnittpunkt von drei oder mehr geraden Alleen oder Straßen in Wäldern, Parks oder Städten.

Percée Eine Schneise durch einen Wald, um eine Allee oder einen Ausblick zu schaffen.

Pergola Eine Konstruktion von aufrechten und querliegenden Teilen als Stütze für Kletterpflanzen.

Pinetum Ein Arboretum, das vor allem für Koniferen angelegt ist.

Pratum Lateinische Bezeichnung für Wiese; heute wird dieser Ausdruck im Sinne von Grasland mit Bäumen oder für öffentliche Spazierwege benutzt.

Quincunx Ein Arrangement, bei dem vier Bäume in den Ecken eines Quadrats und einer in der Mitte stehen.

Rondpoint Ein Halbkreis vor dem Hauptportal eines Landsitzes; in Parks oder Wäldern eine kreisrunde Lichtung, wo sich mehrere Alleen treffen.

Rotunde Ein kleiner Rundbau, meist in Form einer von Säulen getragenen Kuppel; manchmal auch ein umschlossener, runder Raum, der von einer Kolonnade umgeben ist.

Salle de verdure Ein zentraler Raum innerhalb eines *bosquets.*

Saut de loup Ein tiefer Graben oder eine Rinne am entfernten Ende einer Allee, der das Eindringen verhindert, aber den Ausblick nicht beeinträchtigt.

Shakkei (wörtlich: geborgte Aussichten) Integration des umgebenden Panoramas in das Konzept der Anlage.

Shi feng In Höfen oder an fließenden Gewässern von chinesischen Gärten plazierte Felsblöcke, die die Aufmerksamkeit auf sich ziehen.

Tai Eine Aussichtsplattform oder Terrasse in chinesischen Gärten, die häufig auf einem Hügel oder am Wasser angelegt wird, um den Garten auch bei Mondschein betrachten zu können.

Tang Siehe *Ting.*

Tapis vert Grasfläche von regelmäßiger Form (Quadrat oder Rechteck), ein wichtiges Element in französischen Gärten des 17. Jahrhunderts.

Tempel In der Gartenkunst ein Bauwerk, das dem klassischen Vorbild nachempfunden ist; beliebt in englischen Landschaftsgärten des 18. Jahrhunderts.

Teppichbeet Ein gemustertes Beet aus Zwergsträuchern oder kriechenden Blattpflanzen, die eine gleichmäßige Oberfläche bilden.

Ting Eine Halle von erhabener Konstruktion in chinesischen Gärten. Unterscheidet sich von einem *Tang*, dessen Hölzer einen quadratischen Querschnitt haben, durch kreisrunde Hölzer.

Tonnelle Ein tunnelförmiges Spalier oder eine Folge von Bogen, an denen Kletterpflanzen emporranken.

Topiarius Römische Bezeichnung für einen Landschafts- oder Ziergärtner.

Trompe-l'oeil Eine optische Täuschung, meist durch ein Bild auf einer Wand am anderen Ende einer kurzen Allee, das die Perspektive verlängert.

Viridarium Lateinische Bezeichnung für eine Anpflanzung von Bäumen und für einen Lustgarten; im Mittelalter auch für größere Gärten oder bepflanzte Flächen.

Wilder Garten Ein Garten, in dem auch Wildpflanzen ihre Daseinsberechtigung haben.

Wilderness In europäischen Gärten des 17. und 18. Jahrhunderts eine Form des *bosquets* mit meist gewundenen Wegen.

Xie Ein geräumiger Gartenpavillon in Chinesischen Gärten, bei dem die Seiten offen sind, mit schwenkbaren Fenstern und Türen; meist wurde er am Wasser errichtet.

Zenana Ein Teil des Hauses oder Gartens im Indien der Moguln, der für die Frauen reserviert war.

Register

Kursiv gesetzte Seitenzahlen beziehen sich auf Abbildungen.

Bildnachweis

Verlag und Autoren danken nachfolgenden Institutionen, Agenturen und Privatpersonen dafür, daß sie freundlicherweise die Abdruckgenehmigung für Photographien oder Illustrationen erteilt haben:

AGE Fotostock 102, 118 o., 169; Heather Angel 72 o., 74 o. & u., 109, 131, 133 o.l. & u.r., 144 o., 145, 147, 154, 156 o., 159, 166 o.; Arcaid/Richard Bryant 164; Artothek/Städelsches Kunstinstitut, Frankfurt 17; Ashmolean Museum 62; John Bethell 65 u., 67, 69, 71, 73, 87, 95, 125, 126, 170 u.; Bridgeman Art Library/Art Museum of Ateneum, Helsinki 49/Château de Versailles 56, Lauros Giraudon 43; British Library 150; Chatsworth/Devonshire Collections 70; Country Life Publications 175 o.; Bernard Cox 95, 125, 126; Eric Crichton 82; Documentation Photographique de la Réunion des Musées Nationaux/Musées Versailles 54; ET Archive 26, 65 o./Bibliothèque Nationale 129, 177 o.; Explorer/Louis Salou 47, 171 u. & o.r.; French Picture Library 53; Garden Art Press,*The Landscape of Civilization* von Geoffrey Jellicoe 183; Garden Picture Library/Clive Boursnell 172 o., 175 u.l./Brian Carter 172 u.r./Henk Dijkman 39, 40, 86, 41 o./Derek Fell 107 u., 108, 110 o., 168 u.r., 176 u.r., 179/Marijke Heuff 185/Alan Mitchell 172 u.r./John Neubauer 110 u., 170 o./Pacific Press, Takeyi Twamiya 149, 151, 153 o., 155, 156 u.l., 157, 158, 160, 161/Alex Ramsay Haupttitelseite 25, 32, 33 o./Gary Rogers 122, 167 u.r/Lorna Rose 166 u., 168 o./Wolfram Stehling 90 o./Ron Sutherland 173/Nigel Tempel 72 u./Ulrich Tim 89/George Waters 111 u., 163, 181, 182; Dennis Gilbert 178 u; Giraudon/Chantilly Musée Condé 15/Château de Versailles 55; Sonia Halliday 136; Lawrence Halprin 180 u.; Robert Harding 91 u., 92, 94, 98, 103, 127, 146 o., 156 u.r.; Jerry Harpur 105, 106, 111 o.; Haupt Collection/Bibilothek der Universität Hannover 84; Peter Hayden 27 u., 41 u., 42, 96, 97, 99 o. & u., 100, 116 u., 133 o.r., 142, 144 u., 146 u.; India Office & Records Library 123, 124; David Joyce 152 u.; A F Kersting 176 o. 177 u.; Maggie Keswick 138; Kunsthistorisches Museum, Wien 83; Lamontagne 28 u., 36 o., 104 o. & u., 107 o., 118 u., 133 u.l., 134, 143; Maurice Lee 168 u.l.; Bibliothek der Universität Leiden 37; S & O Mathews 167 o.; John Medhurst 50 u., 116 o., 117; Tony Mott 22, 23 o. & u., 27 o., 29 o., 31, 33 u., 34 o. & u., 45 u., 59 u., 93; National Gallery 38; National Trust Schmutztitelseite, 66, 76, 80; Oakland Museum/Joe Samberg 178 o.; Octopus Picture Library Museum 113; Österreichische Nationalbibliothek 18; Oxford University Press/Bibliothèque Nationale 48, 50 o./60 u.; Privatsammlung 44, 57, 59 o., 63, 75, 90 u., 91 o.; Hugh Palmer 19; Scala/Roma Museo delle Terme 7/Museo di Firenze Com'Era 21, 24/30/Museo Reale Belle Arti 35; Piet Schreuders 165; Ronald Sheridan 10; Sotheby's 61/Drummond Castle 81; Spectrum 101; Ezra Stoller/Esto 180 o.; Sydney Moss Gallery 130; Wim Swaam/Victoria & Albert Museum 114; Nigel Temple 45 o., 52, 68, 78; Christopher Thacker 29 u., 36 u., 58 u., 60, 77, 79, 85, 152, 176 u.l.; Judy Todd 121, 135, 139; Victoria & Albert Museum 20, 64, 120; Weidenfeld & Nicolson/R. Cesar 46, 51, 171 o.,/V & A 58 o./ British Museum 141; Werner Forman Archive 13.